Brigitte Liebelt
Im Dienst der Hoffnung

Über die Autorin

Brigitte Liebelt ist ausgebildete Diplom-Bibliothekarin und Krankenschwester. Seit 30 Jahren engagiert sich die sechsfache Mutter und Pastorenfrau ehrenamtlich in verschiedenen Arbeitszweigen ihrer Gemeinde. „Im Dienst der Hoffnung" ist ihr erster Roman.

Brigitte Liebelt

IM DIENST DER
HOFFNUNG

Friederike Fliedner – die Pionierin der Diakonie
Ein biografischer Roman

Inhalt

Auf Friederike Fliedners Spuren

~ Mai 2021

Ich stehe am Fähranleger in Kaiserswerth. Es ist noch frisch, Dunst liegt über den Pappeln und Weiden auf der anderen Rheinseite.

Der Rhein ist hier noch ganz ursprünglich, mit Uferwiesen, an denen Leute mit ihren Hunden spazieren laufen. Auch Jogger sind unterwegs. Langsam schiebt sich ein vollbeladenes Containerschiff flussaufwärts. Der Frachter mit Kohle flussabwärts dagegen kommt zügig voran.

Es gibt keine Brücke über den Rhein bei Kaiserswerth. Eine Fähre verkehrt etwa alle zehn Minuten für die vereinzelten Fußgänger, Radfahrer und die wenigen Autos an diesem Morgen. In den Pausen wäscht der Fährmann mit Hingabe sein Auto auf dem Deck.

Von hier aus ist Friederike Fliedner nach Kirchheim aufgebrochen, um mit zwei Diakonie-Schwestern das neu errichtete Wilhelmshospital einzuweihen. Ich kann mir auch gut vorstellen, wie Familie Fliedner vielleicht an einem Sonntagnachmittag mit den Kindern in den Uferwiesen spazieren gegangen ist. Ich sehe vor mir, wie die Mädchen Kieselsteine ins Wasser werfen, lachen und herumtollen. Wie die Diakonissen Lina Jöckel, Mathilde Major und Amalie Andreas sich auf ihren Ausflug freuen. Wie sie am Abend,

9

wenn sie verspätet heimkamen, am Kittelbach entlang, der hier in den Rhein fließt, in Richtung Wall eilen. Es ist nicht weit bis ins Städtchen.

Kaiserswerth ist einen Besuch wert, eine idyllische, gepflegte, kleine Stadt. Sie strahlt Wohlstand und Behaglichkeit aus. Ein Ort, an dem man – außerhalb des Verkehrsgewühls der Großstadt – gut leben oder auch beschaulich seinen Lebensabend verbringen kann. Die verarmte, marode Stadt, die Kaiserswerth einmal war, gibt es nicht mehr. Das Kopfsteinpflaster heute ist sicher nicht vergleichbar mit dem Pflaster von damals. Das kommt mir in den Sinn, als ich am Rathaus vorbeikomme und dort auf einer Tafel lese, dass man 1828 das damalige Rathaus verkaufte, um von dem Geld die Straßen pflastern zu können. Das klingt eher nach dem Kaiserswerth zu Fliedners Zeiten. Das Krankenhaus in der früheren Wallstraße, das ehemalige Wohnhaus des Fabrikanten Petersen, erkenne ich gleich. Die großen Fenster und die Treppe, die das Erdgeschoss wegen der Hochwassergefahr erhöhte. Heute ist es ein Altenzentrum.

Ich gehe in die Fliednerstraße und laufe an den Häusern entlang: Hier waren das sogenannte Asyl, die Kleinkinderschule, das Pfarrhaus und daneben die evangelische Kirche. Es gibt hier kein Museum; die Häuser sind nach wie vor bewohnt, schön erhalten, weiß leuchtend in der Sonne, mit Körben und Töpfen voll bunter Stiefmütterchen auf den Vortreppen. Ich kann mir vorstellen, wie Kinderfüße sie eilig hinauf- und hinabsprangen, wie Friederike täglich viele Male zwischen ihrem Zuhause und dem Krankenhaus hin- und herlief, und auch, wie schlecht es ihr gegangen sein muss, wenn sie mit geschwollenen Füßen und hochschwanger den eigentlich kurzen Weg nicht mehr bewältigen konnte.

Noch ein Weg, den sie nicht gehen konnte: die Strecke zum Friedhof, zu dem man ihre Tochter Simonette vom Gartenhaus aus hinaustrug. Ich sehe Friederike am Fenster stehen und wie gelähmt ihrem Kind hinterhersehen.

Der Friedhof liegt außerhalb des Walls, hinter der Bahn. Es gibt einen ganzen Bereich mit Gräbern von Diakonissen: viele gleich gestaltete Steinplatten im Gras mit einer eingravierten Taube, die den Sternen entgegenfliegt, und dem jeweiligen Namen und den Lebensdaten der Verstorbenen. Ich laufe an ihnen entlang. Vertraute Namen springen mir ins Auge: Sophie Wagner, Anna Sticker. Diese Frauen sind für mich nicht nur Geschichte. Sie waren Menschen, die mir begegnet sind. Es berührt mich, ihre Namen hier zu lesen.

Bald 200 Jahre ist es her, dass Friederike Fliedner starb. Auch ihren Grabstein finde ich. Ein großes rechteckiges Grab mit ein paar Eisbegonien und etwas Efeu. Die Platte ist nur wenig vermoost und die Schrift gut lesbar. Ich schaue auf dieses Grab und denke an die Frau, die hier begraben wurde mit sieben ihrer so früh verstorbenen Kinder. Sieben! Undenkbar für mich. Das Grab ihres Mannes ist ein Stück entfernt, daneben das seiner zweiten Frau Caroline. Es gibt am Friedhofstor keinen Hinweis auf die beiden. Sie werden nicht als Helden verehrt. Es wird ihrer gedacht, aber die Geschichte der Diakonie Kaiserswerth ist seit ihrer Zeit nicht stehen geblieben.

Als ich die Straße weitergehe, stoppe ich neben der Buchhandlung vor einem großen Schaukasten. Hier sind einzelne Häuser gekennzeichnet, in denen Menschen sich um Kranke, Alte, Kinder, Behinderte und Flüchtlinge kümmern. Man hat den Häusern Namen gegeben, die mir inzwischen vertraut sind: Sophie Wiering finde ich, die das Kapital für das Krankenhaus vorstreckte. Mina Enders, die erste haftentlassene Frau, die in Kaiserswerth ein neues Leben beginnen sollte. Simonette Fliedner, eine der früh verstorbenen Töchter, und das moderne Florence-Nightingale-Krankenhaus. Diese Frauen sind nicht vergessen, aber nicht in einem Museum eingemauert, sondern in ein lebendiges Werk integriert. Die Kaiserswerther Diakonie würdigt ihre Geschichte. Aber sie ist nie dabei stehen geblieben. Dieser Umgang mit der eigenen Historie passt zu Theodor Fliedner und genauso zu Friederike. Wahrscheinlich würden sie sich wundern, dass jemand nach so langer Zeit ihre Gräber aufsucht.

Und das ist auch das Geheimnis von Kaiserswerth. Nicht die besondere Lage oder die finanzielle Sicherheit. Vielmehr Treue, Hingabe, viel Zähigkeit und Fleiß, bis heute. Und der Segen Gottes, der schon auf den Anfängen dieses Werkes lag und dessen Spur sich durchzieht – erfahrbar für jeden, der im Vertrauen auf diesen Gott lebt und handelt.

Vorwort

Warum im Jahr 2022 ein Buch über eine Frau, die bereits vor 180 Jahren starb? Und: Ist die Zeit der Diakonissen nicht eigentlich vorbei?

Die Geschichte, die Persönlichkeit und vor allem der gelebte Glaube von Friederike Fliedner haben mich gefesselt. Ihre Liebe zu Jesus, zur Bibel, ihre Treue und ihr lebenslanges Ringen darum, sich von allem Eigenen loszusagen und für Gott nach seinem Willen zu leben, sind zeitlos. Die Sprache ihrer Tagebucheinträge und Gebete mag veraltet sein, aber sie sind mit dem Herzen mühelos zu verstehen und berühren den Leser.

Als Grundlage für diesen Roman haben mir hauptsächlich die Bücher ihrer Biografin Anna Sticker gedient, die zum einen sehr akribisch Material zusammengetragen und recherchiert hat und zum anderen auch die Ergebnisse verständlich gemacht, analysiert und zum Teil auch gedeutet hat.

Die geschilderten Personen haben tatsächlich gelebt, bis auf die Magd Lina und die Freundin Veronika im ersten und zweiten Kapitel. Die Sprache in der Anrede habe ich dem heutigen Gebrauch angepasst. Friederike Fliedner hat ihre Eltern und Schwiegermutter grundsätzlich gesiezt und mit „Mutter" bzw. „Vater" angeredet. Wenn sie über ihren Mann schrieb, benutzte sie fast immer seinen Nachnamen.

Den Lesern und Leserinnen wünsche ich ein gewinnbringendes Eintauchen in eine vergangene Zeit mit dem Ziel, den Herausforderungen von heute mit derselben Liebe und demselben Glauben zu begegnen, wie Friederike Fliedner damals – dem Glauben, der durch die Liebe tätig ist! (Galater 5,6) Oder – um es mit einem Ausspruch des französischen Historikers Jean Jaurès zu sagen –: „Einer Tradition treu zu sein, heißt, der Flamme treu zu sein und nicht der Asche."

Wilhelm

Auf ihn will ich vertrauen in meiner schweren Zeit;
es kann mich nicht gereuen, er wendet alles Leid.
Ihm sei es heimgestellt;
mein Leib, mein Seel, mein Leben
sei Gott, dem Herrn, ergeben;
er schaff's, wie ihm gefällt!

(LUDWIG HEIMBOLD)

„Riekchen! Riekchen!" Beim Klang der vertrauten Kinderstimme flog Friederikes Kopf herum.

Ihre Blicke glitten suchend über das Gedränge auf dem Marktplatz. Es war die Stimme ihrer kleinen Schwester Luise, ja, aber sie klang nicht wie sonst. Sie war atemlos, schrill und verängstigt.

Friederikes Freundin Veronika schnitt eine Grimasse. „Da kommt Luise, um dich zu holen. Armes Riekchen, nie Zeit für einen kleinen Schwatz!" Veronika hatte recht. Aber was war passiert?

Inzwischen hatte Luise sich einen Weg durch die Marktbesucher gebahnt. Ihre braunen Haare hatten sich aus den

Zöpfen gelöst und hingen ihr in das vom Laufen gerötete Gesicht. Friederike drehte sich ganz zu ihr herum und streckte ihr die Arme entgegen. Immer ging ihr das Herz auf, wenn sie die kleine Schwester sah, die zehn Jahre nach ihr geboren worden war. Aber Luise schüttelte atemlos den Kopf und zeigte nur in die Richtung, aus der sie gekommen war. „Wilhelm", keuchte sie. „Du musst … komm schnell … er … "

Friederike warf Veronika noch einen kurzen Blick zu und verzog den Mund zu einem entschuldigenden Lächeln. „Tut mir leid, Vroni. Ich erzähl's dir dann."

Luise zerrte schon an ihrer Hand. Die beiden Schwestern liefen an den Ständen vorüber, an denen die Marktleute begannen, ihre restliche Ware zusammenzupacken, und schlugen den Weg nach Hause ein. Zum Glück war es nicht weit. Vom Marktplatz aus wandten sie sich rechts, vorbei an der Hochzeitslinde, deren kahle Zweige in den Himmel ragten, durch die Hinterthäler Pforte. Der zertretene Schnee machte das Kopfsteinpflaster rutschig, und sie hatten Mühe, vorwärtszukommen. Friederike wartete, bis Luises Atem ruhiger ging, dann drückte sie die verschwitzte Hand: „Was fehlt Wilhelm denn? Was ist passiert?" „Ich weiß auch nicht. Aber ich glaube, er ist richtig krank jetzt. Er … " Luises Lippen zitterten und die Tränen rollten ihr über die Wangen. „Mama hat gesagt: Schnell! Hol Friederike! Und ich hab dich gesucht und … " Ihre Nase lief und sie wischte sich mit dem Ärmel über das Gesicht. Das schlechte Gewissen überfiel Friederike wie eine heiße Woge. Als Älteste von sieben Geschwistern waren Treffen mit Freundinnen in ihrem Alter für sie nur sehr selten möglich, und sie hatte sich so gefreut, Veronika auf dem Markt zu sehen – sie hatte einfach die Zeit vergessen.

Ihr Bruder Wilhelm hatte sich schon am Morgen beim Frühstück nicht wohlgefühlt. Er hatte nichts essen wollen, was höchst ungewöhnlich war, und nur müde am Tisch gesessen, den Kopf in die Hände gestützt. Er hatte nicht – wie sonst – Luise und den kleinen August geneckt oder mit dem Vater über die täglichen Arbeiten geredet. Aber dass in einer so großen Familie in diesen Zeiten – und zumal im Januar – alle wohlauf waren, war sowieso selten, und so hatte sie sich keine besonderen Gedanken gemacht, sondern sich darauf gefreut, auf den Markt gehen zu können und so einmal der nie abreißenden Arbeit zu entkommen.

Friederike wechselte den schweren Korb auf den anderen Arm und versuchte, die Sechsjährige zu trösten. „Du hast es genau richtig gemacht, Luischen. Wir können eine gute Suppe kochen. Die macht den Wilhelm schnell wieder gesund."

Der Tag hatte schön begonnen. Zwar kalt, aber klar und sonnig und nicht so trüb wie oft, wenn Nebel aus dem Lahntal aufstieg. Der Atem der beiden Mädchen stand ihnen in weißen Dampfwölkchen vor dem Mund. Aber ihre Schritte wurden trotzdem immer schneller, und Luise hatte Mühe, mit der großen Schwester Schritt zu halten, bis sie vor dem schönen Fachwerkhaus im Burgweg standen, in dem die Familie Münster lebte.

Wie so oft streiften Friederikes Blicke die Inschrift auf dem Eichenbalken:

„Die erste Wohnung bauwt auf Erd
In zweyter ligstu in der Erd
Die dritte Wohnung droben ist
Bey unserm Heyland Jesus Christ"

„Komm, Luise, stampf mal. Deine Stiefel sind noch ganz voller Schnee. Sonst schimpft die Lina." Mit dem Ellbogen drückte Friederike die Holztür auf und schob sich, den Marktkorb voran, in den engen Flur. Luise schlüpfte unter ihrem Arm durch und rannte in die Küche: „Mama! Nicht böse sein! Ich musste sooo lange suchen und …" Aber nur Lina, die Magd, stand am Herd, das Gesicht rot und heiß, die Augen voller Sorge: „Endlich! Riekchen, er ruft die ganze Zeit nach dir und will sich nicht beruhigen!"

Friederike stellte den Korb achtlos auf den Tisch. Jetzt hörte sie es auch: Stöhnen drang von oben aus der Kammer, in der die fünf Brüder der Familie schliefen. Eine Tür wurde aufgestoßen. „Mama?" Mit fliegendem Rock und drei Sprüngen stürzte die Sechzehnjährige die Treppe hinauf.

„Gut, dass du da bist." Das sonst heitere Gesicht ihrer Mutter war wie versteinert. Hastig schob sie die Tochter vor sich her an das Lager des Kranken. Wilhelm lag stöhnend auf seinem Strohsack, drei Decken über ihm, in die er die Hände krallte und zugleich versuchte, sie mit den Füßen von sich zu stoßen. Seinen Kopf warf er hin und her, die zerzausten Haare klebten an der fieberheißen Stirn. Gleichzeitig klapperten seine Zähne. Ein dünner Spuckefaden lief über sein Kinn.

Friederike war genauso erschrocken wie Luise und ihre Mutter. Sie hatte mit einer normalen Erkältung gerechnet. Ja, Fieber, klar, aber Wilhelm schien kaum noch bei sich zu sein.

Sie schob ihr Kopftuch zurück und legte ihrem Bruder vorsichtig die Hand an die glühende Wange.

Die Winterkälte schien ihn kurz zu sich zu bringen. Er schlug die Augen auf und krächzte: „Riekchen, Lob und Dank, ich …" Vor Zähneklappern konnte er nicht weitersprechen. Während ihr Bruder sich stöhnend herumwälzte und ihre Hand umklammerte, überfiel sie die Angst eiskalt. Bilder stiegen in ihr auf. Immerhin war es erst drei Jahre her seit der großen Fleckfieberepedemie hier in der kleinen Stadt Braunfels.

Jeder Dreizehnte, so sagte man, sei damals dieser furchtbaren Krankheit zum Opfer gefallen, die die Soldaten eingeschleppt hatten, die über Jahre in jedem Haus einquartiert waren. Das Fürstentum Solms-Braunfels gehörte zum Rheinbund, ein an Frankreich gebundenes Militärbündnis. Napoleon erhob nicht nur hohe Steuern, sondern rekrutierte vor allem hohe Kontingente an wehrfähigen Männern für seine ständigen Feldzüge. Gott sei Dank waren Lehrer sowie Pfarrer vom Wehrdienst ausgenommen. Vater Münster hatte daheimbleiben dürfen. Die Nachrichten vom katastrophalen Ausgang des Russlandfeldzuges waren bis zu ihnen gedrungen. Unzählige Soldaten, auch aus den deutschen Ländern, waren gefallen. Nur ein geringer Teil kehrte zurück – und in welchem Zustand! Es war den Männern wochenlang aufgrund der Kälte und der ganzen Umstände nicht möglich gewesen, ihre Uniformen abzulegen, und so schleppten sie die infizierten Kleiderläuse, die sich darin eingenistet hatten, mit in die Häuser derer, die sie beherbergen und versorgen mussten.

Nie würde Friederike das vergessen können: die Angst, die weinenden Frauen, die Karren, die mit den Toten über das Kopfsteinpflaster holperten … Damals war ihre Mutter eine Heldin für sie gewesen. Natürlich hatte auch Friederike mitgeholfen, viele, viele Mahlzeiten zuzubereiten, hatte am Herd gestanden, Gemüse geputzt, stundenlang abgewaschen, bis ihre Hände rau und die Beine schwer waren, aber die Mutter war nicht müde geworden. Für jeden hatte sie ein gutes Wort und ein Lächeln gehabt …

Dann kam es zur Völkerschlacht bei Leipzig vom 16. bis 19. Oktober 1813. Napoleon und seine Truppen wurden geschlagen und anschließend war auch der Rheinbund aufgelöst worden.

Und in all diesen politischen Wirren war ihre Familie von größerem Elend verschont geblieben! Selbstverständlich hatten sie Gott gedankt, dass es so war. Aber ein kleines bisschen war da doch der Gedanke in Friederike hochgekrochen: Wenn ich immer fleißig bin, wenn ich gehorsam bin, wenn ich immer bete …, dann lässt Gott das Unheil an uns vorüberziehen. Und wir haben ja schließlich alles getan, allen geholfen, alles geteilt.

Bis jetzt. Die Einquartierungen waren gerade erst vorbei. Endlich! Keine Soldaten mehr, die einfach kommen und ein Bett und das Beste zum Essen fordern konnten. Und nun …?

Friederike fuhr sich energisch mit dem Handrücken über

die Augen. Gott würde sie nicht verlassen. Wilhelm war doch jung und kräftig.

Wenn sie sich um ihn kümmerte, würde das ihr Herz leichter machen. Vorsichtig löste sie ihre Hand aus der verschwitzten ihres Bruders und stand auf. Seine Augen, fiebrig glänzend, folgten jeder ihrer Bewegungen. Sie konnte Angst in seinem Blick lesen. „Ich gehe nicht weg," sagte sie rasch beruhigend. „Ich rufe nur nach Lina oder Luise, ob sie uns etwas bringen können, damit du dich besser fühlst."

Schon ein paar Minuten später schob sie einen in Tücher gewickelten, wunderbar wärmenden Backstein unter die Decken an Wilhelms Füße und breitete ihre eigene Bettdecke auch noch sorgfältig über ihn. Dann setzte sie sich vorsichtig auf den Bettrand und wischte mit einem feuchten Lappen über das Gesicht ihres Bruders. Es schien ihm wohlzutun. Seine Züge entspannten sich ein wenig, und der verkrampfte Griff, mit dem er die Decken festkrallte, lockerte sich. Mühsam öffnete Wilhelm die Augen. „Hast du Durst?", wollte Friederike wissen.

Neben dem Bett stand ein Becher Wasser, den vermutlich schon die Mutter mit hinaufgebracht hatte. Friederike hob behutsam den Kopf ihres Bruders und hielt ihm den Becher an den Mund. „Hier, Wilhelm, versuch mal zu trinken." Er schluckte so mühsam, dass das meiste danebenrann. Friederike tupfte ihm sanft das Gesicht ab und versuchte es noch einmal. Schließlich war der Becher leer. Für den Moment war der Kranke ruhiger geworden. Friederike zog ihr wollenes Umschlagtuch fester um sich, legte ihre Hand auf die ihres Bruders und versuchte, sich zu entspannen.

Bilder stiegen in ihr auf: Wilhelm – die große Schwester von fünf Brüdern zu sein, war nicht immer nur vorteilhaft gewesen, aber in diesem Moment spürte sie nichts als Erbarmen und Zärtlichkeit für diesen immer munteren, aufgeweckten, ständig hungrigen und äußerst erfinderischen Jungen da vor ihr. Er war ein Energiebündel mit immer neuen Ideen, die sofort in die Tat umgesetzt werden mussten – auch, wenn sie durchaus nicht immer von Erfolg gekrönt waren, des Öfteren daheim zu Ärger führten oder Wilhelm und die anderen Brüder von ihren eigentlichen Aufgaben und Pflichten abhielten.

Wilhelm: immer am Tüfteln, ein geschickter Bastler, dünn – wer war das nicht in diesen Zeiten –, aber zäh und mit einer ansteckenden Fröhlichkeit. Vaters Sohn, keine Frage.

Wenn ihr Vater, Andreas Münster, an langen Abenden in der Stube von seiner Jugend erzählte, glänzten seine Augen ebenso wie die von Wilhelm. Trotz aller Widrigkeiten und Entbehrungen war es dazu gekommen, dass er jetzt schon seit fast 20 Jahren Lehrer sein durfte; er, der völlig ungebildet, aber unendlich wissensdurstig aufgewachsen war. Der Vater hatte mit unglaublicher Zähigkeit an seinem Traumberuf festgehalten.

Wilhelms Ziel war ein anderes, aber für einen Jungen aus einer Kleinstadt kein geringeres: Er wollte einmal Ingenieur werden. Ja, und nicht etwa hier in der Abhängigkeit vom Fürsten zu Solms-Braunfels. Das ferne Berlin war die Stadt seiner Träume und die Artillerie- und Ingenieurschule dort. Der Vater würde alles dafür tun, dass Wilhelm sein Ziel erreichte. Er legte viel Wert auf Eigenschaften wie Beharrlichkeit, Fantasie und Fleiß.

Vater. Noch hielt er Unterricht. Aber eigentlich sollte gleich Mittagspause sein. Vielleicht hatte sie in der Aufregung das Läuten der Schulglocke überhört. Ihr Magen knurrte, jetzt, wo sie so still dasaß. Sicher würde Vater gleich nach Wilhelm sehen wollen, wenn er aus dem Unterricht kam.

Wie es wohl weitergehen würde? Wenn es tatsächlich das bekannte und gefürchtete Fleckfieber war, dann war es mit der Schule im Haus erst mal vorbei, zumindest mit dem Privatunterricht, den Andreas Münster gab, um das Einkommen der großen Familie aufzubessern. Friederike dachte an das Geld, das sie auf dem Markt dem Fleischhändler in die Hand gezählt hatte. Schon wieder mehr als das, was die Mutter zu Hause einkalkuliert hatte, als sie ihr das Geld für den Markteinkauf herausgegeben hatte.

Hinter ihr wurde die Tür leise geöffnet. „Wilhelm, mein Großer! Was machst du denn für Sachen?!" Andreas Münster war mit zwei Schritten am Bett seines Sohnes und beugte sich über den Kranken.

Wilhelms schwere Lider öffneten sich. „Papa!", flüsterte er und versuchte zu lächeln. Gleichzeitig lief ein Zittern durch seinen Körper, und wieder schlugen seine Zähne aufeinander. Schweiß trat auf seine Stirn. Andreas Münster nahm Friederike den Lappen aus der Hand. „Geh hinunter und iss etwas, Riekchen. Ich habe schon gegessen und bleibe jetzt bei deinem Bruder." Als sie aufstand, drückte sie einen Moment ihre Stirn an die breite Schulter ihres Vaters. Vater war da. Er würde Rat wissen. Vater wusste immer alles. Aber als sie ihm ins Gesicht sah, konnte sie trotz des Dämmerlichtes in der Kammer in seinen dunklen Augen die gleiche Sorge sehen, die sie selbst empfand. Als ob er ihre Gedanken erraten hätte, lächelte er seine Älteste liebevoll an. „Vergiss nicht, mein Riekchen, Gott sagt: ‚Ich bin der Herr, dein Arzt. Alle eure Sorgen werft auf ihn, denn er sorgt für euch.'" Damit nahm er ihren Platz am Bett ein.

Während Friederike, steif vom langen Sitzen, sich die Treppe hinuntertastete, klangen die Worte ihres Vaters in ihr nach. „Denn er sorgt für euch." Ganz gewiss war doch der Vater im Himmel nicht weniger vertrauenswürdig als ihr Vater hier. Solange sie denken konnte, hatte es um sie herum immer Grund für Sorgenfalten gegeben, aber immer hatte ihr Vater alles dafür getan, dass es seinen geliebten Kindern an nichts Nötigem fehlte.

Und jetzt hatte sie einfach Hunger. In der Küche war der große Esstisch der Familie schon abgeräumt. Aber hinten auf dem Herd köchelte es leise in einem halb leeren Topf. Friederike nahm einen Steingutteller vom Bord, holte sich einen Löffel und schöpfte sich von der Suppe. Es war seltsam still im Haus. Nicht einmal die alte Großmutter saß in ihrem Stuhl am stets warmen Küchenherd. Während sie noch aß, öffnete sich die Tür und ihre Mutter kam herein, in der Hand das Garn, das Friederike am Morgen auf dem Markt besorgt hatte. Das Schwätzchen mit Veronika schien ihr jetzt schon eine Ewigkeit her zu sein!

„Riekchen? Wie geht es ihm jetzt?" Mutters Stimme klang zittrig und gepresst. Sie zog sich einen Stuhl heran und setzte sich neben ihre große Tochter. Friederike legte behutsam ihre Hand auf die feste, etwas raue ihrer Mutter. Kräftige Hände, geschickte Hände, die Arbeit in einem großen Haushalt gewohnt waren. Heute waren sie eiskalt. Friederike schwieg.

„Ich weiß auch nicht", sagte die Mutter schließlich. Sie fuhr sich mit der Hand über die Augen, und das Mädchen sah im Dämmerlicht, das in der Küche herrschte, dass sie rot vom Weinen waren. „Ich habe Angst, Rieke. Vorhin, als du noch nicht da warst ... er war wie von Sinnen. Das Fieber stieg rasend schnell – ich glaube, er wusste gar nicht, wo er war." Sie versuchte zu lächeln, aber es war ein verzerrtes Lächeln, das ihre Augen nicht erreichte. „Meinst du – denkst du, es könnte das Blutfaulfieber sein?" Die Mutter verstummte. Dann straffte sie ihre Schultern und atmete tief. „Wilhelm ist ein kräftiger Junge. Vielleicht hat er auch Hunger. Ich bringe ihm einen Teller Suppe."

Friederikes Teller war leer. Sie stellte ihn zu den anderen und begann, Wasser für den Abwasch zu erwärmen. Lina erschien, in jeder Hand einen vollen Wassereimer. „Ich habe die Kleinen zu den Kaninchen geschickt", sagte sie. „Aber es ist wirklich kalt draußen. Deine Mutter hat gesagt, ich solle schon einmal anfangen, die Wäsche einzuweichen. Wenn es morgen wieder so klar ist, ist ein guter Tag für die Wäsche." Friederike nickte ihr zu. Das Leben ging weiter, die Arbeit auch.

Der kurze Winternachmittag war schnell vorbei. Wilhelms Fieber stieg noch immer, er fror und schwitzte und schien starke Schmerzen zu haben. Ein wenig hatte er getrunken, von der Suppe hatte er nur ein paar winzige Löffelchen Brühe geschafft.

Als es dämmerte, versammelte sich nach und nach die ganze Familie in der Küche. Das Talglicht flackerte, dazu der rötliche Schein des Herdfeuers. Friederike liebte diese langen Abende. Jeder hatte seine Beschäftigung. Die Kleinen, Luise und August, der mit seinen vier Jahren das Nesthäkchen war, durften Garn wickeln oder sich schließlich bei der Großmutter auf den Schoß kuscheln. Friederike, Lina und die Mutter waren stets mit Handarbeiten beschäftigt. Entweder sie widmeten sich dem immer vollen Stopfkorb, hatten etwas zu ändern oder klapperten leise mit dem Strickzeug. Wilhelm und die jüngeren Brüder Christian, Karl und Friedrich reparierten sonst häufig unter Vaters Anleitung die Griffe der Werkzeuge oder schnitzten. Wilhelm war es, der gern tüftelte und die anderen damit ansteckte. Vater las vor, manchmal kam Besuch vorbei. Es war viel Zeit, sich nebenbei zu unterhalten, eine Geschichte zu erzählen oder zu singen.

Vor dem Abendbrot nahm der Vater dann die Bibel vom Regal und las. Und obwohl an diesem Abend sich die friedliche Stimmung nicht einstellen mochte, tat er das auch heute. Er las fortlaufend aus dem Neuen Testament, im Moment aus dem Evangelium nach Lukas. Friederike war sehr müde. Aber sie horchte doch auf: Sie hörte die Geschichte ganz neu. Es ging um einen aussätzigen Mann. Als er Jesus entdeckte, fiel er vor ihm auf sein Angesicht und bat den Herrn, ihn zu reinigen. Und sogleich tat Jesus dies. Von überallher kamen die Leute mit ihren Krankheiten. Noch nie hatte diese Geschichte sie so angesprochen wie heute. Sie stellte sich vor, sie wäre dort. Jesus käme vorbei, und sie würde ihren Bruder dann zu ihm bringen. Ja, Jesus würde nicht zögern, sich über ihren leidenden Bruder zu erbarmen. Sie spürte, wie die Tränen kamen und schluckte. Jetzt betete Vater: „Herr, du bist derselbe, damals, heute und in alle Ewigkeit. Wir bringen unseren lieben Wilhelm vor dich. Herr, schenk du doch Heilung. Aber wir wollen auch beten, wie du es uns gelehrt hast – dein Wille geschehe."

Als die Mutter die Graupensuppe austeilte, war es lange sehr still am Tisch. Selbst Gusti löffelte stumm, den Kopf mit dem dunklen Haar über die Tischplatte gebeugt. Schließlich räusperte sich Andreas Münster: „Christian, Friedrich, ihr beide helft mir gleich, in der Stube umzuräumen. Es ist besser, wenn Wilhelm hier unten liegt. Es ist wärmer und einfacher, ihn zu pflegen. Und wir hören ihn tagsüber besser. Wir wollen auch abwechselnd die Nacht bei ihm bleiben." Louise, die Mutter, nickte. „Ich möchte heute bei ihm wachen. Friederike, kannst du mein Bettzeug aus der Kammer bringen?" „Natürlich, Mama."

Aber sie wusste schon, dass auch sie in ihrem Bett, eingekuschelt neben der kleinen Luise, auf alle Geräusche lauschen würde, und dass auch Linas vertrautes Schnarchen auf der anderen Seite der kleinen Dachkammer das gequälte Stöhnen von unten nicht übertönen könnte.

Die nächsten Tage verrannen wie in einem zähen Nebel. Wilhelms Befinden verschlechterte sich zusehends. Von Schmerzen am ganzen Körper geplagt, wälzte er sich auf seinem Bett und konnte in keiner Lage Ruhe finden. Aus bald glänzenden, bald trüben Augen sprach die blanke Qual. Die rissigen, geschwollenen Lippen konnte er kaum weit genug öffnen, dass sie ihm tröpfchenweise zu trinken einflößen konnten. Er sprach kaum, aber sein Stöhnen ging durch Mark und Bein, sodass, auch wenn sie bei den Mahlzeiten nebenan in der Küche beieinandersaßen, nur das Nötigste im Flüsterton geredet wurde. Das Schlimmste – wenn man so sagen konnte – waren seine Fieberträume. Denn nur so war es zu erklären, dass er völlig außer sich geriet, sobald die Mutter die Krankenstube betrat. Wer konnte sagen, was er da vor sich sah anstatt der Frau, die ihn als ihren ältesten Sohn mit tiefer Freude und Dankbarkeit willkommen geheißen hatte; anstatt der Frau, der der kleine Wilhelm sein erstes Lächeln geschenkt hatte; anstatt der Frau, die all die Jahre ihre Kinder klug und liebevoll versorgt hatte?

Louise Münster war völlig verzweifelt. Wie viel fast übermenschliche Kraft es sie kostete, die Krankenstube nicht zu betreten! Wie sie in der Küche auf jedes Geräusch lauschte! Auch nachts kam sie nicht zur Ruhe.

Nur den Vater und die große Schwester ertrug Wilhelm an seinem Lager. Sie wechselten sich ab, und wenn Friederike in die tief in den Höhlen liegenden, rot geränderten Augen ihres Vaters sah, erkannte sie trotz des Lächelns, mit dem er sich ihr zuwandte, seine Angst und Verzweiflung. In den langen Stunden an Wilhelms Bett versuchte sie immer wieder, die Hände zu falten und zu beten, aber ihr kam nur ein Satz: „Erbarme dich, Herr! Hilf doch meinem geliebten Bruder!" Sie wusste dabei nicht einmal, ob sie glaubte, wofür sie betete. Einen Satz konnte sie aber nicht sprechen:

„Herr, dein Wille geschehe!" Es war ihr, als würde ihr dieser Satz noch die letzte Kraft nehmen, die sie in ihr Gebet um Heilung legen wollte. Nicht aufgeben!

Es war nicht so, dass Friederike in ihrem Leben noch keine Erfahrung mit Tod und Sterben gemacht hatte. Da war die Epidemie vor drei Jahren gewesen, die vielen, vielen Toten in der Nachbarschaft und unter den Soldaten. Natürlich hatte sie das berührt und erschreckt. Vor zwei Jahren dann war der Großvater Münster, der mit im Hause gelebt hatte, gestorben. „Heimgegangen", wie der Vater es ausdrückte.

Heim, nach Hause in den Himmel. Konnte man das denn so genau wissen, dass, wenn man hier die Augen schloss, sie bei Gott wieder öffnete? In seiner ewigen Herrlichkeit? Wenn Friederike nur an sich dachte: Ja, sie war ernsthaft, fleißig, wollte gehorsam sein, wollte das Richtige tun, aber sie war ehrlich genug, um zu erkennen, dass sie in ihrem Herzen oft nicht besonders geduldig, liebevoll und rücksichtsvoll war und auch nicht immer bereit, auf etwas zu verzichten. In ihrer lebhaften Art war ihr schnell mal ein Wort herausgerutscht, das sie spätestens am Abend, wenn sie zur Ruhe kam und den Tag überdachte, bereute.

Und Wilhelm? Sie wusste es nicht, wie es in seinem Herzen aussah. Sie wusste nur, dass sie diesen Jungen mit dem verzerrten, eingefallenen Gesicht liebte wie noch nie in ihrem Leben. Viele Dinge fielen ihr ein: der kleine Wilhelm, den sie herumgeschleppt hatte, als sie eigentlich selbst noch zu klein dafür war; die Geschichten, die sie sich erzählt hatten; die Fantasiespiele, die nur sie beide gekannt hatten;

klar, auch manche Kabbeleien, aber wie unwichtig und bedeutungslos die jetzt schienen …

In den Nächten, in denen Friederike nicht an Wilhelms Bett saß, sondern einfach schlafen durfte, schmiegte sich Luise trostsuchend an sie. Die beiden Schwestern kuschelten sich aneinander, dann versank Friederike in einen brunnentiefen, traumlosen Schlaf der Erschöpfung.

In der zweiten Krankheitswoche war die Angst besonders groß. Mehrere Male sah es so aus, als würde Wilhelm den Kampf verlieren. Die Eltern und Friederike kamen kaum noch aus den Kleidern. Die Mahlzeiten wurden schnell hinuntergeschlungen, und oft hätte Friederike nicht mehr sagen können, was sie gerade gegessen hatte. Sie hatte auch keinen Appetit, aber sie aß, was die Mutter oder Lina ihr hinstellten, weil sie wusste, dass sie irgendwie bei Verstand und Kräften bleiben musste.

Sie bekam auch kaum mit, wie das Wetter war. Dass es noch einmal so viel geschneit hatte, dass ihre Brüder Christian und Friedrich den ganzen Tag geschippt hatten, hatte sie nicht mal bemerkt. Nur ganz selten trat sie an die Hintertür und atmete die klare Winterluft ein, bevor sie wieder zum Elend in der Stube zurückkehrte.

Und dann, an einem neuen Morgen, kam ihr Vater, der seine Nachtwache beendet hatte, müde, aber doch mit einem echten Lächeln in den Augen, entgegen. „Riekchen! Gott ist gut. Es gibt Hoffnung. Das Fieber ist nicht mehr so hoch." Vergessen alle Müdigkeit. „Wirklich, Papa?" Und dann stürzten ihr die Tränen aus den Augen, als ob plötzlich alle Dämme gebrochen wären. Der Vater drückte sie an sich, und sie merkte, dass auch er weinte. Zum ersten Mal in ihrem Leben sah sie ihren starken Vater weinen. Ein paar Augenblicke, dann schob er sie ein bisschen von sich, und sie lächelten sich an.

Wilhelms langes Krankenlager war trotz der hoffnungsvollen Anzeichen allerdings noch nicht überstanden. Er konnte seine Glieder nicht mehr gebrauchen und litt arge Schmerzen. Dieser Zustand dauerte Wochen, mittlerweile neigte sich schon der Februar dem Ende zu.

Wieder einmal saß Friederike an Wilhelms Bett und war dabei, im Schein des Talglichtes einen Flicken auf den durchgescheuerten Ellbogen von Friedrichs Jacke zu setzen. Plötzlich erwachte der Kranke aus unruhigem Schlaf und sah sie ängstlich an. „Rieke?" Die Stimme war nur ein Krächzen. Die große Schwester griff nach dem Becher Tee, der neben dem Lager stand.

Er trank, dann versuchte er, sich bequemer hinzulegen und stöhnte dabei unwillkürlich auf: „Was glaubst du, werde ich je wieder laufen können? Muss ich jetzt so bleiben, so ein Krüppel? Oh, Rieke!" Seine Lippen zitterten. Er kniff die Augen zusammen und versuchte, die Tränen zurückzuhalten, aber schließlich gab er es auf und ließ sie rollen. Friederike beugte sich vor und drückte die magere Gestalt an sich. „Hab Mut, Willi! Papa sagt, das gibt es öfter bei dieser heimtückischen Krankheit. Aber das wird wieder. Wenn es wieder warm wird und der Frühling kommt, dann wirst du wieder in den Garten gehen." Er schniefte, drückte ihre Hand und schloss wieder die Augen. Friederike deckte ihn gut zu, dann blies sie das Talglicht aus und verließ leise die Stube.

Mutter

~ MÄRZ 1816

Mach End, o Herr, mach Ende
mit aller unsrer Not;
stärk unsre Füß und Hände
und lass bis in den Tod
uns allzeit deiner Pflege
und Treu befohlen sein,
so gehen unsre Wege
gewiss zum Himmel ein.

(PAUL GERHARDT)

Der März kam und mit ihm die Hoffnung auf Frühling.
Aber noch war der Wind, der durch die Gassen fegte, eisig
und die Nächte frostig. Die Gesichter der Menschen, denen
Friederike auf dem Weg zum Markt begegnete, waren blass
und eingefallen. Die Kinder husteten und hatten laufende
Nasen. Der Winter war hart gewesen. Die Vorräte an Einge-
machtem gingen zur Neige, und was die Händler anboten,
war an jedem Tag teurer als am vorigen.

Und doch lockte die Sonne ein Lächeln auf alle Gesichter.
Mittags musste Friederike mit Luise und August schimpfen,

weil die ohne Schal und Tuch mit offener Jacke im Hof herumjagten. „Seid ihr verrückt? Wollt ihr auch noch krank werden?" Luise rannte zu ihr und schlang die Arme um ihre Taille: „Riekchen! Sei doch nicht so böse! Schau, die Vögel kommen schon zurück und hier: Wir haben Leberblümchen gepflückt für Mama! Sie soll nicht immer so traurig sein."

Friederikes Herz schmolz. „Ach, ihr Süßen! Danke! Ihr habt ja recht. Aber trotzdem warm einpacken, ja? Und sammelt auch noch was für die Hasen! Wenn es Leberblümchen gibt, dann kriegen sie auch endlich mal wieder frisches Futter." Sie sah den beiden Kleinen nach, die Hand in Hand davonliefen. Luise schwenkte den Korb.

Ihre Augen waren noch ganz geblendet vom Sonnenlicht, sodass es einen Moment dauerte, bis sie die zusammengesunkene Gestalt am Küchentisch erkennen konnte. Mit einem Satz war sie bei ihrer Mutter. „Mama! Was ist los? Was hast du?" Louise Münster stöhnte, den Kopf in den Armen vergraben. „Oh, Riekchen", flüsterte sie. Die Tochter erschrak. Ihre Mutter glühte vor Fieber. Sie zitterte am ganzen Körper. „Mama! Komm, ich helfe dir ins Bett. Arme Mama, jetzt bist du krank." Noch in den Kleidern sank die Mutter ins Bett, zog sich die Decke über die Schultern und drehte sich stöhnend zur Wand. Schnell nahm Friederike die Decke ihres Vaters und legte sie noch über sie.

Mehr Decken, Backstein in den Ofen, Tee – Friederike machte jeden Handgriff automatisch, wie fremdgesteuert. Nicht Mama. Nicht jetzt! Nein! Es ist nicht wahr. Gott, ich ertrage das nicht! Ich kann nicht mehr …

Endlich hörte sie Schritte im Flur. Christian! „Chrissi! Schnell, hol Papa! Lauf! Beeil dich!"

Der Ton ihrer Stimme sagte anscheinend alles, denn wenige Minuten später wurde die Tür aufgerissen: „Rieke? Nein! Louise!" Als Andreas Münster sich über seine Frau beugte, versuchte sie, sich ihm zuzuwenden und zu lächeln. Es misslang. Friederikes Kehle schnürte sich zu, als sie sah, wie behutsam er der Kranken schlückchenweise das Wasser einflößte. Das Fieber schüttelte sie. „Papa? Soll ich den Doktor holen?"

Friederike war schon aus der Tür. Ihre Beine wollten sie kaum tragen. Sie hatte das Gefühl, gar nicht vorwärtszukommen, wie in einem Albtraum. Mama. Sie war doch noch nicht so alt. Erst 46 Jahre. Und Gusti und Luischen noch so klein.

Der Arzt sei nicht zu Hause, würde aber gegen Abend vorbeischauen, erklärte die Magd, der sie völlig außer Atem und in abgehackten Sätzen ihre Bitte vortrug. Friederike wanderte wieder zurück. Ihr ganzer Körper fühlte sich schwer wie Blei an. Sie hatte das Gefühl, selbst zum Denken zu müde zu sein.

„Grüß dich, Rieke! Da bist du ja mal wieder! So lange habe ich dich nicht gesehen!" Sie schaute auf und blickte in das fröhliche Gesicht ihrer Freundin Veronika. Sie hatte die Haare schön geflochten und hochgesteckt und sah einfach so adrett und hübsch aus, dass Friederike sich unwillkürlich ihrer eigenen zerzausten Frisur, ihres verweinten und verschwitzten Gesichts und des unordentlich gebundenen, abgetragenen Schultertuches bewusst wurde. Sie fuhr sich über die Augen. Veronika war ernst geworden. „Geht es deinem Bruder noch nicht besser? Ich habe davon gehört, dass er seine Glieder noch immer kaum gebrauchen kann." Teilnehmend legte sie ihre Hand auf den Arm der Freundin. „Warte, bis der Frühling richtig kommt. Er erholt sich wieder, wirst schon sehen. Das Schlimmste hat er doch überstanden."

Ihre freundliche Stimme gab Friederike den Rest. Die Tränen liefen ihr über die Wangen. „Vroni, jetzt ist es Mama. Ich war gerade beim Doktor. Sie fiebert so hoch. Ich hab es gesehen, auch Papa hat Angst um sie." Veronikas Gesicht wurde starr. Ihre Hand fiel herab, und sie wich einen Schritt zurück, einen Zipfel ihres schönen Tuches vor den Mund gepresst. „Nein! Du meinst, das Fleckfieber?! Entschuldige mich, Rieke, ich …" Schon hatte sie sich weggedreht und hastete in der entgegengesetzten Richtung davon. Friederike schämte sich. Sie hätte es gleich sagen sollen. Natürlich hatten alle Angst vor einer neuen Epidemie. Niemand hier hatte vergessen.[1]

Wahrscheinlich würde morgen der ganze Ort wissen, was im Schulmeistershaus los war.

Sie musste sich zusammenreißen. Sie wurde gebraucht.

Tatsächlich saßen Luise und August schon weinend auf der Treppe, als sie heimkam, und klammerten sich trostsuchend an die große Schwester. Aber auch sie selbst empfand es als tröstlich, die Kleinen in den Arm zu nehmen und Angst und Schmerz miteinander zu teilen. Lina stand mit roten Augen am Herd. Einfach tun, was als nächstes dran war. Abendbrot vorbereiten, einen warmen Tee für die Eltern oben und einen für Wilhelm kochen, der immer noch in der Stube lag.

Es kam Friederike seltsam vor, aber sie hatte doch das Gefühl, das Richtige zu tun, als sie alle um den Tisch saßen. Sie kündigte an, dass sie jetzt mit ihren Geschwistern beten wolle, wo der Vater doch oben bei Mutter im Krankenzimmer war. Sie dankte für das Essen, so wie sie es gewohnt waren, und dann betete sie für ihre Mutter. Als sie geendet hatte, fiel auf einmal mit zittriger Stimme die alte Großmutter, die fast immer nur zusammengesunken in ihrem Stuhl saß, ein und betete das Vaterunser. So tröstlich waren die altvertrauten Worte. Das empfanden alle, und danach konnten sie tatsächlich auch essen, die Kleinen ins Bett bringen, aufräumen und auch dem Doktor, der endlich noch gekommen war, die Tür öffnen.

Er stapfte sofort die Treppe hinauf, kam aber gleich wieder herunter, den Kopf gesenkt und so abweisend brummend, dass Friederike an Veronikas Reaktion denken musste. Fleckfieber! Seuche! Niemand, nicht einmal der Doktor, wollte so etwas im Haus haben.

Sie blieb am Tisch sitzen, den Kopf in die Hände gestützt, gleichzeitig todmüde und doch zum Bersten angespannt. „Dein Wille geschehe", so hatte Großmutter gebetet. Gottes Wille. Konnte es Gottes Wille sein, ihnen die Mutter zu nehmen? All das Elend, Krieg, Seuche, Wilhelms langes Krankenlager, und jetzt das? Die Traurigkeit lag wie ein Felsbrocken auf Friederikes Brust. Nicht einmal weinen konnte sie. „Jesus", flüsterte sie, „Jesus, hilf! Erbarm dich über uns!"

Vor ihrem inneren Auge sah sie das schlichte Kreuz in der

Kirche. Leid – ohne Schuld. Jesus, der auch so gebetet hatte in Todesangst in Gethsemane: „Dein Wille geschehe." Zwar war die Passionszeit dieses Jahr durch die Pflege ihres Bruders mehr an ihr vorbeigegangen als sonst, aber Vater hatte den Text über Jesu Weg nach Jerusalem während einer Andacht aus der Bibel vorgelesen. Jesus hatte gelitten, obwohl er doch ganz ohne Schuld war – aus Liebe, um den Weg in Gottes Vaterhaus und in die Ewigkeit freizumachen. Liebe, die leidet. Er musste verstehen, was sie durchmachten. Und er konnte noch eingreifen und alles zum Guten wenden. Wilhelm war schon auf dem Wege der Besserung. Egal, wie lange es dauerte. Sie, die älteste Tochter, würde ihre Schultern mit unter die Last schieben, sie würde den Kleinen die Mutter ersetzen. Sie würde Mama pflegen, Papa helfen. Sie konnte arbeiten, ja, sie würde alles tun, alles, und nicht einmal daran denken, mit Freundinnen zu schwatzen oder …

Die Küchentür wurde leise geöffnet. Ihr Vater kam herein. Friederike sprang auf. „Papa?" Sie stand schon am Herd. „Warte, ich bringe dir einen Teller. Setz dich, Papa. Schläft Mama? Soll ich ihr etwas bringen? Hat der Doktor etwas gesagt?" Andreas Münster ließ sich schwer auf einen Stuhl fallen. Er schüttelte langsam den Kopf. „Danke, meine Große. Ja, gib mir schnell etwas, dann gehe ich wieder hinauf. Du kannst etwas Suppe in den Becher füllen, vielleicht gelingt es mir, Mama ein wenig einzuflößen. Ach, mein Riekchen, mein gutes Riekchen. Das Fieber steigt noch immer." Er seufzte. „Nein, es gibt nichts, was der Doktor ausrichten könnte. Da muss Gott eingreifen. Ein anderer kann uns nicht mehr helfen."

Friederike hatte das Gefühl, gerade erst eingeschlafen zu sein, als jemand sie an ihrer Schulter rüttelte. „Rieke, wach auf! Mama ist doch krank. Du musst uns Frühstück machen." Es war tatsächlich Morgen, ein grauer Morgen, aber Luise und August waren schon beide wach. Friederike fühlte sich wie zerschlagen. Aber sie dachte an gestern Abend. Ja, sie wollte doch alles tun, stark und tüchtig und tapfer sein, die Kleinen sollten nichts vermissen. Sie lauschte, aber nebenan bei den Eltern war nichts zu hören. Als sie Luise die Zöpfe flocht, hörte sie Lina unten in der Küche mit den Wassereimern klappern.

In der Küche saß Wilhelm, fertig angezogen, auf einem Stuhl, neben sich die beiden holzgeschnitzten Krücken, die der Großvater in seinen letzten Lebensjahren gebraucht hatte. Er schaute seine Schwestern an, grimmig entschlossen: „Schluss jetzt mit Kranksein. Heute gehe *ich* zu Mama. Sie hat sich so sehr Sorgen gemacht um mich, dass sie auch krank geworden ist. Damit ist jetzt Schluss. Bitte hilf mir, Rieke!" Eine warme Welle überspülte Friederikes Herz mit Dankbarkeit. Schnell beugte sie sich vor und umarmte ihren Bruder. „Kommt, wir gehen alle gemeinsam zu ihr."

Inzwischen waren alle Geschwister munter. Wilhelm humpelte zur Treppe, stellte eine Krücke ab und fing an, sich mit einer Hand mühsam am Geländer hochzuziehen. Mit der anderen die zweite Stütze nachrückend, tastete er nach einem Halt auf den schmalen Stufen. Christian, Fritz, Karl und Friederike blieben ihm dicht auf den Fersen, um ihn zu schieben und zu stützen. Oben wurde die Kammertür geöffnet, und der Vater, unrasiert und müde, schaute über das Geländer.

„Wilhelm! Kinder! Ja, kommt nur. Mama ist wach."

Nie mehr würden sie alle diese halbe Stunde vergessen. Die ganze Familie Münster war noch einmal vereint. Niemand sprach es aus, aber als sie das Gesicht ihrer Mutter sahen, trotz Fieber und Krankheit zittrig lächelnd, ahnten alle, dass sie dieses Lächeln tief in ihrem Herzen aufnehmen mussten, weil sie es schon bald nicht mehr sehen würden. Wilhelm humpelte zuerst an ihr Bett. Die Mutter war zu benommen und zu schwach, als dass sie hätte etwas anderes tun können, als ihre Namen zu flüstern. Einer nach dem anderen streichelte vorsichtig ihre Hand.

Als der kleine August an der Reihe war, tat er es zuerst den anderen nach, dann aber brach er plötzlich in Schluchzen aus und stürzte sich in Friederikes Arme, das Gesicht in ihrer Schürze vergraben. Sie nahm ihn auf den Arm, strich noch einmal sanft über die Hand der Kranken und flüsterte heiser: „Ruh dich aus, liebe Mama. Ich kümmere mich, ich verspreche es dir." Dann wandte sie sich zur Tür, Luise, die sich an ihrem Kleid festhielt, auf den Fersen. Die Brüder folgten ihr. Nur Wilhelm und der Vater blieben am Bett sitzen.

Unten in der Küche war es warm. Lina stand wie gewohnt am Herd, die ersten Sonnenstrahlen fielen durch die kleinen Fenster und zeichneten goldene Muster auf den Fußboden. Friederike streichelte beruhigend Augusts weiches Haar. Der Kleine schniefte und klammerte sich weiter an ihren Hals. Auch Luise liefen die Tränen über die Wangen und sie warf ihre Arme um die große Schwester. Friederikes Kehle wurde eng. Sie sind viel zu klein, dachte sie. Mama, bleib bei uns. Ich schaffe das nicht. Wir brauchen dich.

„Auf, Friederike", krächzte die Großmutter aus ihrer Ecke. „Jetzt ist nicht die Zeit, herumzuheulen. Dein Vater braucht sein Frühstück. Die Arbeit wartet nicht."

Friederike zuckte zusammen. Aber so war die Großmutter. Harte Arbeit von früh bis spät und ein ständiger Kampf, irgendwie durchzukommen, hatten sie unduldsam und oft herrisch und verbittert werden lassen. So behutsam wie möglich löste sie Gustis Arme von ihrem Nacken und setzte ihn der Großmutter auf den Schoß. „Komm, Luischen," sagte sie sanft und schob die Kleine ein bisschen von sich. „Du kannst schon mal den Tisch decken. Schau, das Wasser kocht schon. Wir wollen auch einen Tee für Mama kochen. Vielleicht tut er ihr gut."

Louise Münsters schwere Krankheit war nur von kurzer Dauer. Es war tatsächlich die letzte große Freude ihres Lebens, ihren ältesten Sohn auf dem Wege der Genesung zu sehen. Bereits am nächsten Tag, dem 13. März 1816, schloss sie ihre Augen für immer.

Ihr Mann, der unablässig an ihrem Bett gewacht hatte, faltete ihr behutsam die Hände über der Brust. Im Dämmerlicht, das auch am Morgen die Kammer nur schwach erhellte, saß er still da und streichelte noch einmal das Gesicht seiner Louise. 18 Jahre hatte sie treu, klug, einfühlsam und liebevoll sein Leben geteilt. Wie dankbar war er für ihren Rat gewesen. Er wusste selbst, dass er im Grunde seines Herzens oft viel zu impulsiv und draufgängerisch war. Ihre

Besonnenheit hatte ihn des Öfteren vor unbedachten Entschlüssen bewahrt, wenn die Zunge drohte, mit ihm durchzugehen. Wie wichtig das war in diesen Zeiten, in der die Abhängigkeit vom Landesherrn über das eigene Wohl und Wehe entscheiden konnte!

Seine Gedanken gingen zurück in die Vergangenheit. Kennengelernt hatten sie sich am Tisch der Bediensteten des Fürsten Wilhelm zu Solms-Braunfels, nur einen kurzen Weg entfernt von ihrem jetzigen Heim im Burgweg. Wie freundlich war ihm, den der Fürst aus Gnaden aufgenommen hatte, die fünf Jahre ältere Louise entgegengekommen. Sie selbst diente als Garderobenmädchen der Fürstin. Ganz unauffällig hatte sie ihm in ihrer sanften Art geholfen, sich in der ungewohnten Umgebung zurechtzufinden. Nie war er glücklicher gewesen, als sie einwilligte, seine Frau zu werden und mit ihm in eine Zukunft zu gehen, die so unsicher war.

Andreas Münster vergrub das Gesicht in den Händen, zu erschöpft, um zu weinen. „Oh mein Gott", betete er verzweifelt in seinem Herzen, „ich weiß nicht, wie es weitergehen soll. Ohne dich wären wir verloren." Die Kinder standen ihm vor Augen. Friederike war erst 16 Jahre alt! Sechs jüngere Geschwister, die 76-jährige Großmutter ... Er seufzte tief, dann blickte er auf einmal auf.

Ein Bibelvers kam ihm in den Sinn und stand plötzlich vor ihm wie mit steilen schwarzen Buchstaben an eine gekalkte Wand geschrieben: „Es sollen wohl Berge weichen und Hügel hinfallen, aber meine Gnade soll nicht von dir weichen, und der Bund meines Friedens soll nicht hinfallen, spricht der Herr, dein Erbarmer." (Jesaja 54,10) Andreas atmete tief. Mit trockenen Lippen flüsterte er den Vers vor sich hin. Ja, er war allein, aber er war nicht verlassen. Gott hatte sich bisher in seinem Leben als der Versorger erwiesen, und er blieb derselbe.

Andreas Münster erhob sich steif. Es war Zeit, es den Kindern zu sagen. Gewiss warteten sie schon auf ihn.

Neubeginn

~ 1816

Stark ist meines Jesu Hand,
und er wird mich ewig fassen,
hat zu viel an mich gewandt,
um mich wieder loszulassen.
Mein Erbarmer lässt mich nicht,
das ist meine Zuversicht.

(KARL BERNHARD GARVE)

Friederike war im Obstgarten. Es war Anfang September, aber der Sommer schien sie in diesem Jahr vergessen zu haben. Es hieß, irgendwo auf der anderen Seite des Globus sei im letzten Frühjahr ein Vulkan ausgebrochen, und dies habe das Klima selbst hier stark beeinflusst. Graue Wolken hingen jeden Tag schwer über dem Land, und der Wind drang kalt durch ihren Schal, ohne den man nicht vor die Tür gehen mochte.[2]

Das Wetter passt zum Zustand meines Herzens, dachte Friederike manchmal. Seit dem Tod ihrer Mutter fühlte sie sich oft ebenfalls wie erstarrt. Sie versuchte, die Lücke zu füllen, die Mutter hinterlassen hatte, aber ihre Anstrengungen

43

schienen niemals auszureichen. Sie bog die Zweige der Himbeersträucher zurück, um auch ja keine noch so kleine Beere zu übersehen. Der Boden ihres kleinen Eimers war kaum bedeckt. Wie sollte sie davon noch etwas für den Winter retten?

Luise und August kamen angelaufen. Friederike sah, wie blass die Kindergesichter waren. Augusts Nase lief. Automatisch zog sie ein Taschentuch hervor und putzte ihrem kleinen Bruder die Nase. Luise hielt ihr ihren Korb hin. „Mehr war nicht dran, Rieke", sagte sie und schaute ihre große Schwester mit zusammengezogenen Brauen an. „Meinst du, du kannst daraus eine Suppe kochen?" Friederike warf einen Blick auf die winzigen Bohnen. „Das ist doch schon mal was", sagte sie und versuchte, unbekümmert zu klingen. „Wir wollen dankbar sein, dass wir hier draußen wohnen. Gott sorgt für uns, jeden Tag." Sie drückte die beiden kurz an sich. „Bringt doch den Korb schon mal in die Küche und fangt an, die Bohnen zu putzen. Ich komme gleich nach. Papa wird auch bald da sein." Es ging ja allen gleich in diesem Jahr mit der Ernte. Sie waren eigentlich noch gut dran hier auf dem Altenberg mit den großen Gärten und Feldern, wohin die Familie nach Mutters Tod und dem Beginn der neuen Tätigkeit ihres Vaters übersiedelt war.

Friederike sah ihren beiden Geschwistern nach, wie sie einträchtig, den Korb zwischen sich, zum Haus trotteten. Bevor sie sich den letzten Sträuchern zuwandte, wanderte ihr Blick in die Weite. Hinter dem Garten konnte sie über die Lahn tief unter sich hinwegschauen: Felder, grau an diesem trüben Tag, und in der Ferne konnte sie die Burg von

Braunfels ausmachen. Irgendwo unter der Burg wusste sie ihr Elternhaus. Sie stand oft hier oben und blickte in die Ferne. In diesem Jahr waren die Farben der Sonnenuntergänge durch die ungewöhnliche Wetterlage so wunderschön, wie sie es zuvor noch nie gesehen hatte. In allen Schattierungen von Rot, Orange und Violett verabschiedete sich die Sonne, die sich tagsüber kaum hatte blicken lassen. In solchen Momenten konnte sie ihre Einsamkeit und Traurigkeit ein bisschen vergessen.

So viel war seit März passiert. Mamas Tod, dann das Kalken des Hauses, das Räuchern der Räume mit Braunsteinsäure – die gängigen Maßnahmen zur Seuchenbekämpfung. Vaters Plan war ursprünglich, wieder als Schullehrer tätig zu sein, doch im Mai bekam er ein Angebot des Fürsten. Rentmeister der fürstlichen Domäne Altenberg sollte er werden, etwa zwei Stunden Fußweg von Braunfels entfernt, auf der anderen Seite der Lahn.

Der Vater war zuerst verzweifelt. Altenberg war ursprünglich ein Kloster der Prämonstratenserinnen gewesen. Mit Napoleon kam die Säkularisierung und nun nutzte es Wilhelm Christian Karl zu Solms-Braunfels als Sommerresidenz. Die Aufgabe eines Rentmeisters war es, die Einkünfte aus diesem Gutshof zu verwalten. Zudem sollte Andreas Münster Kastellan sein, also als Aufsichtsbeamter die Wälder, Felder und Wiesen des Fürsten von 1600 Morgen kontrollieren und die Arbeiter anstellen. Zudem wäre Friederikes Vater dann auch noch Schultheiß und müsste in dieser Funktion die Abgaben der Bauern an den Landesherrn eintreiben. Der Fürst zu Solms-Braunfels forderte noch immer den Zehnten von seinen Bauern und andere umfangreiche Lieferpflichten an Bau- und Brennholz. Andreas Münster hätte eine absolute Vertrauensstellung. Aber würde er dem gewachsen sein? Andreas war von Kindesbeinen an harte landwirtschaftliche Arbeit gewohnt. Aber Verwaltung und Buchführung in diesem Ausmaß waren ihm fremd.

Sein Traumberuf war von jeher Lehrer gewesen. Jede Entbehrung hatte er auf sich genommen, um dieses Ziel zu erreichen. Er hatte geschuftet und sich das Essen vom Munde abgespart. Er wusste, dass er ein guter Lehrer war. Seine Schüler liebten ihn, so wie er sie liebte und alles gab. Musste ihm denn das alles genommen werden?

Die gute Bezahlung für die neue Anstellung spräche natürlich dafür – die finanziellen Sorgen wären mit einem Schlag von ihm genommen. Ja, absolut wunderbar, aber …

Andreas hatte schnell gemerkt, dass die Kompetenzen nicht klar waren, obwohl er an sich keine Angst davor hatte, Verantwortung zu übernehmen. In schlaflosen Nächten, wo alles auf ihn einstürmte – der Verlust der geliebten Frau und die Sorge um die Kinder und deren Zukunft –, hatte er sich hin- und hergewälzt, sich das Für und Wider überlegt, die Gedanken doch wieder verworfen und schlussendlich entschieden, das fürstliche Angebot abzulehnen.

Es waren ja auch nicht nur die fremden Aufgaben. Ihm war klar, dass ihr Familienleben auf dem Altenberg ein völlig anderes sein würde. Die Nähe zum fürstlichen Hof würde bedeuten, ein großes Haus zu führen – und das auf wesentlich höherem Niveau, als sie es bisher gewohnt waren. Und er wusste, wie es bei Hofe zuging, schließlich hatte er lange genug dort gelebt. Der Gedanke, etwa seine Friederike irgendwelchen Hofintrigen auszusetzen, war ihm unerträglich.

Seinem ältesten Bruder, der schon viele Jahre Diener des Fürsten war, klagte er am nächsten Tag sein Leid. „Ich denke, ich werde ablehnen. Wenn Louise noch da wäre, vielleicht. Aber stell dir vor: Friederike, die anderen sechs, die Großmutter – du weißt, wie sie sein kann – Knechte, Mägde, und ich von frühmorgens bis abends unterwegs, wie soll das gehen?!"

Sein Bruder hatte ihm verständnisvoll die Hand auf die Schulter gelegt. „Ich weiß, Andreas, ich weiß." Er stand auf und begann, in der Stube auf und ab zu gehen. „Aber ist dir nicht klar, dass das nicht einfach ein freundliches Angebot ist, bei dem du frei bist, Ja oder Nein zu sagen?! Andi, du kennst unseren Fürsten. Es hat sich doch nichts geändert, auch wenn er eigentlich keine Leibeigenen mehr hat. Vielleicht ist das sonst irgendwo anders, ja, aber nicht hier in Braunfels. Wenn der Herr dich fragt, dann ist das ein Befehl, und du tust gut daran, dich so schnell wie möglich freundlich zu bedanken und deine Sachen zu packen. Denkst du wirklich, du könntest gegen den Willen des Fürsten hierbleiben und weiterhin Schule halten? Andi, so dumm bist du nicht." Er blieb ruckartig stehen und starrte Andreas an, der reglos auf seinem Stuhl saß, mit hängenden Schultern. „Mutig voran, Andi! Wer weiß? Kann es nicht ein Geschenk des Himmels sein? Denk doch mal daran, was du deinen Kindern in Zukunft bieten kannst! Klavierunterricht für deine Rieke, höfische Umgangsformen ...! Und ein besseres

Gehalt als das gebotene kannst du jedenfalls nirgends sonst bekommen." Der Ältere nahm seine Jacke vom Stuhl. „Lass dir raten, Andreas. Diese Anfrage wird die einzige Hilfe sein, die du erwarten kannst. Ich muss jetzt gehen. Aber sei kein Dummkopf!"

Das Angebot des Fürsten machte im kleinen Ort Braunfels schnell die Runde. Und alle waren sich einig, dass dem verwitweten Schulmeister nichts Besseres hätte passieren können.

Bereits im Juli musste Andreas Münster die Verwaltung der fürstlichen Landwirtschaft übernehmen. Im September war dann die ganze Familie auf den Altenberg umgesiedelt und begann dort ihr neues Leben.

Friederike begriff schnell, dass sie völlig auf sich gestellt war. Ihren Vater bekam sie kaum zu Gesicht. Bereits um 5 Uhr in der Frühe verließ er das Haus, und oft war er durch verschiedene Verwaltungsangelegenheiten sogar zu beschäftigt, um mit ihnen gemeinsam zu Mittag zu essen. Von früh bis spät versuchte Friederike nun, allen anfallenden Aufgaben irgendwie gerecht zu werden und zu lernen, was sie noch nicht konnte und wusste. Dazu bemühte sie sich, den Kleinen nach Kräften die Mutter zu ersetzen.

Sie merkte, dass ihre Situation ihrem Vater Kummer bereitete. Oft versuchte er, ihr zwischen Tür und Angel Ratschläge zu geben und sie zu ermutigen. Er war auch bestrebt, ihre Stellung gegenüber den aufmüpfigen Brüdern und den Angestellten zu stärken, die sich oft genug von „dem Mädchen" nichts sagen lassen wollten. Aber im Grunde, das wusste Friederike, musste sie es allein schaffen. Sie war

Vaters Tochter! Das hatte sie oft genug gehört, und es hatte sie immer glücklich und stolz gemacht. Das galt nicht nur für äußere Ähnlichkeiten – das dunkle Haar, die hohe Stirn und die aufrechte Haltung – sogar ihre Handschriften glichen einander. Was sie an ihm bewunderte, war seine große Willenskraft, seine Energie und sein Fleiß.

Nicht einmal nach Mutters Tod hatte Vater Münster sich auch nur einen Tag gehen lassen. Dass er um sie trauerte, spürten sie alle. Aber er verzagte nicht. Friederike wusste, dass er sich und die ganze Familie jeden Tag in Gottes Hand legte. Diese Gewissheit, dass der Vater im Himmel seine Kinder doch nicht im Stich lassen würde, ging einfach von ihm aus, ganz selbstverständlich, und das teilte er auch seinen eigenen Kindern mit.

Um ihr den Alltag zu erleichtern und vor allem, um ihr Gesellschaft zu leisten, stellte Andreas Münster ein Mädchen in Friederikes Alter ein. Als aber im Sommer der fürstliche Hof auf den Altenberg umzog, ergaben sich neue Probleme. Gerüchte, die er schon vorher gefürchtet hatte, machten die Runde. Es gab Anzüglichkeiten: ein Witwer, dazu zwei junge unverheiratete Mädchen, gleichzeitig junge Männer auf dem Hof …

Eines Abends saß Andreas wieder mit seinem Bruder zusammen, dessen dringender Rat war: „Du musst wieder heiraten, so einfach ist das." „Ja, ganz einfach", fuhr Vater Münster auf. „Einfach heiraten – aber wen? Und eine Mutter für sieben Kinder finden?!"

Der Ältere rückte näher an ihn heran und legte ihm beschwichtigend die Hand auf den Arm: „Andreas, ich will nur dein Bestes, das weißt du. Also, hör zu: Du erinnerst dich doch an die junge Frau Böttger, oder? Du kennst sie noch?" Andreas nickte schweigend. Magdalene Helene Böttger, die Tochter des Arztes und Professors Heinrich Böttger aus Kassel. Sie ist Erzieherin am Hof. Natürlich kannte Andreas sie. Etwa neun Jahre hatte er in ihrer Gegenwart die Prinzessinnen unterrichtet. Magdalene Böttger kannte auch die Verhältnisse im Hause Münster. Sie war eine freundliche, gläubige und selbstständig denkende Frau, soweit er wusste. Konnte das ein Ausweg sein? Eine zweite Louise? Er seufzte, schloss die Augen und drängte die Erinnerung und den Schmerz zurück.

Andreas sah zu seinem Bruder auf und schüttelte den Kopf. „Warum sollte sie ihre Bequemlichkeit aufgeben, um mein Schicksal zu teilen? Ich traue ihr tatsächlich zu, dass sie Mitleid mit mir, mit uns hat, aber denkst du wirklich ...?" „Wenn nicht, hätte ich nichts gesagt, Andi."

Am 1. Dezember 1817 heiratete Friederikes Vater Magdalene Helene Böttger, die voll guten Willens war, alle Aufgaben einer Mutter zu übernehmen und den großen Haushalt zu führen.[3]

Aufbruch und Umbruch

~ 1824

Mir ist Erbarmung widerfahren,
Erbarmung, deren ich nicht wert;
das zähl ich zu dem Wunderbaren,
mein stolzes Herz hat's nie begehrt.
Nun weiß ich das und bin erfreut
und rühme die Barmherzigkeit.

(PHILIPP FRIEDRICH HILLER)

„Hier steckst du also!" Katherines Gesicht erschien in der Kellertür. Selbst im Halbdunkel sah Friederike ihr Lächeln. Schnell verstaute sie die letzten Gläser auf dem obersten Regalbrett und wischte sich die Hände an der Schürze ab. „Katherine! Wie ich mich freue! Bist du schon länger auf dem Hof? Komm, ich bin gerade hier fertig. Vielleicht können wir ein bisschen spazieren gehen."

Die beiden jungen Frauen stiegen aus dem Vorratskeller die enge Treppe hinauf und standen nun im Hof. Ein frischer Herbstwind ließ bunte Blätter wirbeln. Friederike atmete tief. „Ich muss Mutter fragen, ob es ihr recht ist, dass ich gehe. Wartest du auf mich? Oder magst du sie auch kurz begrüßen?" „Ich habe sie schon eben in der Küche getroffen, Rieke. Aber wenn du meinst, es hilft, komme ich eben mit." Katherine, die 12 Jahre älter war, schob ihren Arm unter den ihrer Freundin. Friederike warf ihr ein schnelles dankbares Lächeln zu. Es war eben nicht immer so ganz einfach, mit 24 Jahren wegen jeder Kleinigkeit noch um Erlaubnis fragen zu müssen wie ein kleines Mädchen, wenn man auch schon selbstständig gewirtschaftet hatte und wenn man der Meinung war, durchaus erwachsen und verantwortlich handeln zu können ...

Aber heute gab es keine Differenzen. Magdalene war selbst erschöpft von der wochenlangen Einkocherei für das große Gut und hatte gar nichts dagegen, dass Friederike ein entspanntes Stündchen mit ihrer Freundin verbrachte.

Arm in Arm verließen die beiden den Hof und schlugen den Weg zum Wald ein, der ihnen Schutz vor dem kalten Wind bieten würde. Der Weg führte hinunter in den kleinen Ort Oberbiel, wo sie auch sonntags zur Kirche gingen. Friederike seufzte tief. Mit der Stiefelspitze trat sie mit Schwung einen Tannenzapfen vor sich her. „Ach, Katherine! Wie gut, dich zu sehen! Ich glaube, Gott wusste, dass ich jemanden zum Reden brauchte. Wenn du wüsstest, wie es manchmal in meinem Herzen aussieht! Ich will ja Vater und Mutter ehren, aber immer wieder möchte ich doch nur meinem eigenen Sinn folgen. Ich bete und sehe, wie der Herr Jesus gehorsam war, und dann: immer wieder das gleiche Versagen ..." Katherine nickte verständnisvoll und drückte den Arm ihrer Freundin. Es war so: Auch, wenn eine junge Frau noch so tüchtig war – solange sie nicht verheiratet war, blieb sie die unmündige Tochter, die den Eltern und auch den Brüdern Rechenschaft schuldig war, auch wenn in Friederikes Fall sich alle liebevoll zugetan waren. Immer und immer war es an ihr, die eigenen Wünsche und Bedürfnisse zurückzustellen und Verzicht zu üben. Friederikes Hilfe in dem großen Haushalt war allerdings tatsächlich unentbehrlich. Andreas Münster war bereits in Braunfels überaus gastfreundlich gewesen. Dazu brachte jetzt die Nähe zur Hofhaltung des Fürsten viel Arbeit mit sich, so wie er es bereits vorausgesehen hatte.

Katherine beschloss, das Thema zu wechseln: „Eigentlich bin ich hergekommen, um dir etwas zu erzählen. Stell dir vor: Ludwig und Immanuel Traub sind auf dem Weg nach Russland!" Das war tatsächlich eine Neuigkeit. Schon oft hatte Friederike interessiert gelauscht, wenn Katherine aus den Briefen vorlas, die ihr Verwandter Ludwig aus dem Basler Missionshaus schrieb. Seit drei Jahren war er in Basel, hatte dort den sechs Jahre älteren Juristen Immanuel Traub kennengelernt und war geprägt worden von eindrucksvollen geistlichen Persönlichkeiten. So wie dem Gründer des Missionshauses, Christian Friedrich Spittler. Dieser hatte einmal gesagt: „Was hilft's, wenn wir beim warmen Ofen und einer Pfeife Tabak die Notstände der Zeit bejammern? Hand anlegen müssen wir, und sei es auch ganz im Kleinen." Das war ganz nach Friederikes Herzen! 1820 hatte Spittler in diesem Geist eine Kinderrettungs- und Lehrerbildungsanstalt in Schloss Beuggen bei Rheinfelden gegründet.

Immanuel Traub und Ludwig Göbel erfüllte die gleiche

Vision: Sie wollten nach Süd-Russland gehen und dort die gute Nachricht von Jesus Christus weitergeben. Nun schien es den jungen Männern gelungen zu sein, das Komitee des Missionshauses davon zu überzeugen, sie auch ohne Abschluss ihrer theologischen Vorbereitung auszusenden. „Der Herr sagt mir, dass ich gehen soll, hat Ludwig dem Vorstand erklärt", erzählte Katherine. Ihr Gesicht strahlte vor Begeisterung. „Wie die Apostel damals. Und das Beste ist: Sie kommen in Braunfels vorbei, um der alten Heimat Ade zu sagen." Friederike sah die beiden jungen Männer vor sich, wie sie sich zu Fuß auf den langen Weg machten – ohne Unterstützung, nur mit dem Feuer der Hingabe in ihren Herzen und der Gewissheit, dass dies der Wille Gottes für ihr Leben und ihren Dienst war. Wie wunderbar musste das sein, einfach so seinem Herzen folgen zu dürfen. Frei, dem Ruf in den Dienst zu folgen.

Es war so, wie sie selbst es vor zwei Jahren in ihrem Tagebuch notiert hatte. Lange Zeit hatte sie die Frage gequält, ob sie, Friederike Münster, mit all ihren Fehlern und ihrem Versagen wirklich ein Kind Gottes sein durfte und ob Gott ihr immer und immer wieder gnädig sein würde. Dieses Ringen in ihrem Herzen war zur Ruhe gekommen am 26. Oktober 1822. Sie wusste es genau, denn sie hatte an diesem Tag sorgfältig in ihrer schönsten Handschrift in ihr Tagebuch geschrieben: „Ich bin dein, Du bist mein, Du bleibst es in Ewigkeit. Amen."

Seither bewegte sie oft voller Unruhe die Frage, was ihr Herr mit ihrem Leben anfangen konnte, denn Jesus sollte ab jetzt in ihrem Leben das Zentrum sein.

Ludwig Göbel und Immanuel Traub hatten auf die drängende Frage nach ihrer Berufung die Antwort gefunden. Sie freute sich auf ihren Besuch. Vielleicht würde sie durch die Begegnung mit den beiden ihre eigene Antwort finden.

Am nächsten Morgen allerdings geschah etwas, das die Vorfreude des gestrigen Nachmittags erst einmal in Vergessenheit geraten ließ. Es regnete in Strömen, und Vater wollte das schlechte Wetter nutzen, um den Tag über den Büchern zu verbringen. Da rasselten Wagenräder auf dem Hof. Die Kutsche des Fürsten! Während der Vater noch zur Tür eilte, wurde diese schon heftig von außen aufgerissen und zwei Beamte des Fürsten traten ein – ohne Gruß und ohne sich auch nur den Schmutz von den Stiefeln zu treten.

„Aber, meine Herren", begann Andreas Münster, aber der eine schnitt ihm gleich in herrischem Ton das Wort ab: „Die Kasse, Münster! Hier!" Mit zitternden Fingern nahm Andreas die Vollmacht der fürstlichen Rentkammer entgegen, die ihm der andere Beamte vor die Nase hielt.

Die beiden Herren standen derweil schon in der Wohnstube am Schrank. Ohne ein weiteres Wort setzten sie sich an den Tisch und fingen an zu zählen und zu rechnen. Andreas Münster blieb schweigend neben ihnen stehen. Sein Herz raste.

Er musste nicht lange warten. Der eine Beamte sah ihn mit stählernem Blick an: „Münster! Es fehlen 1600 Gulden in deiner Kasse aus den letzten fünf Jahren. Ich verlange Auskunft!" „Das ist unmöglich", Andreas konnte es nur flüstern. Schwarze Flecken tanzten vor seinen Augen. Zitternd sank er auf einen Stuhl. Es schien eine Ewigkeit zu dauern, bis die Beamten ein zweites Mal alles durchgegangen waren. 1600 Gulden Defizit.

Was für eine ungeheuerliche Summe! Andreas schluckte und versuchte zu sprechen, aber es kam nur ein heiseres Krächzen: „Der Herr weiß, dass ich immer ehrlich war." Der Beamte warf ihm nur einen vernichtenden Blick zu: „Das sagen sie alle. Du hörst vom Fürsten, bis dahin verlass dein Haus nicht."

Türen schlugen, ein kalter Luftzug ließ die Blätter auf dem Tisch durcheinanderwirbeln. Räder knirschten im Kies. Andreas war wie betäubt. „Das ist ein Albtraum", raunte er, „es kann nicht wahr sein." Er hörte schnelle leichte Schritte hinter sich, weiche Arme umschlangen seinen Hals: „Vater! Es wird alles gut! Das ist ein schrecklicher Irrtum. Niemand ist so aufrichtig wie du." Der Vater vergrub das Gesicht in den Händen. „Danke, mein Riekchen. Du meinst es gut." Er atmete tief und versuchte, seiner Stimme einen festen Klang zu geben: „Ich werde den Fehler finden, wenn es denn einen gibt."

Er rechnete, verglich, rechnete wieder, grub überall nach möglicherweise vergessenen Rechnungen oder Gutschriften. Und mit jedem Versuch wuchs seine Verzweiflung. Nichts, nichts, womit er seine Ehrlichkeit beweisen konnte. Er zermarterte sein Gehirn, wo der Fehler liegen könnte, aber vergeblich.

Der Fürst zu Solms-Braunfels enthob Andreas Münster vorläufig seiner Ämter und setzte ihn auf halbes Gehalt. Seine Naturalbezüge wurden gestrichen. Andreas sah keinen anderen Weg, als vor Gericht zu ziehen, um seinen guten Ruf wiederherzustellen. Dabei ahnte er, dass er ein Opfer von Verleumdung geworden war. Madame Becker, die Mätresse des Fürsten, hatte Einfluss am Hof, sehr großen Einfluss. Wahrscheinlich hätte er auch öfter dem Fürsten gegenüber den Mund halten sollen, anstatt zu offenherzig seine Ansicht über manche Vorfälle am Hof zu äußern. Aber wie sollte er seine Unschuld beweisen, was die fehlende Summe betraf? Und woher das Geld zum Prozessieren nehmen?

Die Söhne waren bereits auf der Ingenieursschule, auf der Universität, der Bergschule, dem Gymnasium und in der Lehre. Dank seines Gehaltes als Rentmeister hatte er ihnen eine solide Ausbildung finanzieren können. Doch wie sollte er als Vater sie weiter unterstützen? Er konnte es nicht mehr, wie er es auch drehte und wendete. Magdalene und Friederike sparten in dieser Zeit, wo sie nur konnten. Geschickt mit Nadel und Faden waren sie beide, aber ohne Ausgaben ging es nicht. Wie Vater Münster sich schämte, auf einmal beim Schuhmacher und anderswo um Aufschub der Zahlung bitten zu müssen!

So war die Situation, als im Dezember Ludwig Göbel und Immanuel Traub auf ihrer Wanderung das heimatliche Braunfels erreichten. Überall predigten sie und riefen die Menschen auf, sich zu Jesus Christus zu bekehren und ihm nachzufolgen. Die Freude am Leben mit Jesus, die die beiden vermittelten, und die Gewissheit ihres Glaubens fielen bei vielen Menschen in den Städten und Dörfern ringsum auf fruchtbaren Boden. In einem Brief an den Basler Inspektor Blumhardt beschrieben die jungen Missionare, wie groß der Zulauf beim Gottesdienst in der reformierten Kirche in Wetzlar gewesen war. Auf ausdrücklichen Wunsch des Fürsten predigten sie daraufhin am 27. Dezember 1824 auch in Braunfels in der Schlosskirche. Diese war völlig überfüllt. Ihre Entschiedenheit berührte Friederike in der Tiefe ihres Herzens – so wie sie es sich gewünscht hatte, gerade jetzt, wo zu Hause alles so trostlos schien. Aufgewachsen war sie in der Herbheit sittenstrenger reformierter Kirchlichkeit. Aber das hier war etwas anderes! Wann immer es ihr möglich war, traf sie sich nun mit anderen, die durch die Predigt der beiden jungen Missionare ebenso angesprochen worden waren. Sie bildeten miteinander einen Kreis von „Geschwistern" und gründeten dafür sogar eigens einen Verein. Auch ihre Brüder Christian, Friedrich und August gehörten dazu.

Nie würde Friederike den stürmischen Abend vergessen, an dem die Eltern Münster und die Großmutter verzweifelt in der Stube hin und her überlegten, wie sie ihre Schulden von 400 bis 600 Gulden bezahlen sollten, die sich mittlerweile angehäuft hatten. Währenddessen räumten Friederike und Katherine, die wieder einmal zu Besuch gekommen war, gemeinsam die Küche auf. „Bei diesem Sturm kannst du heute nicht mehr zurück nach Braunfels", meinte Friederike eben. Die Freundin hob die Hand: „Sei mal still, ich glaube, es hat geklopft." Tatsächlich. In der Tür erschien, völlig durchweicht, Heinrich Göbel, Katherines Cousin. Dabei strahlte er über sein ganzes nasses Gesicht. Er winkte nur eben den Freundinnen zu und ging gleich weiter mit schnellen Schritten in die Stube.

Dort zog er ein Säckchen aus der Tasche und stellte es vor den verdutzten Andreas Münster auf den Tisch. „Aus Liebe!", sagte er nur. Andreas schüttelte den Kopf: „Was ...? Woher ...? Ich habe von niemandem etwas zu hoffen." Die Freude leuchtete aus Heinrichs Augen, als er meinte: „Dann nehmen Sie es aus der Hand des Herrn." Mehr sagte er dazu nicht. Er verschwand so schnell, wie er gekommen war. Es waren 800 Gulden! Eine Hilfe im Überfluss, direkt aus der Hand des großzügigen, liebevollen himmlischen Vaters.

Viel später wurde ihnen klar, dass es auch ein Zeichen menschlicher Dankbarkeit war – Heinrich und Ludwig Göbel waren einst Schüler von Andreas Münster gewesen und hatten ihren geliebten Lehrer nicht vergessen. Auch das war Erweckung: dass Gott Menschen bereit machte, nicht nur sich selbst, sondern auch die Not des anderen zu sehen.

Es waren diese Erfahrungen mit einem lebendigen Gott, die Friederike in dieser Zeit prägten. Sie erlebte einen Gott, der nicht irgendwo fern von ihren Nöten thronte. Einen Gott, der ihr Herz kannte wie sonst keiner, der sie verstand und ihre Gebete hörte und beantwortete. Ein vollkommener Vater, dem sie vertrauen konnte, noch viel mehr als ihrem irdischen Vater. Immer mehr wuchs ihr Wunsch, diesem Gott zu dienen und seinen Willen zu suchen. Dabei war ihr das Vorbild der beiden jungen Missionare mit ihrer Hingabe an Gott stets vor Augen. Die Briefe, die sie aus der Ferne schrieben, und dazu der Kreis der Glaubensgeschwister in Braunfels halfen Friederike auch in der Situation zu Hause. Diese

Briefe waren so wichtig für sie, dass sie sie abschrieb und für sich aufbewahrte.

Ihre inneren Nöte vertraute sie ihrem Tagebuch an. An jenem Oktoberabend, an dem sie ihr Leben in die Hände Jesu gelegt hatte, hatte sie mit dem Schreiben begonnen. Eigentlich bestand ihr Tagebuch ausschließlich aus Gebeten und vielen Bibelversen. Aber bald ging sie dazu über, alles festzuhalten, was sie bewegte – auch das, was sie quälte und worunter sie an sich selbst und ihrem Versagen litt. Hier konnte sie ganz offen sein.

Ja, sie tat ihr Bestes und sie liebte ihre Familie. Aber immer wieder gab es doch vor allem Differenzen mit ihrer Stiefmutter, weil hier einfach zwei starke Charaktere aufeinanderprallten. Beide organisierten gerne, beide hatten einen festen Willen, und es fiel Friederike schwer, als Stieftochter immer und immer wieder nachzugeben. Gerade nach solchen Unstimmigkeiten fand sie im Schreiben zurück zu der ständigen und direkten Verbundenheit mit Jesus, in der sie ihr Leben führen wollte. Sie klammerte sich einfach fest an die Gnade, die Gott gezeigt hatte, als er seinen Sohn auch für sie, Friederike Münster, hatte am Kreuz von Golgatha sterben lassen. Wieder und wieder bat sie ihn um Kraft, seinen Geboten gehorsam zu sein, und darum, Jesus immer ähnlicher zu werden. Dabei erschienen ihr die Schwierigkeiten, die sich auftaten – die angespannte finanzielle Situation, der demütigende juristische Prozess, ihre unsichere Zukunft (denn welcher Mann würde schon ein Mädchen aus einer solchen Familie heiraten?) – diese Schwierigkeiten erschienen ihr bisweilen auch als besondere Liebeszeichen von diesem Gott. Wenn sie ihre Not vor ihn brachte, empfand sie, dass er sie doch auch durch diese Erlebnisse immer mehr in seine Nähe zog.

Ohne diese Nähe Gottes zu leben, erschien ihr mittlerweile völlig sinnlos. „Kann uns eine Trübsal, kann uns irgendetwas von Dir scheiden? Nichts, nichts, wenn wir den engen, schmalen Weg betreten und bloß im Aufschauen auf das Unsichtbare, als ob es sichtbar wäre, mühevoll den Weg fortwandern", schrieb sie in ihr Tagebuch.

Sie bat Gott um eine Haltung der Selbstverleugnung, um die Bereitschaft, wenn Gott es wollte, alles aufzugeben – und darum, dass sie lernte, einsam und still zu sein. Im Ringen um das, was für eine Hausgemeinschaft das Wichtigste war, hatte sie am 7. Mai geschrieben und gebetet: „Gib mir die Liebe. Wer einen Funken deiner Liebe hat, hat viel, hat alles. Alles, was er denkt und tut, ist in Gott getan. Du bist Liebe, lass mich Liebe werden. Von deiner Liebe erwärmt, werde ich die Fehler anderer, die ich nicht verbessern kann, tragen lernen. Die Liebe ist nicht ungeduldig, die ist geduldig. Ach, und fehlt deine Liebe, dann fehlt alles. Wo andere fehlen, lass es mich dir ohne Unruhe des Herzens anheimstellen. Lass mich meinem Nächsten seine Bürde tragen helfen, er muss auch viel von mir tragen. Lass mich nie glauben, die Fehler meines Nebenmenschen reizten mich zu sündigen. Nein, sie zeigen mir nur, wie schwach und gebrechlich ich bin. Die Wurzel bin ich. Lass mich wachen, recht wachen; beten, wahrhaft beten. Lehre du es mich, dass ich mich selbst recht erkennen lerne, dass ich den eignen Willen in deiner Kraft, die im Schwachen mächtig ist, abtöte."

Friederike fiel es manchmal schwer, tatsächlich anzunehmen, dass Gottes Liebe für sie größer war – dass sie einfach sein geliebtes Kind war und blieb, auch wenn sie wusste, dass sie schuldig geworden war.

Friederike lehnte es ab, sich als bedauernswertes Opfer ihrer Lebensumstände zu sehen. Sie wollte vorwärtsgehen und alles ohne Murren tun lernen, was Gott von ihr wollte. Von ganzem Herzen sehnte sie sich danach, den Platz auszufüllen, den ihr Herr ihr anwies – egal, wo dieser sein mochte und welche Schwierigkeiten sich auftun würden. Und sie wusste Jesus an ihrer Seite. Sie war bereit, zu lernen und sich von ihm gebrauchen und verändern zu lassen. Es waren Lektionen, die sie niemals mehr vergessen würde.

Erste Erfahrungen im Dienst

~ 1826

Bei dir, Jesu, will ich bleiben,
stets in deinem Dienste stehn;
nichts soll mich von dir vertreiben,
deine Wege will ich gehen.
Du bist meines Lebens Leben,
meiner Seele Trieb und Kraft,
wie der Weinstock seinen Reben
zuströmt Kraft und Lebenssaft.
(PHILIPP SPITTA)

Stimmengemurmel vor ihrer Zimmertür. Sie hörte ihren Namen: „Friederike!"

Friederike kämpfte sich zurück aus wirren Träumen. Mühsam öffnete sie die schweren Lider und versuchte zu verstehen, was da gesprochen wurde. „Immer wieder dieses Fieber ... Krämpfe ... ob sie je wieder Lehrerin werden kann ... 60 Mädchen momentan ... Friederike ... so lange krank ..."

Friederike tastete mit der Hand nach dem Becher auf ihrem Nachttisch. Das Wasser rann wohltuend durch die

Kehle, aber ihre Hand zitterte so sehr, dass es ihr zugleich auch kalt und nass in den Halsausschnitt lief. Seufzend stellte sie den Becher ab und schloss wieder die Augen.

Seit sieben Wochen lag sie jetzt darnieder. Wochenlang war sie kaum bei Bewusstsein, außer wenn die Schmerzen sie nicht schlafen ließen. Erst eine Geschwulst, dann Krämpfe – immer wieder so heftig, dass sie gemeint hatte, es gehe nun mit ihr zu Ende. Sie war bereit gewesen. Jesus, ihr Heiland, hatte ihr so klar vor Augen gestanden, dass sie das Gefühl hatte, sie bräuchte nur die Arme auszustrecken, damit er sie zu sich ziehen konnte. Ein Gefühl absoluten Friedens. Wilhelm Schmidt, der Pfarrer der „Rettungsanstalt Düsselthal für Waisenkinder", hatte so treu an ihrem Lager gesessen. Wenn ihr die Worte fehlten, hatte er an ihrer Stelle gebetet und ihr aus der Bibel vorgelesen.

Seit zwei Wochen etwa war sie von der Schwelle zwischen Leben und Tod zurückgekehrt. Sie wusste, sie würde nicht sterben. Noch nicht. Aber sie war so schwach, so entsetzlich matt, und hatte immer noch dieses Fieber.

Dabei hatte sie doch so voller Tatendrang ihre neue Arbeit begonnen. Noch nie hatte sie so sehr das Gefühl gehabt, am richtigen Platz zu sein – da, wo Gott sie haben wollte.

Begonnen hatte es mit dem Briefwechsel mit Graf Adalbert von der Recke-Volmerstein im Frühling. Auf ihre Anfrage hatte er ihr am 3. April endlich geantwortet: „... *haben Sie aber Lust und Geschicklichkeit, eine Lehrerin bei meinen Kinderchen zu werden, so ist jetzt Gelegenheit dazu ... erwägen Sie aber auch, was dazugehört: hauptsächlich brennende Liebe zu unserm Heiland und zu den*

Kindern und ein demütig kindlicher Sinn ..." Von einem Gehalt war nie die Rede gewesen.

Das war aber genau die Aufforderung, auf die sie gewartet hatte. Die Zeit war da. Ihre Brüder waren aus dem Haus, in Studium und Ausbildung, und Luise alt genug, um der Stiefmutter statt ihrer in Haus und Hof zur Seite zu stehen. Friederike hielt nichts mehr in ihrem Elternhaus.

Graf Adalbert von der Recke-Volmerstein hatte bereits 1819 zusammen mit seinem Bruder Werner begonnen, sich um die vagabundierenden Waisenkinder zu kümmern, die nach den Befreiungskriegen überall durchs Land zogen und auf den Landstraßen bettelten. 1822 kaufte er das ehemalige Trappistenkloster der Zisterzienser-Mönche in Düsselthal, etwa eine halbe Stunde von Düsseldorf entfernt, und baute dort seine „Rettungsanstalt" auf. Es gab viele Werkstätten, in denen die Jungs nach ihrer Neigung und Eignung ein Handwerk erlernen konnten. Ein Mädchenhaus wurde dreistöckig neu errichtet. Insgesamt war Platz für 60 Mädchen und 90 Jungen. Zusätzlich gab es noch eine Proselytenanstalt[4] mit einem Heim und einer Handwerkerschule für junge jüdische Männer, die Christen geworden waren.

Ein früherer Kreisschreiber aus Braunfels arbeitete als Aufseher bei den Jungen, und Friedrich Mallet, der ebenfalls aus Braunfels stammte und inzwischen in Bremen ein bekannter Prediger war, war dem Grafen und seiner Arbeit sehr verbunden. Auf diese Weise hatte Friederike von der Düsselthaler Anstalt erfahren.

Zu dieser Zeit fehlten noch vielerorts staatliche oder gesellschaftliche Strukturen. Dort, wo sie vorhanden waren,

waren sie für die neu entstehenden Nöte nur bedingt geeignet. In zahlreichen Städten hatte es um die Jahrhundertwende neue Armenverordnungen gegeben, die jedoch angesichts der gewaltigen Veränderungen nicht ausreichten.

Zur gleichen Zeit bildeten sich etwa nach dem Vorbild der Herrnhuter Brüdergemeine oder der Basler Christentumsgesellschaft, aus der die Basler Mission hervorging, christliche Organisationen, die über gesellschaftliche Grenzen und auch über Landesgrenzen hinausgingen. Sie reagierten ziemlich schnell auf eines der ersten Anzeichen der tiefgreifenden sozialen Veränderungen: die Zunahme der Straßenkinder. Die christlichen Vereine und Organisationen bemühten sich darum, diesen Kindern eine bessere Zukunft zu ermöglichen. Rettungshäuser entstanden, wie beispielsweise das Rauhe Haus in Hamburg durch Johann Hinrich Wichern im Jahre 1833. Die diakonische Tätigkeit begann mit der Sorge für die Waisen und erweiterte sich nach und nach um immer mehr Bereiche.

Voller Hingabe hatte Friederike sich nach ihrer Ankunft in die Arbeit in Düsselthal gestürzt. Die Mädchen, die ihr anvertraut wurden, waren völlig verwildert, verroht und nur darauf aus, irgendwie zu überleben. Friederike hatte ihr Vertrauen gewonnen, indem sie genauso lebte wie sie. Wenn die junge Lehrerin beispielsweise tagaus, tagein im gleichen Kleid erschien, dann gab es keinen Neid, dann konnte man tatsächlich auch mit einem einzigen Kleid zufrieden sein. Selbst auf ein eigenes Zimmer verzichtete Friederike. Sie schlief bei den Kindern in deren Schlafsaal.

Sie fing an, „ihre" Mädchen zu lieben. An jedem Fortschritt hatte sie Freude, und sie konnte sich tatsächlich keine bessere Arbeitsstelle vorstellen, so herausfordernd es auch war. Ihr Bruder Wilhelm machte sich Sorgen um seine Schwester. Aber sie schrieb ihm: *„Glaubst du, sie sei manchmal zu schwer für mich, so sage ich dir, ich könnte nichts Leichteres brauchen."*

Wahrscheinlich aber war es doch zu schwer gewesen. Ihre Krankheit war schon im September ausgebrochen, als Friederike kaum fünf Monate in Düsselthal gearbeitet hatte.

An diesem Nachmittag ging es ihr ein wenig besser. Im Liegen ertastete sie sich das Buch, das immer auf ihrem Nachttisch lag: das „Schatzkästchen" von Johannes Evangelista Goßner. Es enthielt für jeden Tag des Jahres „biblische Betrachtungen mit erbaulichen Liedern" für die Andacht zu Hause.

Sie schlug die erste Seite auf. Da hatte sie selbst eingetragen, was sie nie wieder vergessen wollte: „Ich bin der Herr, dein Arzt." (2. Mose 15,26) stand dort in großen Buchstaben und darunter: „Wir liegen vor dir mit unserem Gebet und vertrauen nicht auf unsre Gerechtigkeit, sondern auf deine große Barmherzigkeit." (Daniel 9,18) Friederike las es, immer wieder. In diesen Worten aus der Bibel war lebendige Kraft.

Wochen wurden zu Monaten. Wilhelm, der Ingenieursleutnant, schrieb ernsthaft besorgte Briefe an seine Schwester. Endlich, es war schon April 1827, konnte Friederike ihm echte Besserung melden. Ein wunderbares Geschenk war für sie die Zeit auf dem Landgut Pempelfort bei Düsseldorf. Doktor de Valenti, der Anstaltsarzt, hatte ihr diesen

Aufenthalt vermittelt, weil er merkte, dass man in Düsselthal nicht genug für sie tun konnte. Dort lernte Friederike eine wirkliche Freundin für ihr ganzes Leben kennen:
Amalie Franziska Jacobi, eine der Töchter des Regierungs-
rats Georg Arnold Jacobi, dem Besitzer von Gut Pempelfort.
Amalia war fast im gleichen Alter wie sie selbst.

Der Aufenthalt in Pempelfort erschien ihr wie ein Traum
nach der harten Arbeit, dem kargen Essen und der ständigen Überlastung aufgrund des Personalmangels in Düsselthal. Pempelfort war ein stattlicher Gutsbesitz vor den
Toren der Stadt Düsseldorf, unweit des Alten Hofgartens.
Das Schönste aber war der stille ausgedehnte Park, der nach
barockem Vorbild angelegt worden war. Wie liebevoll war
die geschwächte junge Frau in die Familie aufgenommen
worden! Hier hatten sich bei Jacobis Vater, dem Philoso-
phen Friedrich Heinrich Jacobi, schon Goethe, Herder, Di-
derot, Wieland, Klopstock und die Brüder von Humboldt
aufgehalten. Sie hatten den Jacobi-Kreis gebildet, von dem
wichtige geistesgeschichtliche Impulse ausgegangen waren.
Friederike war froh, dass sie schon auf dem Altenberg die
Umgangsformen erlernt hatte, die in den höheren Gesell-
schaftskreisen üblich waren. Hier in Pempelfort konnte sie
sich noch mehr Gewandtheit aneignen. Sie konnte lesen, so-
viel sie wollte. Und wie interessant waren die Gespräche bei
Tisch oder am Abend, wenn Gäste kamen. Sie war immer
lernbegierig gewesen und genoss in vollen Zügen die Möglichkeiten, die sich ihr hier boten.

Schließlich konnte sie ihre Arbeit im Waisenhaus wieder
aufnehmen. Aber sosehr sie der Düsselthaler Anstalt und

dem Grafen, der sie angestellt hatte, zugetan war, konnte sie nicht übersehen, dass je länger je mehr, die Missstände in der Verwaltung und Leitung wuchsen. Graf Adalbert selbst war von September 1826 bis Mitte Juli 1827 in Schlesien gewesen und hatte dort geheiratet. Während seiner Abwesenheit schien sein Bruder, Graf Werner, mit der Leitung überfordert. Das sich rasant vergrößernde Werk wuchs ihm buchstäblich über den Kopf, und auch nach der Rückkehr des Grafen gab es nicht die erhoffte rasche Wende.

Friederike war Pfarrer Wilhelm Schmidt, der ihr als Erstes von seinen Beobachtungen und Bedenken erzählt hatte, seit ihrer Krankheit sehr verbunden. „Nicht nur ich denke so, Fräulein Münster", vertraute er ihr an. „Der Verwalter ist ganz meiner Meinung und auch die anderen Lehrer, die Beamten und Doktor de Valenti. Es muss etwas geschehen. Sogar außerhalb der Anstalt hat es sich herumgesprochen, dass hier die Dinge zunehmend aus dem Ruder laufen. Ich traf Pfarrer Theodor Fliedner – haben Sie ihn schon kennengelernt?" „Sophie Wiering und ihr Bruder haben mir von ihm erzählt. Er hat sogar seinen Besuch angemeldet. Es geht um die Gefangenen in Düsseldorf."

„Es gibt sonst nur noch einen Weg", sagte Pfarrer Schmidt abschließend entschlossen. „Wir werden dem Grafen am 7. November ein Ultimatum setzen, damit wir endlich ein Mitbestimmungsrecht erhalten und sich die Erziehung der Kinder verbessert. Sonst müssen wir die Lage bei der Regierung in Düsseldorf anzeigen." Der Graf hatte die gesamte Organisation des Werkes in Düsselthal auf sich und seine Frau konzentriert, das unter seiner Planlosigkeit und Strukturlosigkeit litt. Er weigerte sich sogar, als Gegenleistung für die eigentlich unbedingt notwendigen königlichen Zuschüsse Statuten für das Heim festzulegen. Gleichzeitig herrschte immer Mangel – vor allem an ausgebildetem Personal – in allen Arbeitszweigen.

Friederike war die Tochter ihres Vaters. Es war ihr nicht möglich, sich aus der Sache herauszuhalten – trotz ihrer Bewunderung für den Grafen. Wenn sie gefragt wurde, äußerte sie ihre Meinung entschieden und konnte auch heftig werden dabei.

Die Sache endete damit, dass die Regierung zwar den Anklägern aus den Reihen der Mitarbeiter recht gab, aber der Graf daraufhin Pfarrer Schmidt entließ. Eine vertrauensvolle Zusammenarbeit war nicht mehr möglich. Auch für Friederike stand danach fest: Ihre Zeit in Düsselthal war vorüber, so schmerzhaft diese Trennung für sie auch war. Die Kündigung erfolgte zum 31. Januar 1828.

Was sollte nun aus ihr werden? Friederike hatte das freundliche Angebot aus Pempelfort angenommen, dort bei Jacobis im Haushalt zu helfen und mit ihrem Geschick im Schneidern die Töchter zu unterstützen. Ja, es war ein wirklich großzügiges Angebot, und sie hatte Amalie, ihre Schwestern und ihre Mutter von Herzen gern. Sicher würden alle versuchen, sie nicht spüren zu lassen, dass sie im Grunde nur ein fünftes Rad am Wagen war. Aber sie selbst wusste es und würde es auch nicht vergessen können. Es war die typische Berufsmöglichkeit für eine unverheiratete, junge Frau aus besserer Familie.

Aber was sonst? Zurück auf den Altenberg? Friederike liebte ihre Heimat, und natürlich liebte sie ihre Familie. Dennoch: Das selbstständige Handeln und Arbeiten in Düsselthal hatte ihr gefallen. Es war erfüllend, eine eigene Aufgabe zu haben im Dienst für Gott und Verantwortung zu tragen.

Dazu kam, dass die finanzielle Lage der Familie Münster sich keineswegs verbessert hatte. Die juristische Auseinandersetzung des Vaters mit dem Fürsten zu Solms-Braunfels zog sich hin und belastete alle. Den ersten Prozess hatte Andreas Münster gewonnen. Nun ging es vor das Appellationsgericht in Köln. Die Eltern hätten Friederike sicher trotzdem wieder bei sich aufgenommen, aber wie sollte sie sich dabei wohlfühlen, ihnen ausgerechnet in dieser angespannten finanziellen Situation wieder auf der Tasche zu liegen? Auf jeden Fall waren die Eltern sehr damit einverstanden, dass ihre Tochter zu Jacobis in Stellung ging.

Sie selbst hätte sich viel lieber einer ganz anderen Aufgabe gestellt. Friederikes Freunde, der Kaufmann Wiering aus Düsseldorf und seine Schwester Sophie, hatten sie mit dem Sekretär der rheinisch-westfälischen Gefängnisgesellschaft bekannt gemacht. Dieser Pfarrer Theodor Fliedner aus Kaiserswerth suchte eine Betreuerin für die weiblichen Insassen im Düsseldorfer Gefängnis. Friederike war ihm als Helferin für schwierige Aufgaben an den Frauen empfohlen worden. Eine echte Herausforderung! Mit Schaudern hatte sie den Berichten Fliedners gelauscht. Voll innerer Bewegung, ja mit Leidenschaft, hatte der schlanke lebhafte Mann die Situation geschildert. Friederike hatte gespürt, dass ihn die Liebe Jesu zu seinem Engagement bewegte. Er hatte eine tiefe Liebe zu den Verlorenen. Fliedner war davon überzeugt, dass auch den straffällig Gewordenen eine Würde eigen war, weil Gott sie als einzigartige Menschen geschaffen hatte.

Die Lage der Gefangenen war schlicht grauenhaft. Sie waren in feuchten Kellern zusammengepfercht, ohne Licht und frische Luft. Es gab auch keine räumliche Trennung von Verurteilten und Untersuchungshäftlingen. Die Gefängnisinsassen hatten kaum Möglichkeiten zu arbeiten oder auch nur die einfachste Bildung zu erhalten. Von 220 Gefangenen im Düsseldorfer Arresthaus konnten 90 nicht lesen und 150 nicht schreiben. Die Häftlinge blieben einfach sich selbst überlassen, und so war es nur folgerichtig, dass durch den Einfluss der abgestumpften Gewohnheitsverbrecher auch die jüngeren Häftlinge das Gefängnis am Ende schlimmer verließen, als sie hineingekommen waren. Was dort in den Nächten geschah, wenn sie – vor allem in der dunklen Jahreszeit – 14 bis 15 Stunden je zu zweit auf einem Lager zusammengesperrt waren, konnte man kaum erahnen. Das Wachpersonal war schlecht ausgebildet und von den Kirchen gab es keinerlei Seelsorge-Angebote – weder von evangelischer noch von katholischer Seite.

Hier Licht ins Dunkel zu bringen, das hätte Friederike sich gewünscht. Die grauenhaften Verhältnisse schreckten sie nicht ab, seit sie in Düsselthal in die Abgründe so mancher schicksalsgebeutelter Seelen geschaut hatte. Aber als ledige Frau konnte sie diese Entscheidung nicht ohne die Zustimmung ihrer Brüder und ihres Vaters treffen, und die waren schlichtweg entsetzt. „Mein Riekchen in solch einem Loch!", hatte der Vater nur gestöhnt.

Ganz anders bei Jacobis. Dort hätte sie guten Umgang und wäre versorgt. Und sie wollte doch auch nicht undankbar sein.

Ein neuer Weg

~ 1828

Wie groß ist des Allmächtgen Güte!
Ist der ein Mensch, den sie nicht rührt,
der mit verhärtetem Gemüte
den Dank erstickt, der ihm gebührt?
Nein, seine Liebe zu ermessen,
sei ewig meine größte Pflicht!
Der Herr hat mein noch nie vergessen;
vergiss, mein Herz, auch seiner nicht.

(CHRISTIAN FÜRCHTEGOTT GELLERT)

Und dann war da auf einmal der Brief.

Inzwischen schrieb man den 14. Januar 1828. Zwei Wochen noch bis zu ihrem Ausscheiden aus Düsselthal! Herr Pfarrer Theodor Fliedner aus Kaiserswerth hatte ihr geschrieben. Als sie den Brief öffnete, fielen mehrere eng beschriebene Bögen heraus. Schon bei den ersten Sätzen durchfuhr es sie heiß. Konnte das wahr sein? Was sie da in Händen hielt, war ein Heiratsantrag! Schlicht zwar, aber ohne jeden Zweifel ein Antrag! Er fragte sie ganz im Ernst, ob sie sich vorstellen könne, seine Frau zu werden. Er wolle ihr ein treues und liebendes Herz schenken. Ihre Hände zitterten, ihr Herz schlug wie wild. Sie fasste die Bögen fester und zwang sich, langsam und sorgfältig zu lesen. Der Brief zeigte, dass Theodor Fliedner sie in Düsselthal bei seinen Besuchen genau beobachtet hatte. Sie staunte, wie gut er von ihr dachte! Da war die Rede vom Lob ihrer Bekannten, von ihrer Dienstbereitschaft, Aufopferung und Treue, aber auch von ihrem Glauben und weiser Besonnenheit und nicht zuletzt von ihrer Freude am Dienst an Kranken und Armen. Es war ein durchdachter und offenherziger Brief. Fliedner musste sich viele Gedanken gemacht haben. Das war kein plötzlicher Impuls gewesen. Alle Facetten ihres möglichen künftigen gemeinsamen Lebens hatte er ausgeleuchtet. Da war die Tatsache, dass er auch in Zukunft viel unterwegs sein würde. Friederike wusste, dass Kaiserswerth eine sehr arme Gemeinde gewesen war, als Fliedner seinen Pfarrerdienst dort angefangen hatte. Ausgedehnte Kollektenreisen hatten ihn in der Folge nach Holland und sogar bis nach England geführt. Dort hatte er den Anstoß für die Gründung der rheinisch-westfälischen Gefängnisgesellschaft erhalten, etwas, was es in Deutschland bisher so nicht gegeben hatte. Natürlich: Eine solche Arbeit war ohne Spenden nicht zu schaffen.

Nun gut! Sie wäre bereit, ihre Schultern mit unter diese Last zu schieben und mitzutragen.

Theodor erklärte ihr allerdings auch sehr offen, dass seine erste Liebe dem Herrn gehöre. Wenn er sich je einmal entscheiden müsste zwischen seiner Verantwortung für die Familie und für seinen Dienst, dann würde der Dienst immer Vorrang haben. Auch beschrieb er ihr ausführlich, wie er sich ihre Unterstützung dabei wünschte: Stärkung, liebende Teilnahme, Fürbitte, Mitsorgen, Sanftmut und Heiterkeit erhoffte er von Friederike. Sie solle ihm Rat geben und einen Ausgleich für seinen harten Alltag schaffen. Er bat sie aber auch darum, wenn nötig, Kritik zu üben.

Selbst seine Fehler verschwieg er nicht. Soweit ihm selbst bewusst sei, seien es Ehrgeiz und eine Neigung zum Nachgrübeln und Träumen, wo eigentlich Dienst und Hingabe sein sollten.

Über ihr mögliches, gemeinsames Leben schrieb er, sie sollten gegenseitig lieber den Willen des anderen tun als den eigenen. Dabei sollten sie Nachgiebigkeit, Sanftmut und Dienstbereitschaft üben. Aber – und auch das verschwieg er nicht –: Sollten sie in einer Sache zu keiner Einmütigkeit finden, erwarte er, dass dann seine Meinung gelten sollte. Sie als seine Frau müsse dann freundlich und willig nachgeben, sonst werde ihre Sturheit sein Herz eher noch verhärten. Aber er sei durchaus auch bereit, sich eines Besseren belehren zu lassen und Entscheidungen zu revidieren.

Beim Lesen spürte Friederike Theodors Wunsch, mit allem Ernst Jesus nachzufolgen, und auch seine hohe Bereitschaft, sich selbst zu verändern. Bei seiner Beschreibung, wie er seiner zukünftigen Frau den Lebensweg erleichtern und verschönern wolle, wurde ihr ganz warm ums Herz. Er wolle sie froh machen.

Sich selbst schilderte er als einen ruhigen, heiteren Menschen. Er hatte seine Freude an allem, was Gott gibt, aber wollte – und konnte – auch Schicksalsschläge ohne große Gefühlsausbrüche tragen.

Daneben legte Fliedner seine äußeren Verhältnisse dar: Von seinem Verdienst musste er noch drei jüngere Brüder, die noch in der Ausbildung waren, unterstützen, da sein Vater früh verstorben war. Er dachte weit in die Zukunft, schrieb von seiner Mutter, die bisher allein wirtschaftete, und dass er plane, sie zumindest zeitweise zu sich zu nehmen, wenn dies einmal nicht mehr möglich sein würde. Von seiner Frau würde er in diesem Fall Unterstützung und auch Nachsicht mit der Schwiegermutter erwarten.

Alles hatte Theodor in seinem Brief durchdacht, sein Herz geöffnet, sich nicht geschont. Sicher, sein Antrag war sehr nüchtern, kein Wort zu viel, keine zärtlichen Klänge ..., aber Hingabe und Vertrauen.

Friederike ließ die Bögen sinken. Sie fröstelte, obwohl sie fühlen konnte, wie ihre Wangen glühten.

Sie fühlte sich wie in einem Traum. Den Gedanken an menschliche Liebe und Geborgenheit, an eine Heirat, eine eigene Familie, an Kinder, an jemanden, an den sie selbst sich anlehnen konnte, der etwas für sie, Friederike, sein wollte – diesen Gedanken hatte sie lange von sich geschoben. Der Wunsch zu dienen hatte sie erfüllt, aber als ledige Frau!

Dass ein Mann sie anders ansehen könnte als eine Schwester im Glauben, das hatte sie nicht erwartet. Sie schob den Stuhl zurück und betrachtete ihr Gesicht im Spiegel. Dunkle, fragende Augen blickten ihr entgegen. Friederike musste lächeln. So viel Freundlichkeit! Ein Gott, der sie beschenkte über Bitten und Verstehen, ein Gott, der die Sehnsucht ihres Herzens erkannt hatte.

Ihr wurde fast schwindelig. Mit Gewalt versuchte sie, sich zu fassen. Sie musste los. Die Arbeit wartete. Noch war sie ja hier in Düsselthal bei ihren Mädchen. Sie würde jetzt zu ihnen gehen und das Geheimnis dieses Briefes ganz tief in ihr Herz sinken lassen. Dann würde sie Theodor antworten.

Der Brief, den sie ihm zurückschrieb, war kurz. Sie fühlte sich noch immer nicht kräftig genug, um nach ihrer Arbeit noch lange am Schreibtisch zu sitzen. Und – egal zu welcher Stunde – in diesem Haus war man außerdem nie wirklich ungestört. Sie schrieb, was sie fühlte, und das war ein uneingeschränktes Ja, voller Dankbarkeit für dieses Geschenk Gottes. In ihrem Herzen war es ruhig. Sie spürte inneren Frieden, als sie ihren Herrn fragte, ob dies ihr Weg sein könnte. Es gab keinen Zweifel. „Gläubig kann ich Ihre Hand nehmen", schrieb sie.

Ihrem Tagebuch vertraute sie ihr Gebet an, *„dass Gott unsere Seelen desto mehr vereinigen wolle, dass wir auf Erden eins werden und vereint das Himmelreich an uns reißen"*. Das war es, was beide sich wünschten und was ihrer Ehe Halt und Inhalt geben sollte: ein Leben zu Gottes Ehre und in seinem Dienst. Nicht für sich leben, sondern in der Hingabe an Jesus.

Wenige Tage später gingen von den Verlobten Briefe an die Eltern Münster auf dem Altenberg. *„Wir sind gewiss, uns im Herrn gesucht und gefunden zu haben und zu lieben"*, schrieb Theodor Fliedner. *„Wir haben in seinem Licht erkannt, dass wir füreinander passende Reisegefährten sind."* Dabei beruhigte er die zukünftigen Schwiegereltern auch in finanzieller Hinsicht. Er erwartete keinerlei Mitgift von ihnen.

Friederike freute sich schon darauf, als Braut zu ihrer Familie zu kommen. Sie bat um schnelle Antwort, um den Segen ihrer Eltern, und schrieb: *„Ich glaube, Gott hat uns zusammengefügt, so wird uns niemand scheiden ... Ich will auch nur ausdrücken, dass ich von ganzer Seele Ja sagen konnte ..."*

Die Antwort ließ nicht lange auf sich warten. Die Eltern waren glücklich über diese Wendung im Leben ihrer ältesten Tochter, um die sie in den letzten Monaten so gebangt hatten. Auch alle Brüder freuten sich mit – und Luise, so schrieb der Vater, sei *„außer sich vor Freude".* Die Sorgen wegen des sich hinziehenden Prozesses schienen für den Moment vergessen.

Beide Brautleute hatten in diesen Tagen ihren 28. Geburtstag gefeiert. Theodor Fliedner war nur vier Tage älter als Friederike. Sie beschlossen, nur eine kurze Verlobungszeit zu haben, gerade nur, um genügend Zeit zur Vorbereitung der Hochzeit zu haben, die bereits für den 15. April 1828 anberaumt wurde.

Trotz allem, was vorgefallen war, tat Friederike der endgültige Abschied von Düsselthal weh. Der Bruch mit dem Grafen, dessen starker kindlicher Glaube und dessen Gebetsleben großen Eindruck auf sie gemacht hatten, schmerzte sie. Es war trotz der Missstände eine sehr prägende Zeit für sie gewesen. Sie hatte so viel gelernt, auch, welche Aufgaben und Anforderungen das Leben in einer Anstalt stellt. Nun kannte sie beides: die Chancen einer solchen Einrichtung und auch ihre Gefahren und Probleme. Sie wusste, dass sie ein Stück ihres Herzens in Düsselthal zurückließ. Zwei Monate später schrieb sie in einem Brief an ihren Verlobten: *„Ich darf nicht an Düsselthal denken, sonst leidet mein Glaube fast Schiffbruch."* Solange sie lebte, würde sie immer dankbar für die Liebe sein, die sie dort erlebt hatte.

Brautzeit

~ 1828

Du durchdringest alles; lass dein schönstes Lichte,
Herr, berühren mein Gesichte.
Wie die zarten Blumen willig sich entfalten
und der Sonne stille halten,
lass mich so
still und froh
deine Strahlen fassen
und dich wirken lassen.

(GERHARD TERSTEEGEN)

Mit langsamen Schritten kam Friederike vom Kreuzgang her, ihr Umschlagtuch fest um sich ziehend. Die Heimat zeigte sich kalt und nass. Jetzt, wo sie hier zur Ruhe kam, merkte sie erst richtig, wie schwach sie noch war.

Auf dem Altenberg musste sie sich nach ihrer fast zweijährigen Abwesenheit erst einmal wieder zurechtfinden. Alles schien verändert. Kein Stuhl mehr am Ofen, wo die Großmutter meist gesessen hatte, keine Brüder, die wenigstens zwischendurch hereinschneiten, um sich von Mutter und Schwester verwöhnen zu lassen. Luise hatte indes gut gelernt. Sie war eine eifrige junge Hausfrau geworden, die der großen Schwester kaum Arbeit übrig ließ. In Düsselthal war alles voller Unruhe gewesen – hier musste sie sich erst an die Ruhe und Stille gewöhnen.

Auf Theodors liebevollen Vorschlag hin hatte sie sogar wieder mit Klavierspielen begonnen. Aber ihre Finger waren ungelenk geworden; zu lange hatte sie nicht mehr geübt. Friederike lächelte vor sich hin. Alles war so schnell gegangen, dass ihre Seele erst nachkommen musste. Aber je länger, je mehr spürte sie das Glück in sich wie eine Quelle aufsprudeln. Sie war nicht mehr allein. Alles, was nun kam, würden sie und Theodor gemeinsam angehen.

Vom Haus her winkte Luise und kam gleich darauf der Schwester entgegengeeilt, ein großes Paket vor sich hertragend. „Friederike! Sieh nur! Von einer Käthe Fliedner für dich! Was mag das sein?"

Friederike nahm das Paket in beide Hände wie einen Schatz. Röte überflog sie. Plötzlich wurde ihr ganz warm. Theodor hatte das Paket bereits angekündigt. Seine Schwester Käthe, der er besonders verbunden war und die ihm auch in Kaiserswerth für längere Zeit den Haushalt geführt hatte, hatte auf seine Bitte hin in Wiesbaden Stoff für ein Brautkleid besorgt. Wie es üblich war, würde sie es nach der Hochzeit als „bestes Kleid" weiter tragen. Niemand kam auf die Idee, nur für einen einzigen Tag im Leben ein Kleid anzufertigen!

Als die Schwestern die schwarzen glänzenden Bahnen auf dem Tisch in der Küche auspackten, schlug Luise die Hand vor den Mund: „Riekchen! Das ist Seide, oder?" Behutsam strich sie über den Stoff und schlang dann den Arm um die große Schwester. „Ich freu mich so für dich! Wirst du es gleich zuschneiden?" Mit einem Mal fühlte Friederike, wie die alte Kraft wiederkehrte. Sie lachte. „Ja, auf jeden Fall! Ich kann es kaum erwarten. Ein schwarzes gutes Kleid werde ich als Pfarrersfrau gut brauchen können." Schon immer hatte sie die Arbeit mit Nadel und Faden geliebt – jeder Stich war eine Freude.

Freude bereiteten ihr auch die Briefe, die zwischen ihr und ihrem Verlobten hin- und hergingen. Gegenseitig ließen sie einander an äußerem und innerem Erleben teilhaben.

Anfang März traf wieder ein Brief auf dem Altenberg ein. Theodor Fliedner bat um einen Ring aus Haar, damit er den Ehering anfertigen lassen konnte. Wie immer hatte er genaue Vorstellungen. Im Geiste sah sie den schmalen goldenen Ring schon an ihrer rechten Hand. Innen die Gravur: Theodor – Ewig Eins in Ihm! Ja, sie war sehr glücklich und konnte seine Briefe kaum erwarten.

Dass ihr zukünftiger Mann das Lebenstempo eines Rennpferdes hatte, merkte Friederike, als er seine Pläne für die Hochzeit darlegte: Am 11. April plante Theodor, mit der Postkutsche über Elberfeld bis nach Herborn zu reisen, wo er am folgenden Abend eintreffen würde. Am 13. wollte er dann dort den Gottesdienst besuchen, bei dem ihr Cousin Ludwig Hüffel predigte. Der war Professor am dortigen Predigerseminar, wo auch Theodor einst Student gewesen war. Von Herborn aus würde er die 30 Kilometer bis zum Altenberg zu Fuß gehen.

Am 15. April sollte dann die Trauung in der kleinen Dorfkirche in Oberbiel stattfinden, in die Münsters sonntags zum

Gottesdienst gingen. Der darauffolgende Tag war für Verwandtenbesuche eingeplant. Bereits einen Tag später sollten die Frischvermählten nach Wiesbaden reisen, wo Theodor seine Ehefrau seiner Mutter und den anderen Verwandten vorstellen wollte. Von dort aus sollte es in aller Frühe weiter mit dem Dampfschiff auf dem Rhein von Mainz nach Köln gehen, denn seit dem letzten Jahr gab es einen regelmäßigen Personenschiffsverkehr auf dem Rhein durch die Rheinisch-Preußische Dampfschifffahrtsgesellschaft, was viel schneller und bequemer war, als mit der Postkutsche über die schlechten Straßen zu reisen. Von Köln aus wollte Theodor mit der Schnellpost „heim" nach Kaiserswerth ...

Friederike ahnte, an was sie sich in Zukunft wohl würde gewöhnen müssen. Es passte zu den Briefen ihres Verlobten, in denen es oft hieß *„in großer Eile"*. Häufig kam es auch vor, dass ein Brief abrupt abbrach mit den Worten: *„Ich werde abgerufen."* Manchmal hatte sie Theodor schon in ihren Briefen gebeten, er möge doch nicht zu spät abends an sie schreiben, sich mehr schonen und ausreichend schlafen.

Ihre Stiefmutter war mit diesem durchgetakteten Zeitplan im Anschluss an die Trauung gar nicht einverstanden. Sie schrieb ihrerseits dem zukünftigen Schwiegersohn postwendend zurück, sie wollten ihn schließlich noch ein wenig mehr kennenlernen. Er möge ihnen doch wenigstens drei Tage mehr zusammen schenken. Dabei appellierte sie energisch an sein Verständnis und um Rücksichtnahme auf seine Braut.

In diesen Tagen war auch trotz aller Freude immer wieder der Prozess um Andreas Münster ein Thema. Beide

Parteien wünschten inzwischen, ihn endlich abschließen zu können. Auf der anderen Seite konnte Andreas sich einfach nicht dazu durchringen, selbst sozusagen pro forma die Schuld auf sich zu nehmen und den Fürst um Gnade anzubetteln. Noch immer war er sich keiner Schuld bewusst. Während Friederike auf der Seite ihres Vaters stand und sich über einen solchen Vorschlag nur entrüsten konnte, sah Theodor die Sache weit pragmatischer. Der Schaden war ohnehin nicht wiedergutzumachen, und der Fürst hatte versprochen, Andreas Münster eine Pension zu zahlen. Die Prinzen wollten noch 100 Gulden jährlich dazugeben, aber das musste ja niemand wissen. Schließlich gelang es Theodor, den Schwiegervater zum Nachgeben zu bewegen. Dafür reiste er extra im Oktober noch einmal auf den Altenberg.

Friederike musste in dieser Zeit manchmal an ein Zitat von Johann-Heinrich Jung-Stilling denken, einem Freund Goethes und Wegbereiter der Erweckungsbewegung. Sie hatte es einst in ihr Tagebuch geschrieben: *„Denen, die im Dunkel wohnen, habe ich eine Flammenschrift vor Augen zu halten, die lautet so: Wenn ein Mensch zum größten Zweck, zum Himmelreich berufen ist, so arbeiten seine Anlagen von Jugend auf in seiner Seele. Oft ahnt er und träumt er wie Joseph. Könnte er nur seine Träume verschweigen, so würde er sich viele Leiden ersparen. Allein das hohe Vorgefühl erweckt Stolz. Der Stolz erzeugt Neid. Und der Neid stürzt den Joseph gerade seiner Bestimmung zu, wieder in die tiefste Niedrigkeit. Jetzt ist er auf der rechten Feuerprobe. Wird er da bewährt erfunden, so führt ihn* *die Vorsehung durch das Hinterpförtchen auf einmal aus einem Extrem ins andre.*" Genauso empfand Friederike jetzt ihre Situation.

Sie war so dankbar. Auch gesundheitlich ging es ihr viel besser. Von ganzem Herzen war sie bereit, ihr neues Leben zu beginnen: an der Seite ihres Mannes.

Theodor

Darum auf Gott will hoffen ich,
auf mein Verdienst nicht bauen;
auf ihn mein Herz soll lassen sich
und seiner Güte trauen,
die mir zusagt sein wertes Wort;
das ist mein Trost und treuer Hort,
des will ich allzeit harren.

(MARTIN LUTHER)

Verlobung und Hochzeit – es war alles so schnell gegangen, dass Friederike erst im Laufe der Zeit den Mann an ihrer Seite wirklich kennenlernen konnte, auch seine Herkunft und Prägung. Es verband die jungen Eheleute, dass beide früh ein Elternteil verloren hatten. Theodors Vater war an Typhus gestorben, als er 13 Jahre alt war. Nie sprach er anders als mit Liebe und Verehrung von ihm. Ein Stipendium hatte ihm das Studium ermöglicht. Während seiner Studienzeit hatte er in Idstein eine strenge Pensionsmutter gehabt, bei der es spartanisch zuging. Der Junge musste selbst Brennholz spalten, Stiefel putzen und auch Strümpfe stopfen. Diese Erziehung hatte Theodor zu einem extrem fleißigen und sparsamen Menschen gemacht. Sechs Stunden Schlaf pro Nacht mussten reichen, wollte er sein Pensum schaffen.

Sein Leben hatte aber nicht nur aus Arbeit bestanden. Theodor Fliedner war beispielsweise ein begeisterter Turner. Mit Begeisterung sang er auch die Lieder der Burschenschaft mit ihren nationalen, christlichen und freiheitlichen Ideen. Als vielseitig interessierter junger Student sammelte er auch Aufzeichnungen über praktische Themen wie zum Beispiel landwirtschaftliche Regeln, Kinderspiele oder Rezepte von Hausmitteln gegen alle möglichen Krankheiten.

Nach dem Studium in Gießen, Göttingen und am Predigerseminar in Herborn war er als 20-jähriger als Hauslehrer nach Köln gegangen. Dort kam er, nach der starken Prägung durch den Rationalismus an der Universität, in Kontakt mit der Erweckungsbewegung am Niederrhein und der Kölner Bibelgesellschaft. Anfangs hatte er sich noch heftig gegen den Vorwurf gewehrt, den ihm ein Vertreter seiner nassauischen Kirche machte, er sei anscheinend „Pietist" geworden. Der Grund: Er hatte auf den Knien mit seinen Schülern vor dem Unterricht gebetet. Tatsächlich aber hatten ihn die Erweckungspredigten des reformierten Johann Gottlieb Krafft in der Tiefe seines Herzens angerührt. Konsistorialrat Krafft gründete studentische Missions- und Bibelvereine, lehrte als erster Hochschullehrer über Missionsgeschichte, und er war der Leiter der Kölner Bibelgesellschaft. Theodor war dieser 1822 ebenfalls beigetreten. 1828 wurde er Mitbegründer des Düsseldorfer Bibelvereins.

Nach seiner Ordination in seiner Heimatstadt Idstein wurde Theodor die verwaiste Pfarrstelle in Kaiserswerth angeboten, ein altes Städtchen in der typisch niederrheinischen Landschaft. Kaiserswerth – die Insel des Kaisers; damit war Friedrich Barbarossa gemeint. Er hatte ab 1174 eine mächtige Burganlage als Kaiserpfalz errichten lassen, eine Zollfestung, gelegen auf halbem Weg zwischen Düsseldorf und Duisburg. Die Stelle schien strategisch besonders geeignet, da der Rhein hier einen flachen Bogen machte, sodass man den Fluss kilometerweit überblicken konnte.

Allerdings war von der einstigen kaiserlichen Pracht nicht mehr viel übrig geblieben, als der junge Pfarrer Fliedner hier seinen Dienst begann. Besonders die schweren Zerstörungen im Spanischen Erbfolgekrieg Anfang des 18. Jahrhunderts hatten der Stadt zugesetzt, sodass nur noch die Basaltmauern der alten Festung übrig geblieben waren. Die alte Kaiserpfalz hatte als Steinbruch für den Wiederaufbau der Stadt gedient. Innerhalb des alten Festungswalls befanden sich sämtliche Häuser, außerhalb war der Boden alljährlich vom Rheinhochwasser bedroht. Die kleine Stadt hatte vom Handel und Verkehr gelebt. Fast alle Bewohner hatten zudem noch eine kleine Ackerwirtschaft. Wie in vielen Städten waren die Straßen schlecht gepflastert und kaum beleuchtet. Noch gab es keine Kanalisation; aller Schmutz wurde in den offenen Rinnstein in der Mitte der Straße geleert.

Es war ein schwerer Schlag für die wirtschaftliche Lage Kaiserswerths, als ihre öffentlichen Einnahmen nach und nach wegfielen: 1795 wurde das Zuchthaus nach Düsseldorf verlegt, 1804 der Rheinzoll aufgehoben. Bis dahin hatte jedes Schiff, ob rheinauf- oder -abwärts, umfangreiche Zollformalitäten abzuwickeln gehabt, und während dieser

Prozedur hatten sich die zahlreichen Kaiserswerther Gastwirtschaften gefüllt. 1825 gab es hier noch 60 Schank- und Speisewirte. Deren Kundschaft blieb nun aus. Dazu kam, dass die Landstraße, die Holländische Straße, in gerader Nord-Süd-Linie außerhalb der Stadt vorbeigeführt wurde. Das bedeutete wiederum den Wegfall des Straßen- und Pflasterzolls – und noch weniger Gäste in den Lokalen. Auch das Stadtgericht war 1810 nach Ratingen verlegt worden.

Die Einwohner versuchten ihr Glück mit einer kleinen Tabak- und zwei Likörfabriken und einer noch kleineren Manufaktur zur Essigherstellung. Der größte Arbeitgeber war die Samtfabrik von Preyers und Petersen im ehemaligen Zuchthaus. Sie beschäftigte 150 Gesellen, Mädchen und Kinder. Die beiden Fabrikanten gehörten zu Theodor Fliedners Gemeinde und stellten deren stärkste wirtschaftliche Stütze dar.

1830 hatte Kaiserswerth 1450 Einwohner, von denen 1280 Katholiken und 120 Protestanten waren, dazu kamen 50 jüdische Händler und Handwerker. Die medizinische Versorgung erfolgte durch zwei Ärzte, zwei Apotheken und zwei Hebammen. Das Armenhaus konnte 12 mittellose Kranke aufnehmen.

In der evangelischen Gemeinde gab es reformierte und lutherische Mitglieder. In den Jahren 1786 und 1787 war mithilfe von auswärtigen Kollekten und gespendetem Baumaterial eine Schule und ein großes Pfarrhaus erbaut worden. Für die evangelischen Schulkinder war sogar ein eigener Lehrer eingestellt worden. 1811 konnte auch die evangelische Kirche eingeweiht werden, die zwischen Pfarrhaus und Schule lag und innen so schlicht wie außen war. Ein echter Gegensatz zu dem uralten katholischen Dom, der Suitbertus-Basilika, der das Zentrum der Stadt dominierte. Die protestantische Gemeinde bestand aus 20 Familien, einigen alleinstehenden Witwen und 16 Insassen der Kaiserswerther Invalidenkaserne.

Vier Wochen nach Theodors Dienstbeginn wurde die Samtfabrik wegen Zahlungsunfähigkeit geschlossen. Die Arbeit dort war bis dahin die einzige Erwerbsquelle der evangelischen Arbeiter gewesen. Auch kirchliches Eigentum sollte daraufhin versteigert werden. Wovon sollten die Gemeindeglieder ihre Schulden abtragen und zusätzlich auch noch einen Pfarrer bezahlen? Es gab keine Kirchensteuern oder etwa einen Finanzausgleich innerhalb der Kirche. Die Gemeinden lebten von dem, was sie selbst aufbringen konnten.

Um die kleine Dorfgemeinde zu erhalten, sah Theodor Fliedner in dieser verzweifelten Situation keine andere Möglichkeit, als eine Kollektenreise zu unternehmen. Das Konsistorium bot ihm stattdessen an, eine andere Pfarrstelle zu übernehmen, aber das kam für ihn nicht infrage – er verstand sich als Hirte der Gemeinde. Gerade hatte er sie erst kennengelernt und bei regelmäßigen Hausbesuchen versucht, die verstreut lebenden Gemeindemitglieder unter dem Wort Gottes zu sammeln. Zuerst bat er um Spenden in den wohlhabenderen Nachbargemeinden im Wuppertal, deren Freigebigkeit und Wohlstand bekannt war, und am Niederrhein.

Die kleine Gemeinde hatte aber auch Freunde in Holland und England. Der junge Pfarrer machte sich daher daran, diese Sprachen zu erlernen. Auch sonst bereitete er seine Reisen gründlich vor. So beschloss er, sich auch in seiner Kleidung den jeweiligen Landessitten anzupassen: In Holland reiste er als Dominé, das heißt, als Geistlicher, mit dreieckigem Hut, Kniehosen und seidenen Strümpfen, in England als Reverend mit langen Gamaschen. 1824 machte er sich auf den Weg.

Theodor lernte auf dieser Reise, seinen Stolz zu überwinden und um Spenden zu bitten. Sein Eifer und sein ausgesprochenes Organisationstalent halfen ihm dabei. Auch Geduld, eine gewisse Unbescheidenheit und die nötige Beredsamkeit eignete er sich an. Er merkte, dass er eine Begabung dafür besaß, Menschen für seine Vorhaben zu begeistern und viele Kontakte zu knüpfen. Selbst die junge englische Prinzessin Viktoria hatte sich in seine Sammelliste eingetragen! Später nannte man ihn einen „Meister der Bettler".

Theodor war darüber hinaus fasziniert von den Wundern der technischen Errungenschaften, denen er in England begegnete. Hier war die industrielle Revolution bereits weiter vorangeschritten. Demgegenüber schien sein eigenes Heimatland noch in einem Dornröschenschlaf zu liegen. Er staunte über die Helligkeit der Gasbeleuchtung in den Straßen und ließ sich durch Fabriken führen, weil er immer offen für Neues war. Bei einer dieser Besichtigungen lernte er beispielsweise Robert Owen kennen, den Mitbesitzer einer Baumwollspinnerei, der bereits 1809 ein soziales Reformprogramm für die Arbeiterschaft entwickelt hatte.

Doch seine Reisen dienten dem jungen Theologen nicht nur zur allgemeinen Horizonterweiterung, sondern waren für sein eigenes geistliches Leben auch ein großer Gewinn. In Holland wurde er mit großer Herzlichkeit in die Gemeinschaft der Gläubigen aufgenommen. Das war etwas ganz anderes als die unpersönliche reformierte Kirchlichkeit und der Moralismus der Aufklärung, die seine Universitätszeit bestimmt hatten.

Bei den Mennoniten in Holland entdeckte er schließlich, dass es dort noch sogenannte „Diakonissen" gab. Das waren Frauen, die aus den angesehensten Familien der Stadt kamen, vom Kirchenvorstand ausgewählt wurden und sich unentgeltlich um die Armen kümmerten. Das war eine Einrichtung, initiiert nach dem Vorbild einer Frau namens Phoebe aus der Gemeinde in Kenchreä, von der im Römerbrief, Kapitel 16 berichtet wird. Es faszinierte Theodor, welche Möglichkeiten des Dienstes hier den Frauen offenstanden und wie sich hierbei ihr Glaube entfaltete. Das prägte sich ihm tief ein. Die apostolische Kirche führte bereits das Diakonissenamt ein. Warum hat die spätere Kirche diese apostolische Einrichtung nicht beibehalten, fragte er sich.

Hier und auch in England beeindruckte ihn, wie Christen sich gegen Armut und Kriminalität engagierten. So konnte er zum Beispiel die Arbeit von Elizabeth Fry unter den gefangenen Frauen kennenlernen.

In London besuchte er Versammlungen der großen Bibel-, Missions-, Traktat- und Gefängnisgesellschaften, die gerade in der Zeit seines Besuches abgehalten wurden. Theodor war begeistert. Hier war lebendiges Christsein! Glaube, der durch die Liebe tätig war. Sein ganzes Herz war davon erfüllt, als er schließlich am Sonntag nach seiner Rückkehr über Psalm 22 predigte und bekannte: *„Jesus Christus, der Gekreuzigte, ist das stärkste Band im Glauben und in der Liebe und dass durch ihn feste stehet die Gemeinschaft der Heiligen – seht, das ist die erste Lektion, die ich auf der Reise gelernt habe."* Von jetzt an könne er nur noch lauter rufen: *„Lasst euch versöhnen mit Gott!"*

Ein Wort von Johannes, dem Täufer, das dieser in Bezug auf Jesus geäußert hatte, wurde sein Wahlspruch: „Er muss wachsen, ich aber muss abnehmen." (Johannes 3,30)

Typisch für Theodor Fliedner war aber auch die gewissenhafte Abrechnung über das Ergebnis seiner Spendensammlung gegenüber seinem Presbyterium und wie er das Geld zum größten Teil in sicheren Hypotheken und günstigen Hauskäufen anlegte. Tatsächlich sicherte die Kollekte das Überleben der Gemeinde, an das niemand mehr geglaubt hatte. Die laufenden Kosten konnten durch die Zinsen gedeckt werden. Stolze 19 268 Bergische Taler und 54 Stüber hatte er gesammelt.[5]

Aber auch er selbst, der Schullehrer, der ihn treu unterstützte, und ebenso der Küster hatten nun ein Einkommen, das zum Leben ausreichte.

Nach dieser Neuordnung der wirtschaftlichen Verhältnisse in Kaiserswerth konzentrierte sich Fliedner neben seiner Gemeindearbeit auf eine Verbesserung der Verhältnisse im Strafvollzug. Die Reise, die zur Erweiterung seines bisherigen Horizontes beigetragen hatte, bewirkte, dass er nicht nur die Not seiner eigenen Gemeinde und seiner Stadt wahrnehmen konnte. Ihm wurde klar, dass dieses Elend vor Ort nur ein kleiner Teil eines sehr viel größeren strukturellen Problems war. Als ersten Schritt gründete er zusammen mit drei Staatsanwälten und mit Friedrich Gerst, dem ersten katholischen Gefängnisseelsorger Düsseldorfs – einem echten Düsseldorfer Original –, die überkonfessionelle rheinischwestfälische Gefängnisgesellschaft. Hier kam es schließlich zur Bekanntschaft mit Friederike, als er auf der Suche nach einer Betreuerin für die weiblichen Häftlinge war. Ihm wurde klar, dass ein Erfolg seiner Bemühungen um eine Verbesserung des Strafvollzuges besonders davon abhängen würde, aus welcher Motivation künftige Aufsichtsbeamte ihren Dienst taten. Dabei stand ihm das Wort Jesu vor Augen: „Ich bin gefangen gewesen, und ihr seid zu mir gekommen." (Matthäus 25,36) In ihm wuchs die Überzeugung: Es musste Seelsorge für die Menschen im Gefängnis geben!

Am 26. April 1828 begann Theodor Fliedner nun zusammen mit seiner jungen Frau ein neues gemeinsames Kapitel ihres Lebens und Dienens im schönen Kaiserswerther Pfarrhaus.

Ein neues Leben

~ 1830–1832

Unter deinen Schirmen bin ich
vor den Stürmen aller Feinde frei.
Lass von Ungewittern rings die Welt erzittern,
mir steht Jesus bei.
Ob's mit Macht gleich blitzt und kracht,
ob gleich Sünd und Hölle schrecken,
Jesus will mich decken.

(JOHANN FRANCK)

Das Baby war eingeschlafen. Friederike küsste den kleinen Kopf und legte das Kind behutsam in seine Kissen zurück. Dann blieb sie noch einen Moment am Bettchen stehen. Sie konnte sich kaum sattsehen an diesem kleinen Wunderwerk. Wie hilflos hingestreckt das Händchen dalag, wie entspannt das kleine Gesicht. Drei Monate alt war die kleine Luise jetzt. Wie hatte sie um das junge Leben gebangt in den ersten Wochen!

Ihr erstes Kind war ein Junge gewesen, den sie tot auf die Welt bringen musste. Friederike fühlte jetzt noch ihre Kehle eng werden. Mit so viel Sehnen erwartet in einer mühsamen

Schwangerschaft, schlussendlich diese schwere Geburt – und dann einfach ein Loch. Vielleicht noch eine Nachwirkung ihrer schweren Krankheit in Düsselthal, hatte der Arzt gemeint. Und nun dieses wunderbare Geschenk. Sie hatte zu allem Ja gesagt, was der Arzt geraten hatte: allein sechs Mal hatte man sie in der zweiten Schwangerschaft zur Ader gelassen ...

Friederike war ja bewusst, dass viele Kinder starben. Viele Frauen machten durch, was sie erlebte. Aber das machte den Schmerz nicht kleiner.

Die letzten Wochen hatte sie sich um ihren Mann gesorgt. Er arbeitete einfach zu viel. Entweder verrichtete Theodor gewissenhaft seinen Dienst in der kleinen Gemeinde oder er war unterwegs für die Gefängnisgesellschaft oder aber er saß am Schreibtisch über dem Manuskript für ein Buch über seine Kollektenreise. Wie oft schmerzten ihn die Gelenke, und nachts hielt ihn ein Husten wach.

Schließlich hatte der Arzt ein Machtwort gesprochen und ihn zur Kur nach Wiesbaden geschickt. Fliedner hatte eingewilligt. Er konnte in der Zeit bei seiner Mutter wohnen, die sich so sehr freute, den Sohn einmal wieder bei sich zu haben. 5 Wochen – eine lange Zeit für eine junge Familie!

Wenigstens war Friederike nicht ganz allein mit dem Baby und allem, was es in dem geräumigen Pfarrhaus und im Garten zu tun gab. Ihre Stiefmutter und ihre kleine Schwester kamen in dieser Zeit für einige Wochen zu Besuch nach Kaiserswerth. Dabei waren sie eine wertvolle Hilfe in der Küche und Landwirtschaft und auch bei der Wäsche.

Fliedners hatten seit einiger Zeit eine Kuh für Milch und Butter, jedes Jahr ein Schwein, drei Morgen Land mit Obstwiese, einen Gemüsegarten, eine Bleiche, auf der die Wäsche ausgelegt werden konnte, und Grasflächen bis hinunter an den Kittelbach. Sogar Bier brauten sie selbst. All das war ganz üblich. Zusätzlich erhielten sie jährlich etwa 400 Taler, ein wirklich gutes Gehalt für einen Pfarrer. Ein Volksschullehrer beispielsweise, auch wenn er Frau und Kinder zu versorgen hatte, verdiente lediglich 120 Taler.

Für eine Hausfrau allein war das trotz Friederikes langjähriger Übung in allen praktischen Tätigkeiten zu viel Arbeit. Immer wieder bekam sie tageweise Hilfe für die schwere Gartenarbeit von Männern der Kaiserswerther Invalidenkaserne. Eine tüchtige Hilfe für die Hausarbeit, für das Wasserholen, die große Wäsche und das Einmachen war schwieriger zu finden. Sie musste immer wieder feststellen, dass die Gemeindemitglieder zum großen Teil nicht nur arm, sondern auch sozial verwahrlost waren. Die Hausmädchen, die sie bekam, stellten sich schnell als frech und ungeeignet heraus.

Nun war aber Friederike Fliedner durchaus in der Lage, ihre Meinung zu sagen. Auch ihre Erfahrungen von Düsselthal kam ihr zugute. Dort hatte sie Menschenkenntnis erworben und gelernt, Leitungsverantwortung zu tragen.

Sie konnte durchaus sehr deutlich werden, wenn es sein musste. Es war ihr impulsives Temperament, das manchmal mit ihr durchging. Oft genug musste sie sich eingestehen, dass ihr Verhalten nicht zu einer würdigen Pfarrfrau passte, die sie doch war und auch sein wollte. Es war ihr bewusst, dass sie nicht einfach eine Hausfrau war wie andere. Die Frau eines Pastors saß stets auf dem Präsentierteller, gerade in einer Kleinstadt wie Kaiserswerth. Man hatte Erwartungen an sie.

Es war der Widerspruch ihres Wesens: ganz Gott hingegeben auf der einen Seite, aber genauso auf der anderen Seite voll Tatendrang, Entschlussfreudigkeit und Lebhaftigkeit und voller Liebe für alles Ursprüngliche, die Kinder und die Natur. Ihr Cousin Ludwig Hüffel, der frühere Professor am Predigerseminar in Herborn, hatte sie passenderweise „sein schalkhaftes Bäschen" oder „die gute Frau mit den Schalksaugen" genannt ...

Auf jeden Fall war Friederikes Tag reichlich ausgefüllt. Wie gerne engagierte sie sich daneben in der Gemeinde!

Es war ihr keine lästige Pflicht, die sie als Pfarrfrau nun einmal wahrzunehmen hatte. Aus innerstem Antrieb ging sie in die Häuser, wo sie wusste, dass es Not gab, Armut und Krankheit. All das war ihr ja selbst nicht fremd. Und nun ging es ihr selbst so gut; sie war so reich beschenkt! Gleich zu Beginn ihrer Ehe hatte es ihr so auf dem Herzen gelegen, für andere da zu sein. Sie nähte doch so gerne, und auch was Kleidung anging, gab es so viele Bedürftige. Konnten sich nicht ein paar Frauen und Mädchen zusammentun und für die Armen nähen oder sticken? Ihr Mann hatte sie gern dabei unterstützt, dafür eigens einen Verein zu gründen.

Abends saß sie dann am Schreibtisch ihres Mannes über einem Brief an ihn. Sie hielt ihn über alles auf dem Laufenden, was in der Gemeinde anlag. Sie unterrichtete ihn über die eingegangenen Briefe, die die Gefängnisarbeit betrafen, und natürlich über die kleine Luise. Sie vermisste ihn!

Im folgenden Jahr merkte Friederike erneut, dass sie schwanger war. Zwillinge kündigten sich an, wunderbar! Am ersten Tag des Jahres 1832 wurden zwei Mädchen geboren: Cornelie und Simonette. Die Geburt war schwer, das erste Kind hatte durch die Lage im Mutterleib Schaden genommen. Die Hebamme meinte, die Nachgeburt mit der Hand ablösen zu können – ein Eingriff, der Friederike noch lange zu schaffen machte.

Die kleine Cornelie lebte nur 30 Stunden. Tante Luise, die zur Unterstützung ihrer Schwester nach Kaiserswerth gekommen war, hatte das Baby auf dem Schoß gehalten und zu ihrem Schrecken festgestellt, dass es ganz unbemerkt in ihren Armen verstorben war. Gott sei Dank war die kleine Simonette zwar zart, aber doch munter und gesund.

Dasselbe konnte man von der jungen Mutter nicht sagen. Ihr Mann schrieb besorgte Briefe an Professor Günther in Duisburg, weil das Fieber und die Unterleibsschmerzen nicht nachließen. Auch war Friederike ständig übel, sie hatte kaum Appetit. Eine Venenentzündung in ihrem Bein bereitete ihr seit der Schwangerschaft zusätzlich Schmerzen.

Zum Teil lag die Ursache ihrer Beschwerden schon länger zurück. Die kleine Luise war im vergangenen Jahr von der Krätze befallen worden und hatte auch die Eltern angesteckt. Als damals gängiges Heilmittel hatte man Schwefel und Quecksilber angewand und zwar nicht nur äußerlich, sondern auch innerlich. Außerdem eine strenge Diät und zusätzlich noch Abführmittel. Daher rührte anscheinend die quälende Magenschleimhautentzündung ... Niemand wusste, woher diese schreckliche Krätze kam, man war einfach machtlos dagegen.

Kein Wunder also, dass Fliedners händeringend nach einer tüchtigen und zuverlässigen Hilfe für die Kinder und den Haushalt suchten! Ihre erste Wahl fiel auf Luise Münster, die damals eine Stelle bei einer Verwandten in einer Erziehungsanstalt in Kleve hatte. Friederike wollte ihre Kinder niemandem lieber anvertrauen als ihrer geliebten kleinen Schwester. Tatsächlich kam Luise Münster für einige Zeit, um die Schwester zu unterstützen, aber es trat ein Problem auf, mit dem Theodor und Friederike nicht gerechnet hatten.

Für die beiden war es selbstverständlich, als Pastorenehepaar der Gemeinde ein gutes Beispiel zu geben und aus innerster Überzeugung auf alle gesellschaftlichen, das heißt weltlichen, Vergnügungen zu verzichten. Das bedeutete zum Beispiel, dass der Sonntag allein dem Gottesdienst gehörte und dass nur absolut schlichte Kleidung getragen werden durfte. In den reformierten Gemeinden am Niederrhein war dies allgemein so üblich. Sie hatten nicht damit gerechnet, dass Luise darüber anders denken könnte, doch diese kam ganz selbstverständlich mit ihren besten Kleidern im Gepäck für die erwarteten gesellschaftlichen Anlässe wie Bälle oder Theaterbesuche, die sie in Düsseldorf erleben wollte. Friederike hätte es ahnen können; schließlich war die kleine Schwester im Dunstkreis des fürstlichen Hofes aufgewachsen und von dieser Lebensart deutlich mehr geprägt worden als sie selbst.

Jedenfalls konnte sich Luise nicht auf Dauer dazu entschließen, den ihr viel zu asketisch anmutenden Lebensstil von Schwester und Schwager zu teilen, auf dem vor allem Theodor nachdrücklich bei allen Hausbewohnern bestand. Aber die herzliche, schwesterliche Verbindung blieb – und mit jedem Baby, das erwartet wurde, kam auch in aller Treue Luise und übernahm liebevoll und zuverlässig die größeren Kinder und den Haushalt. Sonst unterstützte sie weiterhin ihre Eltern – so, wie es für eine unverheiratete Tochter üblich war. Andreas Münster hatte das fürstliche Gut auf dem Altenberg inzwischen verlassen müssen und hatte nach mühsamen Wanderjahren eine Gutsverwalterstelle in der Nähe von Witten angenommen.

Jetzt allerdings war Friederike allein auf sich gestellt, als ihr Mann am 23. April 1832 zu seiner zweiten Englandreise aufbrach. Das Manuskript seines Buches über die Reise durch Holland war soweit fertig, aber es waren noch Recherchen nötig über Kirchen-, Schul-, Armen- und Gefängniswesen in England, um auch das Buch über England fertigstellen zu können. In der Zeit seiner Abwesenheit wurde Theodor in der Gemeinde durch den angehenden Theologen Friedrich Münster vertreten, Friederikes Bruder.

Friederike war indes mit den beiden kleinen Mädchen, mit Haus, Garten und Gemeinde vollauf beschäftigt. Obendrein war es ein so verregneter Sommer, dass ihre Ernte im Garten in Gefahr war. Damit wurde sie fertig, aber es waren die Nachrichten von draußen, die sie je länger je mehr beunruhigten.

Schon 1829 war die asiatische Cholera von Ostindien her über Handelswege nach Russland eingedrungen. Von dort wurde sie ins westliche Europa eingeschleppt. Diese Krankheit, über deren Übertragungswege völlige Unklarheit herrschte, verbreitete Angst und Schrecken. Oft vergingen nur Stunden vom Ausbruch der Erkrankung bis zum Tode. Die Menschen überfiel es ganz plötzlich: massive Durchfälle, Erbrechen von wässriger Flüssigkeit, von Blut und Gallenflüssigkeit, Bauchschmerzen. Innerhalb kürzester Zeit kam es zur Austrocknung, die dann zum Tode führte.

Dass die Erreger sich durch die Ausscheidungen der Erkrankten in Sickergruben und im Trinkwasser verbreiteten oder auch durch verunreinigte Lebensmittel – niemand ahnte diese Zusammenhänge. Es gab die verschiedensten Ratschläge: Räuchern mit Chlor, leichte Kost, Kauen von Kardamom, Schwitzen ... und Quarantänebestimmungen der Regierungen, die streng kontrolliert wurden. Das Reisen war nur noch mit einer Legitimationskarte möglich, die die Gesundheit des Reisenden bestätigte und dass er zudem aus einem Haushalt kam, in dem niemand infiziert war. Teilweise kam es zu einem Zusammenbruch des gesellschaftlichen Lebens. Wer es sich leisten konnte, reiste aufs Land.

Seit April 1832 breitete sich die Cholera in Paris aus, dann in weiteren französischen Departements. Am 11. Mai wurden im „Journal de la Belgique" erste Krankheitsfälle in Westflandern gemeldet, auch in den Niederlanden. In London nannte man die Krankheit „King Cholera", weil sie das ganze Leben bestimmte ... Und während sich die

Unheilsmeldungen häuften, kam keine einzige Nachricht von Theodor! Wo war er?

Zuerst versuchte Friederike, sich mit Schreiben zu beruhigen. Sie verfasste seitenlange Briefe, in denen sie ihre Liebe ausdrückte und natürlich auch alles Mögliche über die Kleinen berichtete. Dabei wurde ihr das Herz warm, wenn sie an ihre beiden Schätze dachte. Im Moment schlummerten sie friedlich.

Luise! Mit ihren etwas über zwei Jahren war sie nun die „Große". Gerade hatte sie ein eigenes Ziegenlämmchen bekommen, das sie leidenschaftlich liebte. Zu niedlich, wie das Jungtier der Kleinen folgte wie ein Hündchen. Und wie liebte sie Blumen! „Blümchen pflücken", so wurde jeder angebettelt, der ins Haus kam. Ihre kleine Schwester liebte Luise innig – das machte die Mama besonders glücklich. Und sie hing an ihrem Papa! „Komm, zu Papa gehen", konnte sie oftmals am Tag zu ihrer Mutter sagen, und sie wusste auch genau, was Papa dann tun sollte: „Auf Schulter!" Oder: „Heute Sonntag ist", und sogleich wollte sie los zur Kirche.

Alles Erlebte wurde dann nachts in manchmal wilden Träumen verarbeitet, sodass Friederike zwei- bis dreimal die Nacht hochschreckte und ihre Luise beruhigen musste.

Dagegen schlief die kleine zarte Simonette wunderbarerweise durch. Tags war sie mit ihren sechs Monaten sehr munter und zufrieden und konnte schon fast alleine sitzen.

Ach, wenn sie alle vier als kleine Familie nur wieder zusammen wären! Wenn man so reich ist, hat man so viel zu verlieren …

Friederike versuchte zudem, ihren Mann in der Ferne über die politischen Zustände in Deutschland auf dem Laufenden zu halten. Sie wusste, dass er alles ganz genau wissen wollte, und sie selbst war durchaus hellwach und interessiert am Geschehen.

Mit den Wochen wuchs ihre Angst: kein Antwortbrief von Theodor. Dagegen täglich neue Schreckensmeldungen: In Holland und Belgien wurde inzwischen Quarantäne verhängt. Im französischen Metz wütete die Cholera; die Menschen flohen in Scharen.

Wenn nun das Ausbleiben der Briefe bedeutete, dass ihr Mann irgendwo in der Fremde – vielleicht in England oder Schottland – krank darniederlag und niemand sich um ihn kümmerte …? In ihrer Fantasie malte sie sich immer größere Schrecknisse aus, bis sie es schließlich nicht mehr ertrug. Sie schrieb an Theodors Wirt in London und an den preußischen Gesandten dort. Dann blieb ihr wieder nichts übrig, als zu warten. Sie versuchte, ihre Angst bei Gott abzugeben, tat es immer und immer wieder, aber ihr Herz blieb schwer.

Aber dann! Es war schon Juli, als Fliedners Brief in Kaiserswerth eintraf. Ein langer liebevoller Brief, angefangen, weitergeschrieben, wieder unterbrochen durch eine Weiterreise, wieder weitergeschrieben … Stationen seiner Reise: Glasgow, Lanark, Dumfries, Liverpool, Manchester, London …

Es ging ihm gut! Ungeachtet der Epidemie erlebte und lernte er so vieles. Und auch er sehnte sich nach ihr und den Kindern, ebenso wie sie selbst sich nach ihm. Am 23. Juli würde er endlich wieder bei ihnen sein.

Es tat ihr auch gut, dass Theodor sich aus der Ferne um sie sorgte, dass er nicht wollte, dass sie sich übernahm. Sie solle doch wie vereinbart ein Mädchen zur Hilfe aus Elberfeld kommen lassen. Dass er sie mutig und genügsam nannte, das war schon fast genug, um wieder mit neuem Elan weiterzumachen. Umgekehrt versuchte sie auch, ihn in seinem Tatendrang zu bremsen, und schrieb: *„Tue in zwei Tagen, was du wohl gern in einem Tag tun willst!"*

Und dann waren sie tatsächlich wieder zusammen. Die Reise war anstrengend gewesen, London entsetzlich verqualmt, voller Lärm und Hektik, wenn auch voller wertvoller Anregungen. Aber so müde Theodor war, er strahlte doch, als er, nachdem Luise ihre Puppe als Mitbringsel erhalten hatte, ein kleines Päckchen aus der Tasche zog: „Das Neueste aus England für dich! Direkt aus einer Bandfabrik. Denk dir, 700 Menschen arbeiten dort!" Friederike packte aus: Strumpfgummiband! Sie musste schmunzeln, als sie ihrem Mann einen Kuss gab. Tatsächlich, ein praktisches Geschenk, typisch Theodor! Und wie oft würde sie sich in Zukunft darüber freuen, dass ihre selbst gestrickten oder genähten Strümpfe, die bisher, wie in Deutschland noch üblich, durch ein Band unter dem Knie vor dem Herunterrutschen bewahrt werden sollten, nun viel bequemer saßen. Strumpfbänder aus Gummi waren der letzte Schrei in England, wie ihr Mann ihr stolz versicherte.

Viel Zeit blieb ihnen nicht, das Wiedersehen so richtig zu genießen. In der Gemeinde war viel Arbeit liegen geblieben, genauso für die Gefängnisgesellschaft. Aber Friederike war glücklich. Ja, manchmal war sie auch jetzt zu einsam, aber sie wollte doch ihrem Mann in seinem Dienst nicht im Weg stehen. Weder ihm noch ihr wäre es eingefallen, sich in den Frieden der eigenen Häuslichkeit zurückzuziehen, um ein behagliches Leben im Kleinen zu führen, wie es im Bürgertum des deutschen Biedermeier üblich war. Für sie war klar, dass Gott ihnen mit dem wachsenden Elend der unteren Schichten einen klaren Auftrag gegeben hatte.

Finsternis

~ 1833

Schwing dich auf zu deinem Gott,
du betrübte Seele!
Warum liegst du, Gott zum Spott,
in der Schwermutshöhle?
Merkst du nicht des Satans List?
Er will durch sein Kämpfen
deinen Trost, den Jesus Christ
dir erworben, dämpfen.

(PAUL GERHARDT)

„Frau Pfarrer! Sind Sie da? Können Sie kommen? Jetzt sofort?" Die Angst, ja, das Entsetzen in der Stimme war nicht zu überhören. Es war Samstagabend. Friederike war an diesem kalten Februarabend eben dabei, die kleine Luise zu baden. Gerade hatte sie die Kleine noch rosig, duftend und warm abgerubbelt. Die Küche dampfte. „Mama! Noch eine Geschichte, bitte!" Luise schlang die Arme um den Hals der Mutter. Friederike küsste sie auf die warme weiche Wange. „Nachher, mein Schatz. Mama kommt gleich wieder." Schnell drückte sie dem Dienstmädchen das Kind in die

Arme. Sie fuhr sich mit dem Handtuch über das verschwitzte Gesicht und eilte schon in den Flur, im Gehen das Umschlagtuch vom Haken greifend.

Jetzt erkannte sie erst, wer sie gerufen hatte. „Frau Lekebusch! Was führt Sie denn heute Abend zu uns?" Die Lehrersfrau griff Friederike am Arm. Mit Erschrecken fühlte sie, wie die sonst tüchtige, beherrschte Frau zitterte. „Ich bin ja so froh, dass Sie kommen. Sie glauben ja nicht … ich weiß mir keinen Rat mehr …" Die beiden Frauen waren schon auf der Straße und eilten nebeneinander auf das Lehrerhaus zu. Dabei mussten sie vorsichtig die Füße setzen, es war bitterkalt und eisglatt. Überhaupt waren die Straßen und Wege von Kaiserswerth vor allem in der feuchten Jahreszeit die reinste Katastrophe!

Stockend begann die Lehrersfrau wieder: „Sie kennen doch unsere Magd, die Alma. Denken Sie nur, keiner hat es gemerkt! Ach, ich hätte es mir doch denken können …" Sie holte tief Luft: „Sie hat ein Kind bekommen, heute Abend. Und in unserem Keller – ich wollte gerade nach den Kartoffeln sehen – da …" Friederike schluckte. Am liebsten wäre sie umgekehrt. Oh, barmherziger Gott, lass es nicht das sein. Ich will das nicht sehen, nicht, wo ich selber … Sie versuchte, ruhig zu atmen und schickte ein Stoßgebet zu ihrem Gott.

Dann waren sie schon bei Lekebuschs an der Kellertreppe, und es gab kein Ausweichen.

Das Baby lag noch so auf dem Lehmboden, wie die Lehrersfrau es vorgefunden hatte. Ein Neugeborenes, über und über mit Schlamm beschmiert, selbst in den Augen, Ohren und im Mündchen … Hatte die verzweifelte junge Mutter ihr Kind damit ersticken wollen? Es konnte nicht anders sein. In Friederikes Ohren dröhnte es, als sie niederkniete und das Kind vorsichtig hochnahm und es in ihre Schürze wickelte. Sie reagierte automatisch, aber es war ihr, als stünde sie neben sich und hörte sich sagen: „Ich brauche Tücher und warmes Wasser …"

In der kleinen Küche legten die beiden Frauen das reglose Geschöpf auf den Tisch. Friederike holte tief Luft und beugte sich über den kleinen Mund. Die Lippen des Babys waren blau, ebenso war das ganze Gesichtchen bereits verfärbt, aber es gelang ihr, den Schlamm tief aus der Kehle zu holen. Als sie das Kind über ihren Arm legte, spürte sie eine kleine Bewegung. Dann kam ein Röcheln. In dem Moment wurde die Tür aufgestoßen. Mit einer Welle eisiger Luft kam die Hebamme, zusammen mit dem Lehrer selbst, der fast so aufgelöst war wie seine Frau.

Schweigend arbeitete Friederike gemeinsam mit der Hebamme. Vorsichtig befreiten sie Augen, Ohren und Mund des Neugeborenen vom Lehm, wuschen es und wickelten es schließlich in die Tücher, die Frau Lekebusch am Herd erwärmt hatte. Endlich ließ das Kind ein heiseres dünnes Weinen hören. Es ging Friederike durch und durch. Oh mein Gott, ich danke dir! Kaum nahm sie vor der Tür die schweren Stiefeltritte der Polizisten wahr, die die weinende Magd abführten.

Sie sank auf einen Stuhl und fühlte, wie sie am ganzen Leib zitterte. Die Hebamme legte ihr das Kind in den Arm. „Das war Rettung in letzter Sekunde", meinte sie. „Noch

einen Moment, und das Würmchen wäre erstickt." Sie
schüttelte den Kopf. „Wer hätte das von der Alma gedacht."
Friederike schloss die Augen. Dann blickte sie wieder auf
das Baby, das in ihrem Arm lag. Seit Kurzem war sie selbst
erst wieder gewiss, dass auch sie wieder Mutter werden
würde. Aber was für sie und Theodor Geschenk Gottes war,
hatte diese verzweifelte junge Frau einfach nur ungeschehen
machen wollen. In einem Keller, ganz allein, in Schmutz und
Kälte … Der Schweiß brach ihr aus.

Die Hebamme bedachte sie mit einem scharfen Blick.
„Frau Pfarrer? Alles in Ordnung?" Friederike riss sich zusammen. Sie setzte sich gerade hin und sagte laut: „Ich neh-
me das Kleine mit zu uns hinüber. Bis morgen Abend wird
mein Mann einen Platz für das Kind gefunden haben. Bis
dahin will ich mich kümmern." Die Erleichterung der anderen war förmlich zu spüren. Nur bis morgen, dachte Friederike. Ich schaffe das.

Am Sonntagabend, als das Baby ins Waisenhaus gebracht
worden war, wurde Friederike klar, dass sie sich übernommen hatte. Sie lag in ihrem Bett und fühlte das Fieber kommen. Wenn sie die Augen schloss, musste sie sie gleich wieder öffnen, weil sie furchtbare Feuerzungen um sich sah. Ihr
Herz schlug wie wild. Schwarze Gestalten erschienen ihr,
schrecklich wispernd. Ein namenloses Grauen erfasste sie.
Stöhnend fasste sie nach der Hand ihres Mannes. „Mein
Riekchen, hab keine Angst! Jesus ist bei dir. Es ist nur das
Fieber." „Schreibst du an Professor Günther? Bitte, mein
Lieber, er soll mir etwas verschreiben. Ich halte das nicht
aus. Meine Nerven!"

Eine Woche lang bangte sie darum, ihr eigenes Kind zu verlieren. Sie verlor Blut und bekam Wehen, sobald sie aufstehen wollte. Der Arzt verschrieb ihr strenge Bettruhe. Theodor konnte nicht wirklich nachvollziehen, wie es ihr ging. Sein Kopf war voll mit anderen Themen. Wenn er an seinem Schreibtisch saß, dachte er an nichts anderes, hörte auch nichts. Sicher, natürlich versuchte er, ihr zu helfen. Schweren Herzens verließ er seine Bücher und kümmerte sich um Dinge, die er absolut nicht mochte, aber meist musste er doch seiner Arbeit nachgehen, die ihn völlig beanspruchte. Friederike versuchte, es ihm nicht übel zu nehmen. Sie fühlte sich so allein, so mutterseelenallein ... Jetzt jemanden bei sich haben, der einfach nur an ihrem Bett saß, dem sie ihre Ängste sagen und der mit ihr beten würde, wenn ihr die Worte fehlten ...

Schließlich raffte sie sich auf und griff nach Papier und Feder, die neben ihrem Bett lagen. Ein Brief würde ihr Erleichterung bringen, und sie wusste, dass die Empfängerin ihn mit einem betenden mitfühlenden Herzen lesen würde: *„An Frau Bergsekretär Focke in Berlin. Meine beste Amalie ..."* Aus Amalie Jacobi, der Freundin aus Pempelfort, war Frau Focke geworden, aber obwohl so viele Kilometer sie trennten, war ihre Freundschaft geblieben. Ja, Amalie würde verstehen, wie es ihr ums Herz war. Bei ihr durfte sie einfach einmal nicht die Frau Pfarrer sein, sondern eine schwache, verzweifelte Frau, erschöpft und ängstlich.

Die Wochen vergingen, ohne dass sich eine Besserung zeigte. Friederike war zur Untätigkeit verurteilt. Bei jeder Bewegung stellten sich heftige Kopfschmerzen ein. Immer wieder rang sie darum, in aller Not doch dankbar zu sein. Eigentlich wollte sie es ganz tief in ihr Herz lassen, dass Gott alles gut machen würde. Aber es war so dunkel in ihr. Wieder schrieb sie nach Berlin: *„Ach, ich habe ein trotziges, ein verzagtes, ein undankbares, ein kleingläubiges Herz. Was hilft mir nun all mein Wissen, dass der Herr alles, alles wohl macht, wenn ich es mir nicht in allen Fällen aneigne?"*

Natürlich gab es Momente, wo die Last leichter schien und ihr das Herz warm wurde. Die dreijährige Luise wollte jetzt oft beten. Dabei fragte sie oft: „Lieber Gott, hast du mich lieb?" Es beglückte Friederike, dass sich schon in so einem kleinen Kind eine Sehnsucht nach Gott zeigen konnte! Wie süß die zwei Schwesterchen zusammen waren. Simonette ließ sich am liebsten von ihrer „großen" Schwester füttern. Ach, sie wollte doch nichts anderes, als ihren Kindern eine fröhliche Mutter sein und ihrem Mann die Frau, die er brauchte!

Sie betete. Sie wollte ihr Leiden aus der liebenden Hand ihres Vaters im Himmel nehmen und nichts anderes anstreben, als was er für sie gedacht hatte. Sie wollte auch bereit sein, wenn ihr Herr sie zu sich nehmen wollte. Aber, sie wollte vor allem bei ihrer kleinen Familie bleiben! Zwei Kinder hatte sie doch schon. Wenn doch auch ihr Baby ... Nein, sie wollte nicht undankbar sein.

Ein Haus für haftentlassene Frauen

~ 1833

Rühret eigner Schmerz
irgend unser Herz,
kümmert uns ein fremdes Leiden,
o, so gib Geduld zu beiden;
richte unsern Sinn
auf das Ende hin.

(NIKOLAUS LUDWIG GRAF VON ZINZENDORF)

Erst Ende Juni fühlte Friederike sich wieder kräftiger. Sie sehnte sich danach, alle ihre Aufgaben wieder selbst zu übernehmen. Immer wieder sagte sie sich, dass sie schließlich eine geborene Münster sei – man brauchte sich ja nur ihren Vater anzuschauen, der die Zähigkeit und Vitalität in Person war. Und allmählich brach wieder ihre alte Lebhaftigkeit durch.

Dazu hatte sie ein neues Projekt auf ihrem Herzen, das ihre ganze Energie, ihre Kreativität, ihren Glauben, ihre Klugheit und ihre Liebe brauchte. Schon wenn sie daran dachte, fühlte sie neue Kraft in sich aufkeimen.

Es sollte „ein Werk der gläubigen Frauen für die verirrten Frauen" sein: die Rehabilitation von haftentlassenen

Frauen im Auftrag der rheinisch-westfälischen Gefängnisgesellschaft. Frauen hatten es nach ihrer Entlassung aus dem Gefängnis noch schwerer als Männer. Für sie sollte es eine neue Chance im Leben geben. Theodor Fliedner war aufgefordert worden, zu diesem Zweck ein Haus zu suchen, und er war einverstanden, dass Friederike ihm dabei helfen wollte. Schon einmal hatte sie sich engagieren wollen, als sie festgestellt hatte, wie schlecht die Gesellschaft, deren finanzielle Mittel gering waren, ihre Gefängnispfarrer bezahlte. Damals war ihr Mann aber gegen ihr Engagement gewesen.

Er selbst hatte bereits die wohlhabenderen evangelischen Gemeinden der Umgebung um Mithilfe gebeten, zum Beispiel in Mettmann, war aber auf kein Echo gestoßen. Friederike schlug ihm nun in Kaiserswerth ein Haus vor, das man mieten könnte – nicht weit vom Pfarrhaus entfernt.

Die große Frage war, wer ein solches Projekt leiten konnte. Beim Nachdenken und Beten kamen Friederike zwei Frauen aus ihrem Bekanntenkreis in den Sinn: zum einen Katherine Reichard aus Herborn. Sie war inzwischen verwitwet. Ihr verstorbener Mann hatte damals Immanuel Traub die 300 Gulden gegeben, die Heinrich Göbel in jener stürmischen Nacht den Altenbergern zusammen mit seinem Reisegeld als Gabe „aus der Hand des Herrn" gebracht hatte. Aber Katherine Reichard lehnte ab.

Bei der anderen Frau handelte es sich um Katherine Göbel, die Freundin aus Altenberger Tagen. Sie hatte in der Zwischenzeit auf eigene Kosten ein Waisenhaus aufgebaut. Leider wurde es – ohne ihr Verschulden – von den Behörden geschlossen. Katherine hatte nach dieser Erfahrung wenig

Mut, ein neues Projekt zu beginnen. Sie zögerte auch deswegen, weil sie wusste, wie zurückgezogen sie in Kaiserswerth als alleinstehende Frau würde leben müssen, ohne ihre Familie – und sie wusste um ihre körperliche Schwäche.

Friederike, die Visionärin, dachte anders. Sie kannte Katherines Gaben, ihre unerschöpfliche Geduld, ihre sanfte, freundliche, gewinnende Art und ihre Liebe, die ihr persönlich so viel bedeutsamer erschien als körperliche Kraft und Gesundheit, wenn es um diese Art von Arbeit ging. Sie fand es im Gegenteil gar nicht verkehrt, dass man bei der Planung der Arbeit gleich Ruhepausen für die Leiterin würde einplanen müssen, anstatt dass diese sich erst aufreiben musste, bis man erkannte, dass auch ein helfender Mensch eigene Bedürfnisse hatte. Und sie wusste, dass Katherine sparsam wirtschaften konnte. Bei den von der Gefängnisgesellschaft veranschlagten 100 Talern wäre dieses Talent nicht zu unterschätzen.

Im Grunde bezweifelte Friederike, dass sie die 100 Taler für dieses Vorhaben tatsächlich bekommen würden. Ihre eigene Erfahrung in der Leitung eines großen Haushaltes sagte ihr, dass ohnehin auf jeden Fall mehr Geld nötig wäre. Sie hätte es auch sehr begrüßt, wenn Katherine ein Gehalt zugestanden worden wäre, aber sie würde von den Zinsen ihres Vermögens leben müssen. Zu groß waren die gesellschaftlichen Vorurteile, die die erwerbstätige Arbeit von Frauen als nicht ehrenhaft ansahen.

Auf jeden Fall willigte Katherine Göbel ein, wenigstens einmal nach Kaiserswerth zu kommen und sich die Sache anzusehen.

Friederikes Herz jubelte. So lange hatte sie eine Freundin vermisst – nun würde sie hoffentlich, hoffentlich eine Frau in ihrer Nähe haben, der sie selbst einfach mal ihr Herz ausschütten konnte. Eine Frau, bei der sie sie selbst sein konnte ..., mal nicht die Frau Pfarrer, die Ratgeberin, die Tüchtige, die Alleswissende.

Dabei dachte sie sofort an ihre beste Freundin weit weg in Berlin, die die ganze Sache sicher mittragen würde. Und Amalie Focke war sofort bereit, ihr mit Geld und gutem Rat zur Seite zu stehen. Sie wollte auch andere Frauen in ihrem Bekanntenkreis für das Kaiserswerther Projekt begeistern.

Friederike war so dankbar. Das, was sie selbst in Düsselthal erlebt hatte, stand ihr noch schmerzhaft vor Augen. Sie wusste, dass ein solches Unternehmen immer gefährdet war und dass Helfen und Herrschen oft sehr nahe beieinanderliegen konnten. Die Planung musste so gut wie irgend möglich sein. Es kam auf so viele Details an, nicht nur auf Begeisterung und Glauben. Da war sie ganz der Meinung ihres Mannes.

Es war der Wille Jesu, dass den Gefangenen geholfen wurde, davon war sie überzeugt. Gott konnte dieses Werk stärken, wenn er es wollte.

Und sie selbst war bereit, sich mit all ihren Kräften einzusetzen. Wenn es Gottes Sache war, dann durfte man ruhig auch betteln. Kontaktscheu war Friederike nicht. Mutig schrieb sie gläubige, einflussreiche Frauen an, auch wenn sie diese nicht persönlich kannte. Es waren Frauen aus Düsseldorf, Frau von der Heydt aus der reichen Bankiersfamilie in Elberfeld und Frau Pastor Döring. Dabei bezeichnete sie das

Haus für die haftentlassenen Frauen, auch Asyl genannt, als einen „*Zufluchtsort unter den inländischen Heiden*" und schrieb: „*Möchte der Herr einen rechten Missionssinn unter den Gläubigen für die Gefangenen wecken!*" Hier war bereits der Gedanke der „Inneren Mission" in Worte gefasst – ein Begriff, den Johann Hinrich Wichern erst 15 Jahre später einführte.

Die Region um Wuppertal war zu der Zeit stark geprägt durch Pfarrer wie den Niederländer Hermann Friedrich Kohlbrügge, der 1833 in Elberfeld predigte, und ganz besonders durch Friedrich Wilhelm Krummacher. Dessen Gemeinde wuchs rasant, weil er die freie Gnade im reformierten Sinn verkündigte. Seine Predigten lösten regelrechte „Völkerwanderungen" aus. Man musste in der Kirche die Fenster aushängen, damit die, die keinen Platz mehr bekommen hatten, von draußen der Predigt zuhören konnten. Selbst ein Friedrich Engels musste diesem Phänomen in seinen „Briefen aus dem Wuppertal" Respekt zollen. Zu denen, die durch Krummachers Predigten geprägt wurden, gehörten zum Beispiel auch der Oberbürgermeister von Elberfeld, Johann Adolf von Carnap, und einflussreiche Kaufleute wie Caspar Wilhelm Meckel. Dieser engagierte sich für die Stadt Elberfeld, indem er 1830 eine Hilfsorganisation gründete, den 2. Elberfelder Kornverein. Dazu förderte er auch als Mitglied eine Sonntagsschule für Handelsgesellen und Lehrlinge.[6]

Auch Friederike war bereit, bei einem solchen diakonischen und missionarischen Werk zu helfen. Der Same dafür war gelegt, der Boden vorbereitet. Viele Frauen hatten bereits in den napoleonischen Kriegen unter den Soldaten gearbeitet, weil die Not es erforderte. Nun wollten sie sich weiter einsetzen und auch außerhalb ihrer eigenen vier Wände tätig werden. Viele hatten den Wunsch, sich von Gott rufen und in einen Dienst stellen zu lassen. Es war eine Zeit, in der bei vielen Christinnen und Christen das Bewusstsein geschärft wurde, dass dieser Gott zu jedem einzelnen Menschen spricht, der zu ihm gehören will. In dieser Überzeugung lag viel Freude und eine neue Würde, die beflügelte.

Friederike hatte klare Vorstellungen für ihr Vorhaben. Sie wollte im Kleinen beginnen mit einer einfachen, bürgerlichen Haushaltung. Hier sollten die haftentlassenen Frauen auf eine spätere Stellung als Dienstbotinnen vorbereitet werden. Etwa ein halbes Jahr sollten sie im Asyl verbringen; allerdings nicht länger, damit sie nicht zu viel Kontakt untereinander hatten und sich gegenseitig negativ beeinflussen konnten. Gebraucht wurden dafür natürlich Möbel, aber auch Flachs und Wolle zum Spinnen. Die Frauen sollten verschiedene Fertigkeiten lernen und selbst tätig werden, um in Zukunft auf ehrliche Weise für sich sorgen zu können und nicht wieder aus schierer Not in die Kriminalität abzurutschen. Die neue Aufgabe erfüllte sie ganz. Sie dachte darüber nach, wenn sie der Arbeit in ihrem eigenen Haushalt nachging; morgens, wenn sie aufwachte oder nachts, wenn sie nicht schlafen konnte. Immer wieder kamen ihr neue Gedanken und Details in den Sinn.

Dass diese neue Arbeit auch Schwierigkeiten mit sich bringen würde, sah Friederike sehr nüchtern. An Amalie

Focke schrieb sie: *„Wie schwer es ist, solch einem Werk vorzustehen, kann man sich denken. Mit halsstarrigen, lügenhaften, diebischen, liederlichen Geistern umzugehn, ist schwer."*

Inzwischen war Katherine Göbel am 17. Juni 1833 in Kaiserswerth eingetroffen. Eigentlich hatte sie bei sich gedacht: „Wenn der Herr Pfarrer Fliedner mich nur kennenlernen würde, wäre ihm bestimmt klar, dass ich nicht die richtige Person für die Aufgabe bin!" Aber Fliedners dachten anders. Sie nahmen Katherine mit großer Selbstverständlichkeit auf – in der Gewissheit, dass Gott ihre Pläne führte und auch die neue Leiterin mit allem ausrüsten würde, was sie brauchte: berufen und begabt von ihm. Vor lauter Angst und Anfechtung aber wurde Katherine krank. Heftige Fieberschübe quälten sie, ein sogenanntes „kaltes Fieber".

Kurz vor dem geplanten Beginn wollte Katherine eigentlich mit Theodor das Haus besichtigen, das sie mieten wollten. Dabei erlebten sie eine herbe Enttäuschung: Eigentlich war alles mit dem Hausbesitzer abgemacht, aber urplötzlich erklärten die jetzigen Mieter, sie wollten doch weiterhin das ganze Haus pachten. Das Recht war auf ihrer Seite. Es war nichts zu machen.

Es gelang Fliedner, ein anderes Haus zur Miete zu finden – aber dieses würde erst am 11. November 1833 frei werden. Und die erste Haftentlassene war bereits angekündigt. Daher blieb den Fliedners nichts anderes übrig, als das „evangelische Asyl für weibliche Entlassene zu Kaiserswerth" in ihrem Pfarrhaus zu beginnen. Sie akzeptierten diese Situation und nahmen sie aus Gottes Hand. Friederike ging es gesundheitlich besser, und die Geldbeiträge, die eingegangen waren, waren für sie eine wunderbare Bestätigung. Obwohl Katherine noch krank war, sagten sie zu, die Haftentlassene bei sich aufzunehmen und glaubten, dass Gott Katherine zur rechten Zeit Gesundheit und Kraft geben würde.

Am 17. September kam die 20-jährige Mina Enders aus dem Gefängnis in Werden in ihr Haus.

Fliedners war bewusst, dass diese neue Situation mit einer fremden Frau im Haus eine klare Aufgabentrennung erforderte. Von Anfang an musste klar sein, dass Katherine allein für die junge Frau zuständig war. Friederike hatte ihr ein Dachkämmerchen zum Schlafen hergerichtet, Katherine konnte unten im Haus ein Zimmer haben. Zum Arbeiten, Essen und Lernen – Nähen und Lesen – ging es ins 14 Quadratmeter große Gartenhaus. Es lag auf dem alten Festungswall, mitten in dem großen Pfarrgarten, und man hatte von dort einen weiten Blick über den Rhein. Normalerweise hatte die Pfarrfamilie dort im Sommer ihr Esszimmer und das Spinett, damit niemand im Haus gestört wurde, wenn jemand übte.

Manchmal hatte Friederike auch Arbeit für die junge Mina und bezahlte ihr den üblichen Tageslohn.

Umgekehrt bekam sie Geld für Minas Verpflegung, sodass Familie und Asyl in wirtschaftlicher Hinsicht von Anfang an streng voneinander getrennt waren. Katherine führte gewissenhaft Buch.

Der Vorteil bei dieser Übergangslösung im Haus der Pfarrfamilie war, dass Katherine alles, was sie für die Haftentlassenen brauchte, nach und nach in Ruhe anschaffen konnte. Bettzeug und Handtücher konnte man beispielsweise nicht einfach kaufen. Mina Enders nähte Stück um Stück.

Und sie erlebten, wie Gott für alles sorgte. Amalie Focke zum Beispiel konnte ihnen acht Taler zusenden, nachdem sie für das Projekt unter ihren Bekannten gesammelt hatte. Auch die Pfarrersfrau Döring aus Elberfeld sammelte eifrig. Dabei war grundsätzlich geplant, das Heim möglichst wirtschaftlich zu führen, sodass es sich selbst trug. Aber zunächst waren erst einmal verschiedenste Ausgaben nötig, auch wenn alles sehr einfach zugehen sollte. Die Entlassenen besaßen ja noch nicht einmal eigene Kleidung.

Katherine Göbel ihrerseits versuchte auch zu sparen. Aber Friederike lag es am Herzen, dass es ihrer Freundin wirklich gut ging. Ihre eigene schlechte Erfahrung in Düsselthal hatte ihr das tief eingeprägt. Sie wusste, dass bei einer solch anstrengenden Tätigkeit gute Ernährung und auch einmal eine Extrafreude wichtig sind, um durchzuhalten. So bat sie Amalie Focke, ihr zu helfen, dass Katherine ein angemessenes Weihnachtsgeschenk bekam.

Ab dem 10. Dezember konnte dann Katherine das Heim für haftentlassene Frauen in einem größeren Haus weiterführen. Es hatte Platz für zwölf Bewohnerinnen. Die Arbeit wuchs und mit ihr die Spenden gläubiger Frauen, die bereit waren, sich einzusetzen. In Elberfeld gaben sie aus eigenem Antrieb einen von Theodor verfassten Aufsatz in Druck, um noch mehr Spender anzuwerben.

In einem Brief an den Pfarrer der Berliner Betlehemskirche, Johannes Großner, der ebenfalls Sozialarbeit und

Armenfürsorge als „Innere Mission" betrieb, bezeichnete Theodor Katherine Göbel als Diakonisse. Hier verwendete er diese Bezeichnung zum ersten Mal.

Es gelang, Mina Enders nach ihrer Zeit im Asyl bei einem gläubigen Lehrer als Dienstbotin unterzubringen. Allerdings zeigte sich dort, dass sie keinen wirklichen Sinneswandel erlebt hatte. Sie wurde später erneut straffällig. Auch in der Folge musste Katherine erleben, dass die meisten der Frauen und Mädchen, die sie aufnahmen, so sehr verwahrlost waren, dass es nicht möglich war, sie in ein Arbeitsverhältnis zu vermitteln oder dass die Mädchen bald wieder auf und davon waren. Doch Katherine, die körperlich und nervlich so schwach war, hielt durch. Friederike schrieb über sie in ihr Tagebuch: *„Selig sind die Sanftmütigen, die Duldenden, die etwas können über sich gehen lassen, ohne heftig und bitter zu werden, ohne in Unruhe und Unordnung zu geraten."*

Die unversorgten Kinder

~ 1834

Hoff, o du arme Seele,
hoff und sei unverzagt!
Gott wird dich aus der Höhle,
da dich der Kummer plagt,
mit großen Gnaden rücken.
Erwarte nur die Zeit,
so wirst du schon erblicken
die Sonn der schönsten Freud!

(PAUL GERHARDT)

Für Friederike wurde es langsam Zeit, sich aus der Unterstützung für das neue Arbeitsfeld zurückzuziehen: Am 19. März 1834 brachte sie in den frühen Morgenstunden ein Mädchen zur Welt. Es war eine schnelle Geburt gewesen. Friederike konnte sich das erste Mal einfach nur über das kleine Wunder freuen, das da in ihrem Arm lag und nun die Augen öffnete und zu ihr aufschaute. „Sieh nur", flüsterte sie und streichelte vorsichtig über die kleine Wange.

Theodor beugte sich mit ihr zusammen über das Neugeborene. So sehr genossen sie diese stille Stunde, allein mit der kleinen Julie. Im Haus war alles noch still. Friederike vergaß nie das Glück dieses Tages. Sie konnte die Kleine stillen, und alles schien perfekt zu sein.

Abends brachte Luise, die wieder einmal zur Unterstützung ins Pfarrhaus gekommen war, die beiden großen Schwestern ans Bett der Mutter, um Gute Nacht zu sagen. Sie streichelten das Baby, dann wollte die vierjährige Luise noch beten. Wie sie es immer tat, dankte sie Gott für alles, was ihr einfiel – und dass er ihnen „Julchen" geschenkt hatte. Friederike musste lächeln, als Simonette versuchte, alles nachzuplappern. Die beiden waren ein bisschen überdreht nach dem aufregenden Tag. Als Tante Luise mit ihnen das Schlafzimmer verließ, um sie ins Bett zu bringen, lehnte sich Friederike zurück und schloss die Augen. Das Baby lag ganz still.

„Jetzt eine ruhige Nacht", dachte die junge Mutter. Pfarrer Fliedner hatte sich schon verabschiedet, weil er jetzt in der Passionszeit noch einen Abendgottesdienst halten musste. Die Tür öffnete sich leise, und ihre Schwester Luise kam wieder herein. Vorsichtig nahm sie die kleine Julie auf und setzte sich mit ihr an den Ofen. Es war still im Zimmer. Friederike entspannte sich. Wie gut, dass Luise da war, so vertraut, so verbunden. Aber an der Art, wie Luise schweigend das Baby betrachtete, war etwas, das Friederike unruhig machte, als sie sie so mit halb geschlossenen Augen ansah. „Denkst du, dass etwas nicht in Ordnung ist?", fragte sie schließlich und stützte sich auf den Ellbogen. Die jüngere Schwester sah sie an und hob hilflos die Schultern. „Ich weiß nicht – sie ist so …" Sie zögerte. Friederikes Herz fing mit einem Mal an, wie wild zu hämmern. Ihre Schläfrigkeit war verflogen. Sie spürte, wie ihr der Schweiß ausbrach. „Luise! Bitte! Komm, schnell, ruf Theodor zurück! Wenn du so guckst ... dann ... vielleicht sollte er Julchen noch taufen? Was denkst du?" Statt einer Antwort reichte Luise ihr hastig das Baby zurück und verließ das Zimmer. Friederike hörte sie rufen und auch das Drängen in ihrer Stimme.

Sie sah auf das kleine Wesen in ihrem Arm. Konnte es nicht sein, dass Julie einfach nur schlafen wollte? Sie hatte doch so gut getrunken ...

Ihr Mann kam nach wenigen Minuten, bereits mit Taufschale und Bibel. Schon, dass er da war, gab Friederike ein Gefühl der Sicherheit. Zusammen beugten sich beide über ihr Kind, und der Vater taufte es.

Als er das Köpfchen eben vorsichtig abgetrocknet hatte, ließ er das Tuch plötzlich achtlos fallen. „Ach, Riekchen, schau ..." Friederikes Augen weigerten sich zu sehen, was ihr Mann sah. Julie sah immer noch aus, als ob sie schliefe. Aber sie hatte aufgehört zu atmen.

Der Schmerz und das Leid kamen erst später. Friederike spürte in dieser Stunde solch einen Frieden, wie ihn nur Gott schenken kann. Ihr Mann konnte nicht bleiben. Er musste hinüber zum Gottesdienst und predigte über den Vers: „Er trug sein Kreuz." Wie mochte es dabei in seinem Herzen aussehen? Konnte er jetzt nicht an der Seite seiner Frau sein? Der Gedanke kam ihr nicht, nicht jetzt. Vielleicht war es so, dass er einfach funktionierte, ohne wirklich zu begreifen, was gerade geschehen war ...

Friederike lag in ihrem Bett, hielt ihr Kind in den Armen und betete. Sie wusste, die kleine Julie war nicht mehr hier. Was sie hielt, war nur die wunderschöne, irdische Hülle. Ihr Kind war vorausgegangen an einen Ort, so schön, wie man ihn sich nicht ausdenken konnte. Julie war zu Hause. Sie wollte sich freuen, dass es ihr gut ging. War das nicht das Wichtigste? *Der Herr hat's gegeben, der Herr hat's genommen ...*

Später erst kam der Schmerz mit aller Macht. Ihre Arme waren leer. Ihre Brust schmerzte von der Milch, die jetzt eigentlich ihr Baby hätte trinken sollen. Sie konnte nicht schlafen. Gewiss war Julie übertragen gewesen, sie war ja auch so groß, so kräftig gewesen ... oh Gott! Erst ihr kleiner Sohn, schon tot auf die Welt gekommen, dann Cornelie – jetzt würde sie mit Simonette zusammen umhertollen und alles tun, was Zwillingen so zusammen einfällt. Dann die Zeit der vergeblichen Hoffnung auf ein weiteres Kind ... – und nun das. *„Aber ich fühle mich doch als eine Einsame, eine Verlassene, als eine Verstörte, als eine, die ihres Kindes abermals beraubt ist, und das Mutterherz schreit oft: es ist zu viel, drei!"*, schrieb sie an Amalie Focke. Sie wusste sich geborgen bei einem liebevollen Vater; sie wusste und glaubte, er würde ihr auch diesmal helfen. Aber es tat weh, so furchtbar weh. Es war, als schaue sie in einen schwarzen Abgrund. Theodor versuchte sie auf seine Art zu trösten, indem er ihr von Erdmuthe Dorothea Gräfin Zinzendorf erzählte, die ein ähnliches Schicksal zu tragen gehabt hatte. Er meinte es gut, aber Friederike musste auf ihre Weise hindurch durch die Trauer.

Aber weder Theodor noch Friederike vergruben sich in ihrem Schmerz. Ganz tief war da die Gewissheit, dass Gott wusste, was er tat, und dass sein Wesen Liebe war. Er würde ihnen helfen, so wie er es bisher getan hatte. Sie gingen an seiner Hand durch das Tal des Leides. Dass sie nicht hart oder verbittert wurden, bewirkte, dass das Leid im Leben der Menschen um sie herum zu ihrem eigenen wurde, indem sie versuchten, es mitzutragen.

Das galt für die Not innerhalb der Familie, aber ihr weites Herz umfasste viel mehr. In diesem Frühling war es besonders das Elend der verwahrlosten Kinder.

Eines Tages stand eine Frau vor Fliedners Tür, einen Jungen neben sich. „Pfarrer Fliedner? Sie sind doch zuständig für die Evangelischen hier, nicht wahr?" Theodor nickte. „Kommen Sie doch herein." Die Frau mit den herben Gesichtszügen wusste genau, was sie wollte. In kurzen Sätzen erzählte sie ihre Geschichte. Sie selbst war katholisch, wie die meisten Einwohner von Kaiserswerth. Vor nicht langer Zeit hatte sie einen evangelischen Witwer aus Barmen mit zwei Söhnen geheiratet. Dieser war bald nach der Hochzeit verstorben. Nun war die Frau hierhergezogen, um erneut zu heiraten, diesmal einen katholischen Mann.

„Was habe ich mit dem Jungen zu tun? Er ist nicht mein Sohn." Fliedner blickte auf den Jungen, der verbissen zu Boden starrte. Wie oft hatte er wohl schon solche Worte der Ablehnung gehört?

Theodor begriff rasch, dass er die Frau nicht umstimmen würde. Er stand auf und gab ihr die Hand. „Es ist gut. Der Junge kann hierbleiben." Als die Tür hinter ihr zugefallen war, wandte er sich der stillen mageren Gestalt zu. „Wie heißt du?" „Karl", kam es flüsternd. „Karl, und weißt du, wie alt du bist?" Der Junge hob schüchtern den Kopf. Blaugraue Augen, aus denen Misstrauen und Angst sprachen. „Neun", flüsterte er wieder heiser. Der Pfarrer legte ihm die Hand auf die Schulter. „Karl, gehst du normalerweise in die Schule?" Die Röte stieg dem Jungen ins Gesicht. Er zuckte mit den Schultern. „Sie wollte es nicht. Ich …" Theodor nickte. „Es wird alles gut, Karl. Jetzt gehen wir beide erst einmal zum Mittagessen. Es wird sich alles finden."

Es gelang Theodor Fliedner, Karl bei seinem Küster unterzubringen. Er selbst bezahlte für seinen Unterhalt. Karls älterer Bruder Fritz war 16 Jahre alt, ein gelernter Samtweber. Auch er kam nach Kaiserswerth und auch er konnte weder lesen noch schreiben.

Fliedner handelte umgehend. Karl ging fortan regelmäßig zur Schule. Fritz verschaffte er einen Arbeitsplatz und gab ihm selbst abends Unterricht. Erstaunt und erfreut stellte er fest, wie rasch die beiden Jungen begriffen. Dass sie dabei nicht nur das ABC lernten, sondern auch Bibel und Gesangbuch, dass sie selbstverständlich die Gottesdienste in der evangelischen Kirche besuchten, das ging dann der Stiefmutter und auch anderen aus der katholischen Gemeinde doch zu weit. So hatten sie sich das nicht vorgestellt. Ständig gab es Ärger und Einmischungen.

Fliedner nahm daher Kontakt nach Barmen auf. Es gelang ihm, Handwerksmeister aus der dortigen reformierten Gemeinde zu finden, die bereit waren, die Jungen aufzunehmen und sich auch um sie zu kümmern. Er selbst wanderte mit

Fritz und Karl nach Barmen, um sich persönlich davon zu überzeugen, dass sie gut untergebracht wurden. Es war ganz normal, dass er diesen Weg zu Fuß zurücklegte, immerhin ein Marsch von neun Stunden, weil die Jungen nicht so geübt waren wie er selbst. Die Fahrt mit der Postkutsche war teuer und beschwerlich auf den schlechten Straßen. Wann immer es möglich war, gebrauchte man daher „Schusters Rappen".

Dieses und andere Erlebnisse und die tiefe Überzeugung, dass man sich um die Menschen kümmern musste, *bevor* sie verwahrlosten und straffällig wurden, lenkten Theodors und Friederikes Gedanken auf die Notwendigkeit der Einrichtung von Kleinkinderschulen oder sogenannten „Bewahrschulen". Von solchen berichtete ihnen beispielsweise auch die Freundin Amalie Focke aus Berlin. Johannes Evangelista Goßner hatte dort bereits einen „Verein zur Förderung von Kinderwarteanstalten" gegründet. Die Zielgruppe waren Kinder im Alter von zwei bis sieben Jahren. Deren Mütter mussten oftmals arbeiten gehen, und die Kinder verwahrlosten, weil sie einfach sich selbst überlassen waren. Auch an anderen Orten Deutschlands waren bereits Kleinkinderschulen entstanden. Das waren jedoch eher Bewahranstalten, in denen die Kinder von früh bis spät untergebracht waren, unter Aufsicht in einem Hof spielen konnten und auch Milch, Brot, Gemüse und Suppe erhielten. Auch Robert Owen, dessen Fabriken Theodor auf seiner Englandreise besucht hatte, hatte bereits 1816 im schottischen New Lanark eine Kleinkinderschule gegründet.

In Düsseldorf trat ein Ausschuss zur Errichtung einer evangelischen Kleinkinderschule zusammen, dessen Geschäfte Theodor übernahm. Er unterstützte dabei den Regierungspräsidenten Graf Anton zu Stolberg. Eingehend informierte er sich bei Amalie Focke darüber, wie eine solche Schule aussehen konnte und was man dafür brauchte.

In ihrem Brief vom 4. April 1835 ließ Amalie ihm einen Stundenplan zukommen. Auf der Bedarfsliste für die Kleinkinderschule standen auch Bilder in großem Format, um biblische Geschichten zu illustrieren, Spielzeug für Jungen (Bauklötze) und für Mädchen (Geschirr und Puppen). Auch die Regelung eines Mittagessens für die Schüler wurde bedacht. Es sollte für die, die es sich leisten konnten, 5 Pfennig (= ein Sechser) kosten. Die Wohlhabenderen sollten zusätzlich Schulgeld zahlen.

Der rege Kontakt nach Berlin war für die Entwicklung in Kaiserswerth insgesamt bedeutsam.

Das Besondere an der Erweckung in Berlin war, dass sie auch die hohen Gesellschaftsschichten, bis hin zum Königshaus, erreichte. Beeinflusst war sie durch die Herrnhuter Bewegung von Graf von Zinzendorf. Seit 1820 predigten für vier Jahrzehnte größtenteils Prediger, die eine lebendige Beziehung zu Jesus Christus hatten, in Berlins Kirchen und Gemeinden. Der Prediger der Böhmischen Betlehemsgemeinde, Johannes Jänicke, gründete Missionsschulen und war mit den englischen Evangelikalen eng verbunden. Sein Nachfolger wurde der bereits erwähnte Johannes Evangelista Goßner.

Hans Ernst Baron von Kottwitz, genannt „der fromme Baron" oder „der Alte allüberall", war ebenfalls eine führende Persönlichkeit der preußischen Erweckungsbewegung.

Er setzte sich für die Verbesserung des Gefängniswesens ein und erarbeitete Vorschläge für die Regelung der Kinderarbeit. Dabei korrespondierte er 1830 mit Theodor Fliedner wegen der Gründung des Berliner Vereins für die Verbesserung der Situation von Strafgefangenen. Er war befreundet mit Johannes Jänicke, August Neander und Johannes Goßner. Seine Ideen wurzelten im Christentum, waren jedoch auch beeinflusst vom Geist der Aufklärung. Beispielsweise versuchte er, den in den Napoleonischen Kriegen arbeitslos gewordenen Handwerkern zu helfen, indem er am Alexanderplatz eine „Freiwillige Beschäftigungsanstalt" mit Arbeit am Spinnrad und Webstuhl ins Leben rief. König Friedrich Wilhelm III unterstützte ihn dabei finanziell großzügig. Wichtig war von Kottwitz – ebenso wie Fockes und Fliedners – darüber hinaus, auch die jüdische Bevölkerung mit dem Evangelium von Jesus zu erreichen. Er war Mitbegründer der Berliner Israelmission, der „Gesellschaft zur Beförderung des Christentums unter den Juden".

Auf Friederikes Betreiben übernahm in Kaiserswerth eine Frau die Leitung der Kinderschule: Am 19. Oktober 1835 startete Frau Feldwebelin Hilse eine Strick- und Nähschule, tatsächlich wieder in Fliedners Gartenhaus, wo schon das Asyl seinen Anfang genommen hatte. Auch die Fliedner-Mädchen besuchten diese Schule; die kleine Simonette allerdings, die erst dreieinhalb Jahre alt war, nur eine halbe Stunde am Tag. Am 12. November wurde zusätzlich Henriette Frickenhaus, die Tochter des Essigfabrikanten aus Kaiserswerth („Düsseldorfer Mostrich"), angestellt.

Am 1. Mai 1836 übernahm diese, genannt Jetta, die Kleinkinderschule. 17 Kinder, darunter Simonette, im Alter von zwei bis fünf Jahren besuchten diese Kinderbetreuung – nach wie vor im Gartenhaus und im Garten der Fliedners. Auch viele katholische Kinder kamen. Von morgens 8 Uhr bis abends um 20 Uhr war der Garten nun mit Leben gefüllt, tagsüber mit der Kleinkinderschule und abends mit der Strickschule. Allerdings war allen klar, dass dies nur eine Übergangslösung war. Die Schule brauchte dringend eigene Räumlichkeiten und bekam diese auch am 3. August desselben Jahres, gleich neben der evangelischen Pfarrkirche.

Jetta Frickenhaus war mit ihren 28 Jahren die Richtige für dieses Amt. Sie besaß große Liebe für die Kinder, Geduld und Umsicht. Bereits im August hatte sie 32 Kinder zu betreuen. Dazu sollte sie die künftigen Schülerinnen des Seminars für Kleinkinderlehrerinnen praktisch anleiten. Die theoretische Ausbildung sollte in der zukünftigen Diakonissenanstalt erfolgen. Sie hieß „Bildungsanstalt für evangelische Pflegerinnen" und ab 1839 „Seminar für Kleinkinderlehrerinnen".

Auch für dieses Projekt suchte Theodor Fliedner wieder Spender. Der erste in der Spenderliste, ein Fabrikant aus Mönchengladbach, zeigte sich zuerst entsetzt darüber, dass hier Zwei- und Dreijährige schon zur Schule (!) gehen sollten. Aber der Pfarrer konnte ihn beruhigen über die Art einer solchen „Schule", indem er sich auf den Boden hockte und „Häschen in der Grube" vormachte – als Beispiel für die Art von „Unterricht", die den Kleinen dort vermittelt wurde. Die Bedenken des Fabrikanten waren damit zerstreut und er zückte die Brieftasche.

Der Agendenstreit

~ 1835

Ich steh in meines Herren Hand
und will drin stehen bleiben;
nicht Erdennot, nicht Erdentand
soll mich daraus vertreiben.
Und wenn zerfällt die ganze Welt,
wer sich an ihn und wen er hält,
wird wohlbehalten bleiben.

(PHILIPP SPITTA)

Das Jahr 1835 hielt seine besondere Herausforderung für
das Pfarrerehepaar Fliedner durch den rheinisch-westfälischen Agendenstreit bereit.

Der kirchlich sehr interessierte König Friedrich Wilhelm
III hatte die Agende, die sich an der Brandenburgischen Kir-
chenordnung von 1540 orientierte, selbst erarbeitet. Er be-
absichtigte, eine liturgische Union zwischen Lutheranern
und Reformierten zu schaffen. Sein Ziel war eine einheitliche evangelische Landeskirche in dem nach dem Wie-
ner Kongress erheblich vergrößerten preußischen Staat. Er
wollte dazu das landesherrliche Kirchenregiment aus den

ostelbischen Kerngebieten des preußischen Reiches auf die Westprovinzen übertragen, die seit 1815 eben auch zum preußischen Staat gehörten. Dabei stieß er auf erbitterten Widerstand.

Der König hatte unausgesprochen das Bestehen einer allgemeinen Übereinstimmung in der Lehre zwischen Lutheranern und Reformierten vorausgesetzt, da tatsächlich in Preußen sich durch Aufklärung auf der einen und Pietismus auf der anderen Seite manche Gemeinden kaum noch bewusst waren, ob sie nun lutherisch oder reformiert waren. Seit dem 16. Jahrhundert gab es in der Rheinprovinz eine presbyterial-synodale Ordnung, die durch den Calvinismus geprägt war. Die große Frage, die sich dabei den Kirchen stellte und die jeder einzelne Pfarrer sich stellen musste, war: Sind Pfarrer in erster Linie gehorsame Beamte des Staates oder Diener Jesu?

Schließlich kam es am 5. März 1835 zu einem Kompromiss: Die Westprovinzen akzeptierten die vom König gewünschte Liturgieform, und Friedrich Wilhelm III kam ihnen dafür in der Kirchenordnungsfrage entgegen. Die reformierten Kirchen am Niederrhein durften ihr presbyterial-synodales Verfassungsprinzip behalten. Allerdings taten sich viele Gemeinden mit der Einführung der als zu hochkirchlich empfundenen Agende schwer. Liturgische Elemente dominierten hier und die Predigt wurde an den Schluss des Gottesdienstes gerückt. Zum Osterfest sollte die neue Gottesdienstordnung in Kraft treten und wortwörtlich umgesetzt werden.

Für Theodor war die Entscheidung schwieriger als für

seine Frau. Sie hatte ihrerseits keinerlei Zweifel, was Gott von ihnen wollte: diese Agende anzunehmen, kam für sie überhaupt nicht infrage. Sollte ihr Mann „einknicken", dann würde der Fall eintreten, den Theodor in seinem Brief vor ihrer Verlobung angedeutet hatte: Wenn er zu einem Entschluss kommen sollte, bei dem sie anderer Überzeugung war, dann erwartete er von ihr, dass sie sich trotzdem zu ihm stellte!

Theodor beschloss, sich mit seinem Presbyterium zu beraten. Danach war Friederike vorerst sehr erleichtert: In Kaiserswerth lehnten sowohl das Presbyterium als auch die Gemeindeversammlung die große Liturgie ab. Sie wollten das freie Gebet am Altar und nach der Predigt beibehalten, sie weigerten sich außerdem, sich zu bekreuzigen und während des Gebets niederzuknien. All dies war ihnen viel zu katholisch; dazu wollten sie ihre kirchliche Freiheit behalten.

Theodor Fliedner musste damit rechnen, dass durch seine ablehnende Haltung der neuen Ordnung gegenüber sein Dienst in Kaiserswerth ein Ende haben könnte. Auch andere Pfarrer waren deswegen vom Dienst suspendiert worden, sogar Verhaftungen hatte es gegeben. Für die hochschwangere Friederike war völlig klar: Selbst wenn *er* sich für die Agende entscheiden und dem Willen des Königs nachgeben würde, *sie* würde das niemals tun. Sie konnte sich in dem Punkt nicht allein in ihrer Identität als Theodors Frau verstehen. Sie sah sich allein verantwortlich vor Gott. Dabei vertrat sie ihre Überzeugung mit aller Heftigkeit, die ihr eigen war, vor allem in Briefen an ihre Freundin Amalie Focke in Berlin. Hier konnte sie sich auch leidenschaftlich empört äußern über die Rundschreiben an die Gemeinden: *„Es ekelt mich ..."*

In ihrer Kompromisslosigkeit fand sie sich bestärkt durch das, was sie über die Haltung der Gemeinden in ihrer Heimat erfuhr. Diese entschieden sich dafür, die Gottesdienste zu boykottieren, solange diese Gottesdienstordnung beibehalten wurde. Sie gingen nicht zum Abendmahl und sie ließen auch ihre Kinder nicht konfirmieren. Im Geiste sah Friederike die Bauern im Westerwald und an der Lahn vor sich und sie war stolz auf ihr Rückgrat.

Mitten in diesen aufregenden Wochen bekamen die Fliedners wieder eine Tochter, eine Woche vor Palmsonntag 1835. Sie wurde Wilhelmine genannt und Mina oder Minchen gerufen.

Friederike war nach der Geburt und der ganzen Aufregung so angegriffen, dass sie schon nach sieben Wochen abstillen musste. Simonette dagegen hatte sie ein ganzes Jahr gestillt. Wie gut, dass ihre Schwester Luise wieder einmal in Kaiserswerth war, um ihr zu helfen. Besonders als die beiden großen Mädchen noch an Röteln und anschließend an Windpocken erkrankten. Eigentlich, ja eigentlich war es doch genug, einfach Mutter zu sein, die Welt da draußen laufen zu lassen und nur für ihre eigene kleine Welt zu sorgen.

Die Diakonissenanstalt und das Krankenhaus

~ August 1836

Der Herr ist gut, in dessen Dienst wir stehn,
wir dürfen ihn in Demut Vater nennen;
wenn wir nur treu auf seinen Wegen gehen,
so sehen wir ihn vor zarter Liebe brennen.
Dies Wort gibt uns im Kampfe Kraft und Mut:
Der Herr ist gut.

(JOHANN JAKOB RAMBACH)

Friederike klopfte kurz an die Tür zum Arbeitszimmer ihres Mannes, dann öffnete sie leise. Theodor saß am Schreibtisch über einem Brief. Sein ernstes Gesicht erhellte sich bei ihrem Anblick. Er schob den Stuhl zurück und wandte sich ihr zu. „Mein Riekchen! Geht es dir gut?" Friederike legte ihre Hand auf seine Schulter und streichelte sie. „Ja, es geht. Luischen ist gerade zur Schule gegangen, du glaubst gar nicht, wie stolz sie ist. Nettchen ist auch schon drüben bei Jetta. Minchen habe ich noch einmal hingelegt. Hast du kurz Zeit oder störe ich?" Ihr Mann hob die Schultern. „Nein …

der Brief geht an den Grafen Stolberg, um 9 Uhr habe ich einen Termin drüben im Petersenhaus ..."

Friederike atmete tief. Also musste sie es jetzt gleich klären, viel Zeit hatte ihr Mann demnach nicht. Stockend begann sie: „Ich weiß. Es ist so viel zu tun, und dass wir dieses Haus von der Frau Decker kaufen konnten, war so ein Geschenk. Aber ich – weißt du, ich dachte eigentlich, es könnte doch irgendeine Frau hierherkommen, bei uns wohnen und das Krankenhaus einrichten; eine, die keine Kinder hat und nicht so einen großen Haushalt und Gemeinde ..." Theodor nickte schweigend.

Friederike biss sich auf die Lippen, dann sagte sie schnell: „Ich dachte halt, ich wollte einfach nicht noch mehr zu tun haben. Und wenn ich an unser Baby denke ..." Einen Moment konnte sie nicht weitersprechen. Ihr Mann war aufgestanden und sie lehnte den Kopf an seine Schulter.

Dann schluckte sie. „Aber deshalb bin ich nicht gekommen. Ich wollte dir sagen, ich mache es!" Sie sah ihm an, wie erleichtert er war. Natürlich. Theodor schonte sich nie. Sein Arbeitstag war so voll, so eng getaktet. Nur durch äußerste Disziplin bewältigte er ein immer größeres Pensum. Zum Beispiel diese vielen, vielen Briefe wie jetzt den an den Regierungspräsidenten des Rheinischen Provinzial-Landtages in Düsseldorf, Graf Anton zu Stolberg. Am 30. Mai 1836 hatte dieser in seinem Haus die Satzungen des Rheinisch-Westfälischen Diakonissenvereins geprüft und als dessen erster Präsident nicht nur von Amts wegen, sondern mit wirklicher innerer, geistlicher Beteiligung unterzeichnet. Fast wöchentlich war der Graf in Kaiserswerth zu Besuch. Er begeisterte sogar seine ganze Familie für das Diakonissenwerk. Viele Jahre später sollte seine Tochter Anna Diakonisse in Berlin und sogar Oberin werden. Gräfin Stolberg war die Vorsitzende des Düsseldorfer Damenvereins, die häufig nach Kaiserswerth kamen und unermüdlich Leinen herbeischafften, aus dem Betttücher, Hemden, Mützen und Strümpfe genäht wurden.

Obwohl Theodor so viel Kraft und Zeit für das neue Werk aufwandte, war es keineswegs so, dass er seinen Dienst in der Gemeinde darüber vernachlässigte. Das geistliche Wachstum der Menschen, die Gott ihm anvertraut hatte, lag ihm am Herzen. So traf er sich einmal in der Woche jeweils mit den Mädchen und ein anderes Mal mit den Jungen, die er konfirmiert hatte, zum Bibelstudium. Er sang mit ihnen und versuchte sogar, ihnen die Kirchengeschichte näherzubringen. Er war einfach der geborene Lehrer und Erzieher. An einem weiteren Abend lasen die Fliedners gemeinsam im Buch Jesaja, zusammen mit Katherine und noch vier weiteren Frauen.

Friederike musste einfach mitziehen – einmal, weil sie es schon vor ihrer Hochzeit versprochen hatte, und auch, weil ihr doch die neue Diakonissenanstalt genauso am Herzen lag wie ihrem Mann. Gott würde ihr helfen und ihr die Kraft geben, die nötig war. Er konnte ihr auch die Freude dazu schenken. Nun war es an ihr, sich zu überwinden und ein klares Ja zu der neuen Aufgabe zu finden. Das war ihr heute Nacht klar geworden.

Und jetzt war es heraus. Sie zog einen Zettel aus der Schürzentasche. „Wir brauchen vier Betten mit Matratzen. Ich muss Stoffe einkaufen, Stroh, Rosshaar, Federn und

Garn. Und ich brauche eine Näherin ... – am besten nicht nur eine." Solche praktischen Überlegungen sollten ihr helfen, nicht zurückzudenken und die Traurigkeit nicht überhandnehmen lassen. Theodor nickte. Sie sah förmlich, wie es hinter seiner Stirn arbeitete. Ihr Mann, der Rechner, der Planer. Doch, es war gut, dass er so war; alles, aber kein Schwärmer, leidenschaftlich engagiert, aber immer auf solider Basis. „Das Geld ist zugesagt. Du kannst kaufen, was nötig ist. Herr Göring hat schon ein Bett bestellt und von Frau Geheimrat Jacobi kommt auch eines. Oh, übrigens, von Jacobis kommt noch mehr: ein großer Kleiderschrank, ein Vorratsschrank, ein Kinderbettchen, zwei Tischchen und sieben Stühle." Er fuhr sich mit der Hand durchs Haar. „Gott sorgt, Rieke. Es ist sein Werk." „Dass Jacobis so großzügig sind! Ich muss auch wieder Amalie schreiben, sie hat so liebevoll an mich geschrieben im April. Ich konnte einfach noch nicht antworten, aber jetzt, ich schreibe ihr, wie gut ihre Mutter immer zu uns ist." Theodor nickte, sich bereits wieder seinem Brief zuwendend.

Friederike verstand den Wink. Als sie schon an der Tür war, drehte sich ihr Mann noch einmal zu ihr um. „Riekchen?" „Ja ..." „Ich danke dir sehr."

Nachdem sie sich dazu durchgerungen hatte, ging Friederike an die Arbeit. Und es war tatsächlich so: Mit dem Tun kam auch die Freude daran. Friederike war mit Messen, Rechnen, Einkaufen und Zuschneiden beschäftigt. Das Rosshaar für die Matratzen musste erst gereinigt und mit der Hand genäht werden. Drei Näherinnen erledigten diese Arbeit.

Theodor Fliedner war unablässig damit beschäftigt, Spender anzuschreiben oder persönlich aufzusuchen, besonders in Elberfeld und Barmen. Daneben suchte er fieberhaft nach geeigneten Frauen, die bereit waren, sich vor allem in der Krankenpflege ausbilden zu lassen. Seit drei Jahren verfolgte er schon diesen Plan, einen Verein zur Ausbildung evangelischer Krankenpflegerinnen und Lehrerinnen für Kleinkinderschulen zu gründen. Amalie Focke hatte sie schon 1834 auf den von Johannes Goßner in Berlin gegründeten Krankenpflegeverein aufmerksam gemacht, der sich schnell in ganz Berlin ausgebreitet hatte.

Die zukünftige Diakonissenanstalt sollte nicht nur Krankenpflegeschule, sondern auch die erste Ausbildungsstätte für frühpädagogisches Fachpersonal in Deutschland sein. Theodor Fliedner hielt die Arbeit an den Kindern für viel zu bedeutungsvoll, um sie dem Zufall zu überlassen.

Eigentlich hatte Theodor sich ursprünglich nicht vorstellen können, das Krankenhaus mit der Diakonissenanstalt in Kaiserswerth zu gründen, eher in den protestantisch geprägten Städten Elberfeld oder in Barmen, in Mettmann, in Düsseldorf oder in Duisburg, aber niemand unterstützte sein Ansinnen dort. Für Kaiserswerth sah er bereits Probleme voraus, denn es war einfach ein katholisch geprägtes Städtchen. Im April war es gewesen, dass das größte und schönste Haus von ganz Kaiserswerth zum Kauf stand, ganz in der Nähe des Pfarrhauses: das ehemalige Bürgermeisterhaus. Gebaut hatte es der Seidenfabrikant Dietrich Christoph Petersen, der auch die evangelische Gemeinde in Kaiserswerth mitgegründet hatte. Es war ein ungewöhnlich großzügiges

Wohnhaus, dreigeschossig, mit 18 großen Zimmern, breit und behäbig. Es hatte nicht, wie sonst üblich, nur schmale Fenster, sondern große, mit Stichbogen abgeschlossene und eine breite Außentreppe. Das Erdgeschoss lag auf 1 Meter Sockelhöhe, wegen der Hochwassergefahr überall in Kaiserswerth. Was aber noch wichtiger war: Das Haus war mit allen Annehmlichkeiten der Zeit ausgestattet: Pumpe in der Küche, Badestube, Waschküche, Hof mit Wirtschaftsgebäuden und einem großen Garten. Und das nächste Eckhaus war die Hansensche Adlerapotheke. Die Köhlersche Löwenapotheke war gerade im Jahr zuvor nach Krefeld verlegt worden. Es war *das* Haus für sein Vorhaben; das war Theodor klar. Natürlich hätte er es am liebsten gleich mit Friederike besichtigt. Er schätzte ihr Urteilsvermögen und ihren klaren Verstand. Aber seine Frau war wieder einmal hochschwanger und musste einige Tage später, am 13. April 1836, erneut die Totgeburt eines kleinen Jungen verkraften.

Drei Tage nach der Entbindung, als er an ihrem Bett saß, konnte er sich allerdings nicht mehr zurückhalten, ihr von dem Haus zu erzählen. Da kam Leben in Friederikes traurige, dunkle Augen. Sie stützte sich auf den Ellbogen. „Das ist ein Geschenk Gottes! Oh, kauf es – kauf es im Namen des Herrn!"

Die bisherige Besitzerin, Anna Maria Decker, wollte sehr gerne verkaufen. Sie besaß noch andere Häuser, zum Teil sogar angrenzend, die aber kleiner waren. Wie Theodor bereits befürchtet hatte, versuchten die katholischen Einwohner von Kaiserswerth jedoch, den Kauf und die Nutzung als evangelisches Krankenhaus zu verhindern. So wie sie es ausdrückten, wollten sie „die Stadt nicht verpestet haben ...“ Aber – Lob und Dank – der Kauf konnte dennoch getätigt werden.

Das stattliche Haus und seine Umgestaltung zum Krankenhaus waren eine Sache. Aber wo waren die Krankenpflegerinnen, die sich hier ausbilden lassen wollten und so in der Liebe Jesu für die Kranken arbeiten würden, wie sich der Verein das vorstellte?

Die damaligen Krankenpfleger, Frauen und Männer, hatten in der Regel keinerlei Ausbildung. Ihre Arbeitszeit war ungeregelt, die Bezahlung gering – zum Leben reichte der Lohn nicht! – und es gab keine soziale Absicherung. Daher war es nicht verwunderlich, dass die Bereitschaft, diese Arbeit zu tun, sehr gering war und sich aus der Not heraus nur ungebildete Angehörige der untersten Schichten meldeten. Ordnung und Sauberkeit waren mangelhaft, mitunter erschienen Pfleger schon angetrunken zur Arbeit. Die Kranken erhielten, wenn überhaupt, nur eine minimale Grundversorgung. In der Regel waren sie sich selbst überlassen. Die Besserung ihres Befindens oder gar ihre Heilung hatte überhaupt niemand im Blick. Wer es sich leisten konnte, ließ daher den Arzt nach Hause kommen. Krankenkassen und andere Absicherungen gab es nicht. Überhaupt war Krankenpflege generell bislang zu Hause erfolgt. Man ging ganz allgemein davon aus, dass Frauen eine angeborene Begabung zur Pflege hätten. Aber gerade im 19. Jahrhundert fielen besonders in sozial schwachen Schichten immer mehr Frauen durch eigene Berufstätigkeit als Pflegekräfte in den Familien aus.

In den Befreiungskriegen von 1813 bis 1815 hatte man auf der französischen Seite die Pflege durch die Barmherzigen Schwesternschaften, wie sie allgemein genannt wurden, kennengelernt. Damals hatte es mindestens 573 patriotische Frauenvereine in Deutschland gegeben, gegründet von Frauen aus dem Bürgertum und aus dem Adel, die neue Aufgaben suchten. Aber würde man solche Frauen für die neue Diakonissenanstalt gewinnen können?

Bereits 1617 hatte der französische Priester Vinzenz von Paul die „Filles del la Charité" gegründet, die dann unter der Bezeichnung „Barmherzige Schwestern" bekannt wurden. Zum ersten Mal erhielten Schwestern eine dreimonatige Grundausbildung in der Pflege und wurden zur Ausführung ärztlicher Anordnungen verpflichtet. Sie wurden zum Vorbild für Menschen wie Theodor Fliedner und waren Vorboten der späteren organisierten und professionalisierten Pflege. Bedeutsam war dafür der neue Geist der Aufklärung: Der Mensch stand ab jetzt im Mittelpunkt des Interesses. Das Bewusstsein für die Möglichkeit, Krankheiten zu heilen, stieg, und ganz wichtig wurden dabei die Beobachtungen am Krankenbett, aus denen man neue Erkenntnisse gewann. Auch hatten die Kriege einen höheren Bedarf an Krankenpflegepersonal zur Folge, und gleichzeitig gab es Fortschritte in der naturwissenschaftlichen Medizin. Aus den Hospitälern, die ursprünglich allen Notleidenden offenstanden, entwickelten sich reine Krankenhäuser, die sich auf die medizinische Versorgung konzentrierten.

Aber die Heilkunst der Ärzte war nicht genug – nicht, wenn nicht auch eine entsprechende Pflege und Nachbetreuung der Kranken dazukam. 1781 gründete Franz Anton Mai in Mannheim die erste öffentliche deutsche Krankenpflegeschule mit dreimonatigen Kursen.

Zeitgleich mit der Gründung des Diakonissenvereins durch Fliedner in Kaiserswerth hatte auch Graf Adelbert von der Recke-Volmerstein drei Frauen zur Ausbildung als Diakonissen aufgenommen und ein Diakonissenstift eröffnet. Eigentlich sollte der Graf vom Vereinsvorstand um Mitarbeit gebeten werden, aber Theodor Fliedner – geprägt von den Erfahrungen, die er und Friederike damals in Düsselthal gemacht hatten – war entschieden dagegen gewesen. Daher wurde der Graf lediglich über die Gründung und auch über die Statuten informiert. Graf Stolberg konnte Fliedners Einstellung nicht nachvollziehen, er selbst wollte beiden Institutionen angehören.

Die Statuten, also die Rechtsordnungen des neuen Vereins, lagen inzwischen bereits dem König zur Genehmigung vor. Dort hieß es im Text, den Theodor Fliedner entworfen hatte: *„Der Gegenstand des Vereins ist, dem hilfsbedürftigen und leidenden Teile der bürgerlichen Gesellschaft, vorzugsweise den armen Kranken Hilfe zu leisten mittelst evangelischer Pflegerinnen, welche das Diakonissen-Amt im apostolischen Sinne unter ihnen verwalten, sowohl in Krankenhäusern als in den Wohnungen derselben.“*

Tatsächlich wurden diese Statuten erst zehn Jahre später, am 10. November 1848, vom preußischen König bestätigt. Aber vorläufig durfte das Krankenhaus eröffnet werden.

Eigentlich war der Plan gewesen, das Haus über den Winter in aller Ruhe einzurichten und so allmählich die katholischen Einwohner von Kaiserswerth doch noch für die Sache zu gewinnen. Auch die Frau, die sich Theodor Fliedner als erste Diakonisse vorstellen konnte, hatte eigentlich zunächst erst für das Frühjahr zugesagt.

Gertrud Reichardt aus Ruhrort war die älteste Tochter eines Chirurgen und hatte ihrem Vater und einem ihrer Brüder, der ebenfalls Arzt war, bei der Wundversorgung assistiert. Das sprach für sie, wie auch ihre Erfahrung in der Seelsorge. Allerdings hatte auch der Pfarrer aus Gertrud Reichardts Gemeinde eher davon abgeraten, sie aufzunehmen, als Theodor Fliedner sie bereits 1834 für das Asyl für die haftentlassenen Frauen gewinnen wollte. Sie sei nicht an einen größeren Betrieb gewöhnt, auch nicht so belastbar – weder körperlich noch seelisch. Eigentlich war sie keine Führungspersönlichkeit.

Tatsächlich hatte Gertrud selbst gezögert, dem Ruf nach Kaiserswerth zu folgen. Aus diesem Grunde war sie angereist, um das zukünftige Krankenhaus zu besichtigen. Ratlos stand sie auf der Baustelle im Petersenschen Haus. Dies – ein Krankenhaus? Sie selbst liebte Ordnung und einen gut geführten Haushalt. Das war ihr ungeheuer wichtig. Sie war bereit, sich mit großem Pflichtbewusstsein und mit Wärme und Geduld in eine Organisation einzubringen. Aber war sie einer Pioniersituation wie dieser gewachsen?

Gertrud rang mit sich und beschloss, heimzufahren und in aller Höflichkeit Fliedners eine Absage zu erteilen. Doch am nächsten Morgen erhielt sie mit der Post ein großes Paket mit Krankenpflegematerial. War dies die Antwort Gottes auf ihr Zweifeln? Gertrud beschloss, im Vertrauen auf

Gott ins kalte Wasser zu springen, und sagte zu, im Laufe des Oktobers nach Kaiserswerth zu kommen.

Dass sie bereit war, sich in den Dienst stellen zu lassen, war für Fliedners das Entscheidende. Sie waren überzeugt: Wenn Gott sie führte, würde er segnen. Das Ganze war seine Sache, sein Krankenhaus. Sie waren bereit, ihre Mitarbeiter anzunehmen, wie sie waren, mit allen Stärken und auch mit ihren Schwächen. Gott würde an ihnen arbeiten.

Die 48-jährige Gertrud Reichardt sollte also die Vorsteherin werden, vorläufig. Auch ihre Bezahlung wurde festgelegt: 30 Taler jährlich, dazu freie Wohnung, Kost und Arbeitskleidung – ein ordentliches Gehalt für eine Frau zu dieser Zeit.

Die erste Krankenpflegerin, die Mitte Oktober nach Kaiserswerth kam, war die 30-jährige Albertine Pieper, Tochter eines Eisenwarenhändlers aus Düsseldorf; Sie tat dies allerdings ganz und gar gegen den Willen ihrer Familie – zunächst. Albertine wollte, anders als Gertrud Reichardt, keine Bezahlung annehmen und sich auch nicht vertraglich binden.

Am 31. Oktober 1836 trat Lina Keßler als erste Kleinkinderseminaristin ein. Sie und die weiteren angehenden Kleinkinderschullehrerinnen sollten ebenfalls in der Diakonissenanstalt wohnen und dort auch bei kleineren häuslichen Arbeiten mithelfen, wie es gerade erforderlich war.

Bis dahin waren viele Spenden vor allem aus dem Wuppertal eingegangen, um das Haus mit Betten, Möbeln und Öfen auszustatten, dazu rund 1000 Taler. Viele waren bereit, etwas zu geben – nicht nur Leute aus den Gemeinden und auch nicht nur die Wohlhabenden. Maurer, Schreiner und Kälker hatten einen Monat lang die Räume hergerichtet.

Der Tag, an dem Albertine Pieper ankam, war zugleich der Tag, an dem nun das Haus eingerichtet wurde. Sieben Männer waren damit beschäftigt, die Möbel im unteren Stockwerk und in den frei gewordenen Räumen in der oberen Etage aufzubauen, das bedeutete eine gute reichhaltige Ausstattung. Zusätzlich konnte Theodor Fliedner noch zur Verstärkung zwei Mägde einstellen. Zwei Tage darauf wurde eingeweiht, und am 16. Oktober traf bereits die erste Kranke ein.

Daraufhin konnte Theodor Fliedner Gertrud Reichardt in aller Eile dazu bewegen, in Ruhrort alles stehen und liegen zu lassen und sofort zu kommen, damit sie die Pflege anleiten konnte. Albertine Pieper war vor allem für Küche und Wäsche verantwortlich. Gertrud tat, was sie konnte. Gewissenhaft befolgte sie die Anweisungen des Arztes. Auch um die katholische Bevölkerung zu beschwichtigen, hatte Fliedner den niedergelassenen katholischen Arzt Dr. Joseph Thoenissen engagiert. Vor allem aber war er der beste Arzt der Stadt.

In den ersten beiden Monaten gab es bereits schwere Fälle im neu gegründeten Krankenhaus – insgesamt neun Kranke, von denen eine am 17. Dezember verstarb. Am 17. November kam der dringend benötigte Wärter für die männlichen Kranken: Holstein aus der Invalidenkaserne, ein schwächlicher, kränklicher Mann, der für seinen Dienst drei Taler im Monat bekam. Am 10. Dezember traf die erste Probeschwester, Beata Roth, ein. Sie stammte aus Wilhelmsdorf in Württemberg. Gertrud Reichardt bemühte sich, sie so umsichtig wie möglich anzuleiten.

Es war eine spannende Zeit, jeder Tag brachte neue Herausforderungen. Für Friederike war es belastend, dass ihr Mann im November und Dezember vier Wochen im Bergischen Land auf Spendenreise war. So viele Entscheidungen mussten getroffen, so viele Einzelheiten bedacht werden. Der Haushalt im Krankenhaus wuchs auf 15 Personen an.

Friederike war in dieser Zeit die Chefin vor Ort, ob es das Führen des Rechnungsbuches war oder die Einrichtung des Hauses. Nur gut, dass das Krankenhaus so nahe am Pfarrhaus lag! Manchmal wusste sie nicht mehr, wo ihr der Kopf stand, wenn sie gefühlt fünfzig Mal am Tag zwischen den beiden Häusern hin- und herlief.

Es tat ihr gut, dass auch ihr Mann ihre Begabungen voll anerkannte. Er war überzeugt, dass sie fähig war, ihn in seiner Abwesenheit zu vertreten. In der Stadt redete man schon darüber, wer denn jetzt im Krankenhaus das Sagen habe. Dr. Thoenissen, mit dem sie wieder und wieder einmal hitzig aneinandergeriet, nannte sie – und sie hörte durchaus Spott und Vorbehalte aus dieser Bezeichnung –: „Die kluge Frau Pastorin!" Doch manches Mal in diesen Wochen war sie am Ende ihrer Kraft und Nerven und einfach nur noch verzagt. War das hier wirklich der Wille Gottes? Hatten sie tatsächlich alle Kosten überschlagen oder sich doch mehr vorgenommen, als sie stemmen konnten?

Dazu kam, dass am 11. November die Bezahlung für das Haus fällig war, das Fliedners gekauft hatten, ohne das nötige Geld dafür zu haben. Sie beteten.

Und sie durften erleben, wie Gott für sie sorgte. Sophie Wiering, die Freundin aus Düsselthaler Zeiten, die damals die Bekanntschaft zwischen Theodor und Friederike hergestellt hatte, bot ihnen nur ein paar Tage vor diesem Termin 1800 Taler aus einer ihr unerwartet zurückgezahlten Hypothek an, die sie vorstreckte. Moritz August Bethmann-Hollweg, einer der bedeutendsten rheinischen Großgrundbesitzer aus Bonn, gab den Rest.

Das Krankenhaus war damit bezahlt. Friederike war es, als ob sie träumte. Es war klar: Dieses Projekt war Gottes Sache und nicht allein ihr menschliches Vorhaben. Es machte sie ehrfürchtig und ließ sie einfach staunen. Und das war es, was ihr die Kraft gab, die sie brauchte: hier mithelfen zu dürfen an Gottes Werk. „Es ist doch nur vorübergehend", dachte sie wieder und wieder, wenn sie sehr erschöpft war. Irgendwann würde bestimmt einmal eine Person kommen, die dann die Verantwortung übernehmen könnte, damit sie endlich wieder in ihr gewohntes Aufgabenfeld zurückkehren konnte: Pastorenfrau, Mutter, Hausfrau ...

Theodor stürmte zum Mittagessen mit wehendem Mantel ins Haus. „Riekchen! Am 12. Dezember werden wir unsere erste Konferenz im Krankenhaus haben. Es ist wichtig, dass du auch dabei bist."

Die erste Konferenz

Sollt ich meinem Gott nicht singen?
Sollt ich ihm nicht dankbar sein?
Denn ich seh in allen Dingen,
wie so gut er's mit mir mein'.
Ist's doch nichts als lauter Lieben,
was sein treues Herze regt,
das ohn Ende hebt und trägt,
die in seinem Dienst sich üben.
Alles Ding währt seine Zeit,
Gottes Lieb in Ewigkeit.

(PAUL GERHARDT)

Theodor Fliedner saß am Kopf des Tisches, seine Papiere vor sich ausgebreitet: die Hausordnung, die er entworfen hatte, und das Konferenzbuch mit der Tagesordnung. Gewissenhaft führte er von Anfang an Protokoll.

Friederike hatte neben Gertrud Reichardt Platz genommen. Schnell tastete sie, ob ihre Haube ordentlich saß, denn sie war gerade erst herübergehuscht, weil Minchen nicht hatte ohne die Mutter einschlafen wollen.

Ein wenig atemlos lächelte sie Gertrud an, dann grüßte sie zu Albertine Pieper und Beata Roth hinüber, die auf der anderen Seite des Tisches saßen, abwartend, was dieser Abend bringen mochte. Beata hatte sie noch kaum kennengelernt. Sie war erst vorgestern von Remscheid herübergekommen als zukünftige Probeschwester für sechs Monate. Steif saß sie da, mit unbewegtem Gesicht. Theodor räusperte sich. „Wir beginnen mit Gebet."

Als ihr Mann betete, spürte Friederike, wie zwischen diesen Menschen hier am Tisch, die sich doch noch so fremd waren, Einigkeit floss wie ein Strom, der sie verband. Sie redeten mit ihrem Herrn, dem sie von Herzen dienen wollten. Und besonders stark und beglückend empfand sie den gemeinsamen Auftrag mit ihrem Mann. Sie lächelte ihm zu, als sie aufblickte, und spürte für einen Moment lang seinen Blick, bevor er zu sprechen begann und als erstes Beata Roth herzlich willkommen hieß. „Ich will Ihnen nun unsere Hausordnung vorlesen. Machen Sie sich damit vertraut. Es sind nicht einfach Regeln, die Sie befolgen sollen. Sie ist der Geist unseres Hauses." Schon im Mai hatte Theodor diese Ordnung entworfen und seine Überlegungen mit Friederike geteilt. Vor seinem inneren Auge hatte er die Frauen gesehen, die dem Ruf zum Diakonissenleben folgen würden, Frauen, die die Liebe Christi drängte. Solche Frauen würden kaum detaillierte Anweisungen brauchen – davon war Fliedner ausgegangen. Er hatte der Ordnung Bibelworte vorangestellt, die deutlich machten, welcher Geist in der Einrichtung herrschen sollte. Zuerst Philipper 4, die Verse 4 bis 7: *„Freut euch mit Christus zu jeder Zeit! Ich sage es*

noch einmal: Freut euch! Alle Menschen sollen erfahren,
wie gütig ihr seid. Christus wird bald zurückkehren. Macht
euch um nichts Sorgen, sondern vertraut eure Bitten, Sor-
gen und Nöte eurem himmlischen Vater an. Nur vergesst
eines nicht: Seid für alles dankbar, und der Friede Gottes,
der unsere Vorstellungskraft übersteigt, wird eure Herzen
und eure Gedanken in Jesus Christus bewahren."

Dazu hatte er geschrieben: *„Aus der Freude in dem*
Herrn, der nahe ist, soll aller Dienst geschehen." Beim Zuhören beobachtete Friederike die neue Probeschwester, aber
keine Regung in ihrem Gesicht verriet, ob sie mit innerer
Beteiligung folgte.

Aber sie stimmte zu. Ja, sie wollte die Regeln befolgen.
Ganz praktisch wurde nun die Pflege zwischen Gertrud Reichardt und Beata Roth aufgeteilt, in welchem Stockwerk des
Hauses und des Hinterhauses sie jeweils die Kranken versorgen sollten. Dem Wärter Holstein, der die kranken Männer
in der oberen Etage betreute, sollte Beata Roth ebenfalls zur
Hand gehen.

Albertine Pieper erhielt Hilfe in Küche und Haushalt von
Berta, der Magd. Jetzt schaltete sich Gertrud Reichardt ein.
Nervös rutschte sie auf ihrem Stuhl herum, die Lippen auf-
einandergepresst.

„Herr Pfarrer, ich kann das nicht alles schaffen." Alle
schauten sie an. „Ich meine, die Haushaltsleitung. Insgesamt sind wir jetzt zwanzig Personen, die verpflegt werden wollen. Es ist mir zu viel – ich meine, da ist die Schwester Pieper, dann die Schwester Roth, der Holstein, die Berta,
die Elisabeth, dann noch die Katharina Bube, die beiden

Kleinkinderlehrerinnen und dann noch zehn Kranke und gewiss bald noch mehr. Und immer ist so viel Unruhe, so viel Wäsche und jeder will etwas." Sie strich ihre Schürze glatt und hob den Kopf. „Ich bin hier, um die Kranken zu pflegen, und das will ich tun, wenn Gott mir die Kraft gibt. Und dann noch den Hausgottesdienst vorbereiten. Mehr nicht."

Beschwichtigend meinte Theodor: „Nun gut. Dann wird Schwester Pieper die Führung des Haushaltes also allein übergeben. Sie werden von meiner Frau das Haushaltsgeld empfangen und ihr über alle Ausgaben treulich Rechenschaft ablegen." Albertine Pieper, nicht so leicht aus der Ruhe zu bringen, war einverstanden.

Friederike und Theodor wechselten einen raschen Blick. Ja, genauso war die Aussage über Gertrud Reichardt vorher schon gewesen: gewissenhaft und treu, aber nicht geeignet für einen großen unruhigen Haushalt und Leitungsverantwortung. Aber auch die Schwestern würden eine kompetente Leitung benötigen, eine Vorsteherin. Würde Gertrud in diese Aufgabe hineinwachsen?

Für heute Abend war es zu früh, um das zu entscheiden. Auch der inzwischen eingetretene Wärter Holstein erhielt noch Instruktionen für seine Aufgaben. Friederike fiel auf, wie blass und schwach der Mann wirkte. Die Arbeit mit den kranken Männern war auch körperlich anspruchsvoll. Kaum konnte man sich vorstellen, dass Holstein diesem Dienst auf Dauer gewachsen sein würde. Er hatte im Moment hier sein Auskommen. Aber man würde langfristig weitersuchen müssen nach einem tüchtigen und zuverlässigen Mann.

Noch einmal legte Theodor Fliedner alle Mitarbeiter und die Kranken im Gebet in die Hände Gottes. „Ja, lieber Herr", murmelte Friederike „ohne dich können wir nichts tun. Wir brauchen dich so sehr, deine Kraft und deinen Rat, deine Liebe füreinander und deine Weisheit."

Nacheinander verabschiedeten sich die Schwestern und Holstein. Gertrud Reichardt fing an der Tür noch einmal an: „Sie verstehen doch, Pfarrer Fliedner? Sie müssen verstehen ..." Theodor nickte ihr zu. „Unser Herr wird Ihnen die Kraft geben, die Sie brauchen, Schwester Reichardt. Im Moment ist ja alles geklärt. Gute Nacht!" Dann wandte er sich seiner Frau zu, die sich noch einmal prüfend im Raum umgesehen hatte. Sie löschte die letzte Kerze, die noch nicht heruntergebrannt war, und nahm mit einem Seufzer Theodors Arm. „Nur noch nach Hause und ins Bett! Minchen wird mich schon bald wieder wecken. Ich glaube, sie bekommt wieder einen Zahn."

Das erste Weihnachtsfest in der Anstalt

~ 23. DEZEMBER 1836

Schreibe mich, Herr, auch mit an
unter deinen Untertanen;
ich will dir, so gut ich kann,
in mein Herz die Wege bahnen;
ich geselle mich im Geist
zu denselben großen Reihen,
die das Hosianna schreien,
wo man dich willkommen heißt.

(JOHANN JAKOB RAMBACH)

„Nein, Luise, in die Stube darfst du heute nicht." Mit schnellen Schritten war Friederike an der Tür und schob die neugierige Sechsjährige wieder in die Küche. Wie sie so vor ihr stand, die Stirn gerunzelt, und den Kopf schüttelte, dass die langen Zöpfe flogen: „Morgen ist Heiligabend! Und Nette ärgert mich die ganze Zeit, und ich krieg das Taschentuch für Papa nicht fertig, es ist so schief und krumm und ein Knoten. Mama!" Die Mutter musste lachen. „Papa freut sich, dass du dir solche Mühe gibst. Geh schnell hinüber zu Tante Katherine, sie hilft dir. Aber zieh dich warm an!"

Geschenke! Tatsächlich würde sie selbst auch eine Nachtschicht einlegen müssen, um das Kleid für ihre Älteste noch fertig zu nähen, damit es morgen unter dem Weihnachtsbaum liegen konnte. Jetzt war sie dabei, die Geschenke für die Mitarbeiter einzupacken. Noch die „Christlichen Gedichte" von Albert Knapp, dem „Klopstock des 19. Jahrhunderts", für Albertine Pieper. Albertine lehnte eine Bezahlung nach wie vor ab, Fliedners bemühten sich darum umso mehr, ihr gelegentlich eine besondere Freude zu machen. Worauf Albertine bislang vergeblich wartete, war ein versöhnlicher Gruß aus ihrem Elternhaus in Düsseldorf. Desto liebevoller versuchte Friederike, ihr zu begegnen. Alle hatte sie bedacht, auch Holstein, den Krankenwärter.

Sie hatte ihm zwei Taschentücher aus Baumwolle genäht und ein Wams, das ihn warmhalten sollte. Jetzt schlug sie beides sorgfältig in Papier ein. Er sollte die Weihnachtsfreude spüren und die Wertschätzung für seine tägliche Anstrengung. In seinem Leben hatte es bisher gewiss nicht viel Freude und Geschenke gegeben.

Sie sah sich auf dem Tisch um. Hatte sie an alle gedacht? Da lagen noch die beiden Schürzen für Elisabeth, die Magd, und das Halstuch und die Taschentücher für Katharina Bube. Eigentlich hatte Katharina, Thrina genannt, mit der Kleinkindschule beginnen wollen. Aber nun lag sie schon wochenlang krank in ihrem Zimmer. Sie schien sich gar nicht zu erholen. Friederike versuchte, sooft sie konnte, nach ihr zu sehen. Sie wusste doch, wie es war, wenn man so den ganzen Tag lang allein in seinem Bett lag und sich nach einem tröstenden Wort, einem Tee oder nur nach einem gut aufgeschüttelten Kopfkissen sehnte. Aber sie glaubte nicht, dass Katharina mit ihrer Ausbildung weitermachen konnte. Wahrscheinlich würde sie im neuen Jahr nach Hause zurückkehren.

Zwei Stunden später saßen sie wieder in der Runde zusammen für die zweite Konferenz in der Pflegerinnenanstalt. Friederike fiel auf, dass die Pflegerinnen müde aussahen. Kein Wunder! Es waren neun Kranke zu versorgen, Tag und Nacht, und es waren wirklich schwere Fälle. Vor fünf Tagen hatte es den ersten Todesfall gegeben. Sie hatten sich so bemüht um diese Frau, auch Dr. Thoenissen. So viel Wasser hatte die Arme eingelagert und immer schwerer war ihr das Atmen gefallen. Am Ende hatte dann wohl das Herz versagt. Es würde nicht die letzte Patientin sein, die das Krankenhaus nicht mehr lebend verlassen sollte. Nun war es nötig, eine Totenkammer einzurichten. Gegenüber dem Kohlenstall im Hinterhaus sollte bei dem langen Gang eine Mauer gezogen werden, eine extra Tür vom Torweg und ein Fenster musste man auch noch durchbrechen. So kam eines zum anderen.

Dann ging es darum, wie die Patienten und Pflegerinnen, die den Gottesdienst am ersten Weihnachtstag nicht besuchen konnten, trotzdem am Abendmahl teilnehmen konnten und welche Uhrzeit dafür am passendsten war. „Zwischen 9 und 10 Uhr am zweiten Feiertag," schlug Theodor vor. Sie hatten zwar den täglichen Hausgottesdienst, den Gertrud Reichardt gewissenhaft leitete, aber es war so wichtig, dass die Mitarbeiter und auch die Kranken darüber hinaus geistliche Nahrung durch die Gemeinde erhalten konnten, wenn der Gottesdienstbesuch nicht möglich war – ebenso wichtig wie die körperliche Fürsorge.

Um diese ging es gleich beim nächsten Punkt: Der Kreisarzt Dr. Karl Heinrich Ebermeier war tags zuvor da gewesen, um die neue Anstalt zu inspizieren. Seine Anregung war, Albertine solle jeden Tag einen Speisezettel machen und diesen Dr. Thoenissen am Abend vorlegen, damit dieser entscheiden konnte, ob das Essen für die Kranken jeweils auch verträglich war und gegebenenfalls seinerseits weitere Anordnungen treffen. „Fräulein Pieper? Bitte befolgen Sie diese Anweisung mit äußerster Sorgfalt. Die richtige Nahrung für unsere Kranken ist so wichtig wie die Medizin des Arztes. Dr. Ebermeier wird sich davon überzeugen wollen, ob wir dieser Anweisung nachkommen. Berta wird Ihnen zur Hand gehen." Er räusperte sich: „Aus dem katholischen Asyl wird nächsten Montag eine Patientin zu uns kommen. Bitte bereiten Sie alles gut vor! Fräulein Reichardt?" Die Angesprochene nickte. „Selbstverständlich, Herr Pfarrer."

„Noch ein letzter Punkt, bevor wir schließen und ich Ihnen allen einen gesegneten Heiligabend wünsche: Die gewünschte Mangel ist angekommen. Mit meiner Frau bin ich übereingekommen, dass sie vorerst auf dem Dachboden stehen soll."

Friederike konnte ihren Mann oft nur bewundern. Selbstverständlich war er die treibende Kraft und der Kopf des Ganzen, hatte alle Fäden in der Hand, und trotzdem verlor er selbst über solchen Nebensächlichkeiten nicht den Überblick – und in seinen Augen war so eine Mangel genau das, obwohl sie die tägliche Arbeit erleichtern würde. Manchmal überlegte Friederike, wie es wohl hinter seiner Stirn aussah. Sie stellte sich diesen immer tätigen Verstand wie einen gigantischen Schreibtisch vor mit Hunderten von Schubladen, die bei Bedarf geöffnet wurden und peinlich geordnet ihren Inhalt auf den Punkt genau herausgaben. Ganz selten, dass ihm etwas entging. Und dennoch belastete er sich nie länger als nötig mit irgendeinem Problem, sei es sachlicher oder menschlicher Art. Waren alle Schubladen geschlossen, konnte er – wie jetzt am Weihnachtsabend – auch einfach unbeschwert fröhlich mit seinen kleinen Mädchen sein, die ihre Geschenke bejubelten, und dann mit der ganzen Hausgemeinschaft ein gutes Weihnachtsessen genießen.

Vorsteherin gesucht

Jesu, geh voran
auf der Lebensbahn,
und wir wollen nicht verweilen,
dir getreulich nachzueilen;
führ uns an der Hand
bis ins Vaterland!

(NIKOLAUS LUDWIG GRAF VON ZINZENDORF)

Die relative Ruhe der Zeit zwischen den Jahren war jäh zu
Ende, als Theodor ernst und nachdenklich von seiner Runde im Krankenhaus zurückkehrte. Während er noch den di-
cken Mantel ablegte und sich die kalten Hände rieb, sagte er
zu Friederike: „Lass das Mädchen weiter das Essen kochen,
wir müssen etwas besprechen." Nichts Gutes ahnend wischte sich Friederike die nassen Hände an ihrer Schürze ab und
folgte ihrem Mann in sein Arbeitszimmer. „Es geht um die
Reichardt." Friederike sah ihn teilnehmend an: „Geht es
wieder drunter und drüber?" Er nickte langsam. „So kann
man sagen. Immer sagt sie: „Ja, Herr Pfarrer, nein, Herr
Pfarrer." Und dann? Nichts! Ich habe die Männer gefragt,

ob ihnen gestern Abend vorgelesen wurde. Nein! Die Betten hat sie erst gemacht, als Holstein kam. Dabei habe ich ihr ausdrücklich aufgetragen, dass es gleich erledigt sein muss. Rieke, so geht das nicht. So kann ich nicht arbeiten. Ich kann ihr nicht ständig auf die Finger schauen." Friederike seufzte: „Ich weiß. Gestern Morgen, als ich drüben war, hat sie in der hinteren grünen Stube das Essen vergessen und die Graaf hat sie einfach nicht gebadet." Theodor nahm ein Buch vom Schreibtisch und schlug es auf: „Hier das Haushaltungsbuch. Ich habe es nur überflogen, aber es stimmt hinten und vorne nicht. Wir müssen einen genauen Überblick haben. Woher soll ich sonst wissen, wie viel Mittel wir brauchen?!" Er schlug das Buch mit einem Knall zu und ließ es auf den Tisch fallen. „Wir müssen den Tatsachen ins Auge sehen. Sie kann es einfach nicht. Wir enden im Chaos." Friederike ahnte schon, was kommen würde. Die Gedanken schossen ihr durch den Kopf. *Nein, nicht ich. Wie soll das gehen?* Schon jetzt rannte sie mehrmals täglich zwischendurch hinüber ins Krankenhaus, führte dort ein Gespräch, sah da nach dem Rechten – in der Küche, bei der Wäsche, im Garten – versuchte zu schlichten, zu trösten, zu ermutigen und ganz praktisch zu pflegen, wie sie es ja auch liebte. Hin und wieder zurück und … „Riekchen, ich weiß, du hast genug zu tun. Es ist ja nicht für immer." Er sah ihr in die Augen: „Das Krankenhaus braucht dich als Vorsteherin. Ich werde mit der Reichardt reden und es bei der nächsten Konferenz bekannt geben. Sie kann die Hausgottesdienste behalten, das Gebet und die Seelsorge bei den Frauen. Sie ist ja schon eine treue Seele. Aber sie hat keine

Ahnung von solch einem Betrieb. Ich weiß, *du* kannst das. Du denkst ganz anders. Und die Mägde respektieren dich." Friederike hob die Schultern. „Du denkst so gut von mir. Was soll ich sagen?" Ihr Mann legte beide Hände auf ihre und drückte sie. „Du bist stark. Du bist rasch im Denken und behältst den Überblick." Er lächelte. „Und du kannst rechnen, Schulmeisterstochter." Er griff wieder nach dem Buch, das er auf den Tisch geworfen hatte: „Lass uns erst mal diese Aufstellungen in Ordnung bringen. Nach dem Essen gehe ich dann zu der Reichardt."

Während sie noch ihre Suppe löffelten, sah Friederike, dass es zu schneien begonnen hatte. Weiße Flocken wirbelten vor dem Fenster. Schnee hier im Rheinland war eine Seltenheit. Wer weiß, wie lange er liegen bleiben mochte. Sie musste kurz daran denken, wie sie früher als Kind mit ihren Brüdern zu Hause an der Lahn im Schnee getobt hatte. Der Jubel der kleinen Mädchen war groß. Die Kinder wollten kaum aufessen, so eilig hatten sie es, nach draußen zu kommen. Die Mutter sah ihnen nach, wie sie Hand in Hand in den Garten stapften, um sich gleich darauf zu bücken und quietschend vor Begeisterung den ersten Schneeball zu formen. Friederike war froh, dass Minchen ihr Mittagsschläfchen noch wichtiger war als die neuen Entdeckungen. Sie legte sich mit der Kleinen auf ihr Bett im Schlafzimmer und genoss es, wie sie sogleich mit ihrem Ärmchen ihren Hals umschlang, einmal tief an ihrer Wange aufschnaufte und ruhig zu atmen begann. Auch Friederike schloss die Augen. Sie war kurz vor dem Einschlafen, als sie es spürte. Vertraut mittlerweile: ein bisschen übel, ein bisschen schwindelig …

sie schlug die Augen wieder auf. Nein, es war keine Einbildung gewesen, es blieb. Sie war wieder schwanger.

Friederike blieb liegen, aber schlafen konnte sie nicht. Es musste noch ganz am Anfang sein. Sie dachte nach und rechnete. Wahrscheinlich Anfang August? Sie dachte an die anderen Schwangerschaften, an die Entzündung im Bein, die ihr so lange das Laufen zur Qual gemacht hatte, an Übelkeit und Schwäche, bleierne Müdigkeit. Es war ihre siebte Schwangerschaft in acht Jahren. Für sie und auch für Theodor – da hatte sie keinen Zweifel – war jedes Kind ein wunderbares Geschenk Gottes. Wenn er es ihnen anvertraute, würde er auch die Kraft geben. Aber jetzt mit der neuen Aufgabe? Keine Frage: Die Verantwortung lockte sie. Es machte ihr Freude zu organisieren und mitten im Betrieb zu sein. Auch die Pflegerinnen anzuleiten und zu führen, traute sie sich zu.

Und sie liebte ihre Kinder, diese kleinen Persönlichkeiten. Sie war so von Herzen gerne Mutter. Sie wollte ihnen alles geben, was eine Mutter nur geben konnte. Sie war so gern mit ihnen zusammen. Noch lieber, wenn auch Theodor Zeit hatte für die Familie, wenn sie mal unbeschwert einfach Mama und Papa sein konnten, spielen, singen, vorlesen, den Kleinen aus der Bibel erzählen, ihre Fragen beantworten, ihren kindlichen Gebeten zuhören. Sie würde mit ihrem Mann reden, heute Abend in Ruhe. Wenn das Baby erst im August kam, war ja noch Zeit, in der sie hoffentlich beweglich und arbeitsfähig sein würde. Bis sie sich zurückziehen musste, würde Gott ihnen eine geeignete tatkräftige Vorsteherin schicken.

Am späten Nachmittag ging Friederike zum Krankenhaus hinüber. Der Schnee war tatsächlich liegen geblieben, eine zauberhafte glitzernde Decke verschönte selbst die heruntergekommenen Gebäude und Straßen und brachte die Dämmerung zum Leuchten. Sie atmete die frische Luft in tiefen Zügen ein. Im Moment war die Übelkeit verflogen, aber Friederike war sich sicher, dass sie sich nicht getäuscht hatte.

Gleich darauf betrat sie als Erstes das vordere Krankenzimmer, in dem die beiden Frauen lagen, die von Gertrud Reichardt gepflegt wurden. „Ah, die Frau Pastorin, wie schön", krächzte es aus dem einen Bett. Während sie mit der Patientin plauderte, schüttelte sie ihr das Kopfkissen auf und half ihr, sich wieder bequemer hinzulegen. Die Frau seufzte. „Sie haben es raus, dass man sich gleich wohler fühlt! Noch ein Glas Wasser, wenn Sie so freundlich sind?" Friederike nahm die leere Karaffe und wandte sich zur Küche.

An der Tür traf sie Gertrud Reichardt. Die ältere Frau zwang sich zu einem Lächeln. Man sah ihr an, dass sie geweint hatte. Mitleid überkam Friederike und Zuneigung zu der Pflegerin, die sich wirklich redlich Mühe gab bei ihrer Arbeit, treu versuchte, alle Kleinigkeiten zu beachten, aber der einfach alles über den Kopf gewachsen war. Jetzt schüttelte sie den Kopf, als Friederike ansetzte, etwas zu sagen: „Es ist gut, Frau Fliedner, wirklich. Ich weiß, Ihr Mann war nicht zufrieden. Aber ich bleibe. Ich bin gekommen, um zu dienen. Jetzt soll mich nicht der gekränkte Stolz daran hindern." Friederike hätte sie in den Arm nehmen wollen, aber hier so zwischen Tür und Angel passte das nicht. Sie wusste auch nicht, wie Gertrud diese Geste aufgenommen hätte. „Danke, Fräulein Reichardt, das ist wunderbar. Gott wird Sie segnen, wenn Sie so hier dienen wollen, das glaube ich von ganzem Herzen. Ich will Ihnen die Leitung von den Schultern nehmen, und Sie werden Kraft für Ihren Dienst an den Kranken haben." Sie lächelte. „Ich freue mich immer, wenn ich bei Ihren Hausgottesdiensten dabei sein kann. Ich weiß gar nicht, ob ich Ihnen das jemals gesagt habe." Jetzt lächelte auch Gertrud Reichardt und hob den Kopf. „Danke, Frau Pfarrer", sagte sie leise. Friederike konnte nicht anders, sie strich der älteren Frau kurz über die Schulter. Sie war so froh, dass Gertrud zu solcher Größe fähig war, dass sie einsehen konnte, wo ihre Grenzen lagen und sich nicht gekränkt zurückzog. Friederike hatte sogar vielmehr das Gefühl, dass sie gut zusammenarbeiten würden und nichts zwischen ihnen stand. Ein gutes Einvernehmen war so wichtig für ihren Dienst. Und auch die Kranken würden es spüren.

Als Friederike wieder heimging, fiel ihr etwas ein, was sie vor vielen Jahren einmal in ihrem Tagebuch formuliert hatte: *„Gib mir die Liebe! Wer einen Funken deiner Liebe hat, hat viel, hat alles. Alles, was er denkt und tut, ist in Gott getan. Du bist Liebe, lass mich Liebe werden. Von deiner Liebe erwärmt, werde ich die Fehler anderer, die ich nicht verbessern kann, tragen lernen. Die Liebe ist nicht ungeduldig, sie ist geduldig. Ach, und fehlt deine Liebe, dann fehlt alles. Wo andere fehlen, lass es mich dir ohne Unruhe des Herzens anheimstellen. Lass mich meinem Nächsten seine Bürde tragen helfen, er muss auch viel von mir tragen. Lass*

mich nie glauben, die Fehler meines Nebenmenschen reiz-
ten mich zu sündigen. Nein, sie zeigen mir nur, wie schwach
und gebrechlich ich bin. Die Wurzel bin ich. Lass mich wa-
chen, recht wachen; beten, wahrhaft beten. Lehre du es
mich, dass ich mich selbst recht erkennen lerne, dass ich
den eignen Willen in deiner Kraft, die im Schwachen mäch-
tig ist, abtöte."

Theodor Fliedner war ein strategisch denkender Mensch. Er war sicher, dass seine Frau von ihren Fähigkeiten und ihrer geistlichen Reife die richtige Leiterin für die Pflegerinnen und das gesamte Personal im Krankenhaus war. Aber er war auch ihr Mann, der sie liebte und dem völlig klar war, dass die Vielzahl ihrer Aufgaben sie überforderte und auf Dauer ihrer Gesundheit schaden musste. Er wusste, es musste eine andere Person gefunden werden, die eine ähnliche Herzenshaltung und praktische Befähigung besaß. Er sah auch, dass die meisten Frauen, die sich in Kaiserswerth um eine Stellung bewarben, mit dieser Aufgabe sowohl von ihrer Bildung als auch von ihrer Herkunft her voraussichtlich überfordert waren.

Die Frauen, die bisher als Dienstboten gearbeitet hatten, so konnte er es beobachten, dachten und handelten als Befehlsempfänger. Sie taten im besten Fall das, was angeordnet war, aber sie überblickten nicht das Ganze des Betriebes. Sie sahen nicht, was die Situation über konkrete Arbeitsaufträge hinaus erforderte. Das war keine böse Absicht, keine Faulheit, sondern schlicht eingefahrenes Denken, dem schwer beizukommen war. Hatte er die Frauen überschätzt? Bisher gab es wenig Frauen aus dem Bürgertum, die gebildet waren und es gelernt hatten, einen Haushalt selbstständig zu führen, und die gleichzeitig die Berufung verspürten, Diakonisse zu sein. Der Ruf von Krankenpflegerinnen war einfach bisher denkbar schlecht. So etwas machte eine „anständige Frau" nicht.

Theodors Einstellung dazu war pragmatisch – wie immer: „Wenn der Bauer keine Pferde hat, muss er mit Ochsen pflügen." Das war kein Zynismus. Es drückte viel eher sein Vertrauen in den aus, dem das ganze Werk gehörte und der ihnen auch die richtigen Mitarbeiter zuführen oder sie befähigen würde.

Für die Entwicklung des Krankenhauses und die Klärung täglich neu auftretender Fragen trafen sich Fliedners alle zwei Wochen mit den Pflegerinnen, die jetzt Schwestern genannt wurden. So war es beispielsweise wichtig, klarzustellen, dass jede der Schwestern in dem ihr zugewiesenen Bereich ihre eigenen Patienten versorgen sollte, ohne dass eine andere sich einmischte. Oder auch, dass es das Vertrauen der Kranken erschüttern musste, wenn die eine Pflegerin in Gegenwart der Patientin die andere auf ihre Fehler hinwies. Jedes Mal, wenn eine neue Probeschwester dazukam, musste die Arbeit immer wieder neu so gerecht wie möglich verteilt werden und dabei individuell die Kräfte und die Begabung der einzelnen berücksichtigt werden. Fliedners wollten für die Frauen, die kamen, eine Art Elternrolle übernehmen. Sie trugen für sie die Verantwortung, und die Schwestern sollten vertrauensvoll mit allen Anliegen – seien es persönliche oder etwa Probleme mit den Mitschwestern – zu ihnen kommen.

Dabei lag es besonders Friederike am Herzen, ein echtes Vertrauensverhältnis zu den Frauen aufzubauen. Sie wollte nicht einfach nur Anweisungen erteilen, sondern eher die Rolle einer mütterlichen Freundin einnehmen und die Schwesternschaft auch bei Meinungsverschiedenheiten in Liebe verbinden. Die Frauen verbrachten ja ihre gesamte Zeit miteinander; es war eine echte Dienst- und Lebensgemeinschaft. Da brachte bereits Missgunst oder Neid von der Größe eines Sandkorns das ganze Getriebe zum Knirschen.

Wichtig war auch die Ausbildung der Schwestern in praktischer Krankenpflege. Diese übernahm Dr. Thoenissen in Theorie und Praxis nach dem Lehrbuch „Anleitung zur Krankenwartung" von Professor Johann Friedrich Dieffenbach aus Berlin.

Theodor selbst führte die Frauen in die Seelsorge an den Kranken ein. Er war auch zuständig für die evangelischen Patienten. Der katholische Pfarrer kam, um nach seinen Gemeindemitgliedern zu sehen. Beides, Leib und Seele, sollten in diesem Krankenhaus gepflegt werden. In jedem Krankenzimmer mussten eine Bibel und ein Gesangbuch vorhanden sein. Das Ziel war es, dass die Schwestern selbst beides gut genug kannten, um den Kranken je nach ihrer Situation passende Bibelstellen oder Liedstrophen zusprechen zu können. Auch, wenn sie den Patienten aus einem Traktat oder einer Erbauungsschrift vorlasen, sollten sie diese vorher selbst gelesen und verstanden haben, um auch auf etwaige Fragen oder Einwände eingehen zu können. Waren in einem Zimmer nur katholische Patienten, sollten sie eine katholische Ausgabe des Neuen Testamentes verwenden. So wollten sie dem Misstrauen der katholischen Bevölkerung begegnen, dass man sie hier doch nur missionieren wollte. Die Schwestern sollten auf unaufdringliche, freundliche Weise mit den Kranken ins Gespräch kommen – vielleicht über den Konfirmationsspruch oder andere Erinnerungen aus der Kindheit und Jugend, wie etwa einen Liedvers, der hängen geblieben war.

Die Pflegerinnen waren inzwischen nicht mehr ausschließlich im Krankenhaus tätig, sondern kümmerten sich auch in den Häusern um kranke Frauen und auch besonders um Wöchnerinnen. Die Diakonissen sollten nämlich demnächst in der Lage sein, ausgesandt zu werden, um beispielsweise in Privathäusern zu arbeiten.

Dabei hatte Theodor nicht nur die Krankenpflege im Blick. Auch die Frauen, die zur Ausbildung für die Kleinkinderschulen kamen, wollte er als Schuldiakonissen miteinbeziehen. Sie gehörten ja auch mit zur Hausgemeinschaft. Ihre theoretische, durchaus pädagogische Ausbildung übernahm Theodor selbst. Dabei legte er besonderen Wert darauf, dass die Frauen lernten, biblische oder moralisch lehrreiche Geschichten anhand von Bildern zu erzählen. Die Seminaristinnen sollten ebenfalls lernen, die körperlichen Kräfte der Kinder zu fördern und sie zu Ordnung und Sauberkeit zu erziehen. Die Seminaristinnen wurden in der Regel von ihren Heimatgemeinden zur Ausbildung nach Kaiserswerth entsandt. Anschließend fanden die meisten von ihnen dort selbstständig ihr Auskommen, weshalb sie auf Dauer nicht so eng mit Kaiserswerth verbunden blieben wie die Krankendiakonissen.

Der dritte Zweig des Diakonie-Modells der Fliedners war die bestehende Arbeit mit den haftentlassenen Frauen.

Dabei lag die Zeit der Ausbildung bei etwa 3 Monaten. Auch die Entlohnung hatte Theodor geregelt. Sie war bereits in den Statuten, die beim König lagen, aufgeführt: freie Unterbringung und Verpflegung, Dienstkleidung und 20 bis 25 Taler im Jahr. Das war kein Hungerlohn, sondern ein wirklich gutes Gehalt.

All dies legte er in einem ausführlichen Brief dar, den er im Februar 1837 an die 43-jährige Amalie Sieveking nach Hamburg schrieb. Diese war in der Kirche und auch in der Öffentlichkeit keine Unbekannte. Nachdem sie während der Cholera-Epidemie in ihrer Heimatstadt Hamburg Kranke gepflegt und schnell die Leitung des Pflegepersonals übernommen hatte, hatte sie mit 13 anderen bürgerlichen Frauen den „Weiblichen Verein für Armen- und Krankenpflege" gegründet. Die Frauen besuchten Bedürftige in ihren Wohnungen, sie vermittelten ihnen Arbeit und halfen mit dem Ziel, den Menschen Hilfe zur Selbsthilfe anzubieten. Ganz sicher wäre eine Frau wie Amalie Sieveking in der Lage, auch ein Werk wie in Kaiserswerth als Vorsteherin zu leiten!

Seine ganze Beredsamkeit legte Theodor Fliedner in diesen Brief. Er war zutiefst davon überzeugt, dass der Weg, den sie in Kaiserswerth eingeschlagen hatten, der richtige war, um der sozialen und geistlichen Not überall in den Städten zu begegnen. Amalie Sievekings Arbeit in Hamburg hatte einen anderen Schwerpunkt. Ihr ging es um einen freiwilligen evangelischen Frauendienst in der Gemeinde – gemeinschaftlich und partnerschaftlich organisiert –, nicht hierarchisch strukturiert mit einer starken Führungspersönlichkeit, wie Theodor eine war.

Ende März erst kam die viel beschäftigte Hamburgerin dazu, zu antworten. Sie schrieb wertschätzend, durchaus, aber eigentlich konnte sie in der Anfrage aus Kaiserswerth keinen Ruf Gottes an sich erkennen. Doch sie nahm die Dringlichkeit, mit der Fliedners nach einer geeigneten Vorsteherin suchten, sehr ernst. Im April vermittelte sie ihnen Franziska Lehnert, die zu ihrem Krankenpflegeverein gehörte, in der Hoffnung, dass sie die Antwort auf die Gebete aus dem Rheinland sein könnte. Sie selbst sagte Ende August dann definitiv ab.

Die Arbeit wächst

> Sing, bet und geh auf Gottes Wegen,
> verricht das Deine nur getreu,
> und trau des Himmels reichem Segen,
> so wird er bei dir werden neu;
> denn welcher seine Zuversicht
> auf Gott setzt, den verlässt er nicht!
>
> (GEORG NEUMARK)

Friederike hatte den Kaffeetisch im Garten decken lassen. An einem solch herrlichen Frühsommertag wie heute wäre es schade gewesen, drinnen in der Stube zu sitzen, und ihr lag daran, der Besucherin ein herzliches Willkommen zu bieten, so schön wie eben möglich. Der Flieder blühte lila und weiß, und die Rosen an der Hauswand waren auch schon in voller Blüte. Eben hatte sie eine Vase ganz in Rosa auf den Tisch gestellt und konnte es nicht lassen, schnell noch einmal ihren Duft tief einzuatmen. Danach richtete sie sich auf, ein wenig schwerfällig, und überblickte prüfend den Tisch.

„Rieke, wie schön!" Vom Haus her kam Katherine Göbel über den Rasen, die kleine Mina an der Hand. „Wie geht es dir, meine Liebe? Ist Fliedner schon zur Poststation gegangen?" Es ist so gut, dass Katherine hier ist, dachte Friederike. Immer zuverlässig, geduldig, niemals eine Klage oder ein böses Wort. Im Gegenteil: immer teilnehmend und absolut loyal zu Theodor und zu ihr. Die Kinder hingen an Tante Katherine – und das beruhte auf Gegenseitigkeit. Immer hatte sie ein offenes Ohr, und eine liebevolle Ermahnung von ihr bewirkte manchmal mehr als ihr mütterliches Schimpfen.

Unwillkürlich seufzte Friederike auf, als sie auf ihren Gartenstuhl sank. Ihre Füße schwollen im Laufe des Tages immer an, und ab dem Mittag war das Laufen schmerzhaft. Sie seufzte. „Ach, Katherine, ich kann dir gar nicht sagen, wie gespannt ich auf dieses Fräulein Lehnert warte. Fräulein Sieveking hat sie wirklich allerwärmstens empfohlen. Aber Kaiserswerth ist nicht Hamburg." „Gott weiß das, Rieke. Wenn er sie zu uns geschickt hat ..." Katherine hielt inne und lauschte. „Ich glaube, sie sind da. Komm, mein Minchen, wir holen den Papa und unseren Gast in den Garten. Luise kann der Elisabeth mit dem Kaffee ein bisschen helfen. Bleib du sitzen, Riekchen."

Tatsächlich waren Stimmen zu hören. Friederike lauschte ebenfalls. Da war Theodors dunkle Stimme ... – ah, und Gertrud Reichardt musste auch herübergekommen sein. Friederike war es wichtig, dass Franziska Lehnert gleich auch ihre zukünftigen Mitschwestern kennenlernte. Daher hatte sie auch Johanna Deters und Helene Osthoff gebeten, mit ihnen eine Tasse Kaffee zu trinken – natürlich würden sie sich nicht lange aufhalten können, sondern bald wieder zurück zu ihren Kranken gehen. Aber sie wollte die Frauen gern in einer freundlichen Umgebung einander vorstellen und sich dabei auch ein erstes Bild von der Neuen machen. Noch waren sie ja alle wie eine große Familie!

Sie stützte sich auf der Tischplatte ab und zog sich hoch. Sehr aufrecht ging sie der kleinen Gruppe entgegen, die gerade den Garten betrat. Franziska Lehnert war eine hübsche Frau, gleich alt wie sie selbst, adrett gekleidet, den Reisehut noch auf dem Kopf. Wache Augen nahmen die neue Umgebung in Augenschein. Friederike streckte ihr beide Hände entgegen. „Willkommen in Kaiserswerth", sagte sie herzlich. „Wie schön, dass Sie jetzt da sind! Hatten Sie eine gute Reise?" Sie spürte, wie die andere sie musterte. Selbstbewusst, dachte Friederike unwillkürlich. Schüchtern ist sie jedenfalls nicht. Kritisch vielleicht? Sie schob die Gedanken zurück, begrüßte auch die anderen Schwestern freundlich und ging als Gastgeberin ihnen voran zum Kaffeetisch zurück. „Sie müssen müde und durstig sein. Elisabeth, wenn Sie bitte gleich einschenken würden." Auch Luise und Simonette durften beim Kaffeetrinken dabei sein. Sie saßen am unteren Tischende, hörten den Erwachsenen zu und versuchten sichtlich, so still zu sitzen, wie man es von ihnen erwartete. Friederike warf während des Gesprächs immer wieder aus den Augenwinkeln einen Blick zu ihnen hinüber. Die Fliedner-Mädchen waren keine Musterkinder, nicht immer zum Vorzeigen, aber munter und voller Einfälle. Heute aber schien es ihnen zu genügen, den Kuchen zu genießen, eine ungewohnte Leckerei unter der Woche. Auch den Gästen schien es zu schmecken. Nur Friederike schob auf ihrem Teller ihr Stück mit der Gabel hin und her. Seit Wochen war ihr alles Essen zuwider. Alles schmeckte übel, was sie auch probierte. Gott sei Dank waren die ständigen Magenschmerzen gerade heute fast nicht zu spüren, auch Fieber hatte sie seit ein paar Tagen nicht mehr. „Ein gastrisches Fieber", hatte der Doktor gemeint.

Theodor erklärte der Neuen gerade, wo sie wohnen würde. Sie sagte nichts dazu, aber Friederike meinte, ein gewisses Unbehagen in den Augen Franziskas zu erkennen, als sie erfuhr, dass sie ihre Schlafstube mit Lenchen Osthoff und Johanna Deters würde teilen müssen. Das ist sie wohl nicht gewöhnt, dachte sie. Nun, sie würde sich damit abfinden müssen. Von den Schwestern hatte nur Gertrud Reichardt als die Älteste von ihnen ein eigenes Zimmer. Es war auch ganz normal, dass zwei Schwestern sich ein breites Bett teilten.

Bei den Frauen, die zu ihnen kamen und vorher irgendwo Dienstmädchen gewesen waren, war dies niemals ein Problem gewesen. Friederike dachte an ihre Zeit in Düsselthal. Sie hatte bei „ihren" Mädchen im Schlafsaal gehaust und auf diese Weise ein inniges Verhältnis zu ihnen aufbauen können. Es kam auf die Einstellung an! Ja, die Neue war zehn Jahre älter als Johanna und zwölf als Lenchen. Vielleicht war es das, was sie störte? Sie mussten sich erst einmal kennenlernen.

Aber auf jeden Fall hatte Franziska Lehnert gute Umgangsformen und schien auch umfangreiche Kenntnisse in Hauswirtschaft zu haben. Sie war ursprünglich nach Hamburg gekommen, um eine gelähmte Frau zu pflegen. Danach hatte sie in Amalie Sievekings Krankenpflegeverein für bedürftige Familien mitgearbeitet. Man musste ihr ein wenig Zeit lassen.

Die kleine Krankenanstalt wuchs beständig. Inzwischen gab es nicht nur eine Frauen- und eine Männerabteilung, sondern auch noch eine Krankenstube für Kinder. In diesem Sommer waren es gleich fünf Kinder, die alle nicht laufen konnten, um die sich zwei Pflegerinnen kümmerten. Friederikes Eindruck war, dass die Frauen immer mehr in ihre Aufgaben hineinwuchsen und auch ihre Freude an der schweren Arbeit zunahm.

Die gesamte Mitarbeiterschaft war inzwischen auf fast 30 Personen angewachsen: Pflegerinnen, Wärter, Mägde, Kleinkinderschullehrerinnen. Gleichzeitig stiegen die notwendigen Anschaffungen. Friederike hatte es bis jetzt noch übernommen, das Ausgabenbuch zu führen und außerdem einzukaufen, während Theodor unermüdlich unterwegs war, um für die Einnahmen zu sorgen. Sie waren so dankbar für die Unterstützung der Freunde aus Düsseldorf, Gräfin Stolberg an der Spitze, aber auch Amalie Fockes jüngere Schwester Auguste war dabei. Sie sorgten vor allem für Stoff. Friederike hatte allen Grund, dankbar für ihre eigene Begabung im Schneidern zu sein. Ständig fehlte irgendetwas: Betttücher, Hemden, Handtücher – sei es für die Kranken oder für die Pflegerinnen.

Eigentlich hatte sie keine Zeit, ihren Gedanken nachzuhängen, aber besonders die Nächte waren schlimm. Immer wieder wurde sie von Ängsten gequält, die aus der Dunkelheit aufzusteigen schienen und ihr den Schlaf raubten. Dazu die ständige Übelkeit und die Magenschmerzen.

Sie legte sich selbst immer wieder aufs Neue in Gottes gnädige Hand, wusste sie doch, dass er ihr nahe war und auch unter der Geburt bei ihr sein würde. Doch allein schon der Gedanke daran war ihr eine echte Anfechtung. Ihr Mann war eigentlich ständig unterwegs. Sein Kopf war voll, sie wollte ihn nicht auch noch damit belasten. Aber so oft wünschte sie sich mehr Nähe, dass er einfach da wäre, um sie in solchen Stunden in die Arme zu nehmen und sie zu trösten. Sie war zwar geborgen in Gott, aber …

Morgens, wenn die Sonne schien, die kleinen Mädchen unermüdlich plapperten und sie eine Sache nach der anderen abarbeiten konnte, schämte sie sich dann für solche Gedanken. Sagte sie es nicht allen anderen, dass Gott gütig und treu war? Musste sie nicht dankbar sein, wie Gott für das Werk sorgte, und dass ihr Theodor so fleißig, tüchtig und umsichtig war?

Es war gut, dass jetzt morgens alle drei Kinder aus dem Haus gingen – selbst die kleine Mina war mittlerweile in der Kleinkinderschule. Es war ja gleich nebenan, und die Kleine fand es herrlich, mit ihren Kameradinnen gut behütet im Hof in der Sonne herumzutoben. Sie hatte sich prächtig entwickelt und strotzte vor Energie. Es war eine gute Lösung, viel besser, als wenn die Kleine ständig von einem zum anderen geschoben worden wäre in Fliedners unruhigem Haushalt.

Ende Juli konnte Friederike einfach nicht mehr. Aber – wie immer – war die benötigte Hilfe pünktlich gekommen: Ihre Schwester Luise war wieder im Haus, liebevoll und tüchtig und stets bereit, ihre große Schwester so gut zu pflegen, wie nur möglich. Und Theodor konnte auch nicht mehr umherreisen, er musste die neue Baustelle beaufsichtigen. Ein Anbau an der Nordostecke des Krankenhauses für eine Toilettenanlage war notwendig geworden. Badezimmer, Waschküche, Mangelstube und Totenkammer entstanden im Anschluss an das Hinterhaus. Drei Monate benötigten die Bauleute dafür.

Während dieser ganzen Zeit konnte Friederike selbst nur von den Fortschritten hören, aber nicht selbst zum Krankenhaus hinübergehen. Am 17. August bekamen sie erneut eine kleine Tochter: Johanna, ein so süßes und – sie war so dankbar! – kräftiges Kind. Vier Mädchen, so ein großer Schatz! Es war ihre bisher leichteste Entbindung; auch das ein großer Grund zur Dankbarkeit. Friederike und Theodor entschieden sich bei der Wahl der Taufpaten für die drei Krankendiakonissen Gertrud Reichardt, Franziska Lehnert und Johanna Deters, um ihre persönliche Verbundenheit mit diesen Frauen auszudrücken.

Am Morgen ihrer Abreise nahm Luise, die Friederike mit viel Liebe gepflegt hatte, die große Schwester plötzlich noch einmal ganz fest in ihre Arme. „Mein liebes Riekchen! Du weißt, ich muss wieder zurück zu den Eltern, und es ist auch gut so – aber pass auf dich auf, ja?“ Friederike lächelte und versuchte, den Unterton der Sorge in Luises Stimme zu überhören. „Du weißt doch, wie schnell ich mich wieder erhole. Unkraut vergeht nicht, oder?“

Aber Luise ließ sich nicht ablenken. „Hör auf! Du bist nicht mehr die Jüngste. Mit 37 Jahren und jedes Jahr eine Schwangerschaft – und da sitzt du schon wieder über diesem

Wirtschaftsbuch, obwohl du noch halb im Wochenbett bist. Das kann nicht gut gehen. Was wird aus deinen Kleinen, wenn du …" Sie zuckte die Schultern und wischte sich rasch eine Träne ab. „Gott segne dich, Schwesterchen. Aber denk daran, was ich sage. Deine Kinder brauchen ihre Mama."

Ihre Worte gingen Friederike nach, als ihr Mann die kleine Schwester schon zur Poststation gebracht hatte. Sie wusste genau, woran Luise dachte. Sie war damals erst sechs Jahre alt gewesen, als ihre Mutter starb. Friederike hatte sich solche Mühe gegeben, dass es der Kleinen nicht an Liebe und Fürsorge fehlte. Aber Unsinn! Natürlich hätte die Kleine damals ihre Mama gebraucht. Aber konnte Gott ihr nicht die Kraft geben, wenn er ihr doch diese Aufgabe zumutete? Und … Luise war nicht verheiratet. Sie konnte sich nicht vorstellen, wie das war. Und dazu kam die allgemeine Überzeugung, dass eine Frau, die bei der Geburt starb, sozusagen in Ausübung ihrer Berufspflicht zu Tode kam.

Stirnrunzelnd blickte Friederike auf ihre schrecklich geschwollenen Beine. Schon im Haus war jeder Schritt eine Qual. Bei jeder Gelegenheit musste sie die Füße hochlegen. Mit drei Sprüngen die Kellertreppe hinauf wie früher einmal – kein Gedanke. Selbst die 100 Meter zum Krankenhaus waren im Moment unüberwindbar.

Aber auch im Pfarrhaus gab es keine Ruhe. Schon lange führte Theodor in seiner gewissenhaften Art ein Fremden- oder Gästebuch. Da war Georg, Theodors jüngerer Bruder, für den Theodor ein zweiter Vater war und Kaiserswerth wie sein zweites Elternhaus – auch für Friederike war er wie ein kleiner Bruder, und die kleinen Mädchen liebten ihren Onkel heiß und innig. Immer wieder kamen Freunde der Familie Fliedner und treue Unterstützer der Arbeit, wie die Jacobis aus Düsseldorf, aber auch hochgestellte Persönlichkeiten wie Graf und Gräfin Stolberg, der Herr Staatsminister von Rochow, der gleich 100 Taler jährlich für die Anstalt versprach – und die Prinzessin Wilhelmine Luise von Anhalt-Bernburg.[7] Sie hatte selbst 1837 die „Höhere Privatschule für evangelische Mädchen" gegründet, unterstützte aber auch die Diakonissenanstalt. Einmal schickte sie ihnen zehn Louisdors und später noch einmal neun ... Dabei war eine solche Münze etwa so viel wert wie fünf Taler.

Fliedners brauchten tatsächlich jede Münze für die laufenden Kosten, die Gehälter des Arztes und der Pflegerinnen, die Apothekerrechnungen, die nötigen Reparaturen und natürlich das, was der Anbau verschlang. Sie lebten nicht üppig, aber sie bestanden auf einer guten Verkostung für die Pflegerinnen bei der schweren Arbeit, die diese leisteten. Fleisch in der Suppe musste sein. Die Pflege- und Kostgelder deckten nur 4 Prozent der Ausgaben, 52 Prozent waren Spenden und 43 Prozent Anleihen.

Daneben gab es täglich, manchmal stündlich, etwas zu besprechen. Wie sollte man zum Beispiel Beata Roth nahelegen, für die Kranken mehr Geduld aufzubringen? Ja, und wie mit Franziska Lehnert umgehen? Fliedners hatten sich alle Mühe gegeben, sie zufriedenzustellen; sie hatten ihre Reisekosten und die Frachtgebühren für ihre mitgebrachten Sachen bezahlt – und Reisen war teuer. Aber bereits im August war sie mit einem Schreiben zu Theodor gekommen, in dem eine Gräfin Bernstorf sie aufforderte, als Diakonisse in ihre Gemeinde nach Gartow zu kommen.

Zwar schien Franziska zunächst einverstanden zu sein, in Kaiserswerth zu bleiben und auf jeden Fall die Probezeit von sechs Monaten zu absolvieren, um danach eine gereifte Entscheidung treffen zu können. Immer wieder jedoch versuchte sie, offen oder versteckt, ihre eigenen Vorstellungen durchzusetzen – auch auf Kosten ihrer Mitschwestern, denen sie sich zweifellos überlegen fühlte.

So brachte sie Lenchen Osthoff dazu, immer wieder zu ihren Gunsten auf den Besuch des Morgengottesdienstes zu verzichten, bei dem sie sich eigentlich hätten abwechseln sollen. Sie versuchte auch immer wieder, doch ein Zimmer für sich allein zu bekommen. Dabei vernachlässigte sie ihre eigenen Aufgaben und mischte sich stattdessen zum Beispiel in die Arbeitsbereiche von Johanna Deters ein. Immer wieder äußerte sie Kritik daran, dass Theodor Fliedner auch unentgeltlich Kranke aufnahm. Sie wollte nicht akzeptieren, dass diese Vorgehensweise mit dem Komitee abgesprochen worden und auch Graf Stolberg einverstanden gewesen war. Auch traf sie eigenmächtig Entscheidungen, ohne sich mit Fliedners abzustimmen, was sie aber natürlich hätte tun müssen. Sie stichelte vor allem gegen Gertrud Reichardt, machte deren Pflege schlecht und probierte sogar, die Kranken auf ihre Seite zu ziehen.

Theodor Fliedner versuchte, ihr klarzumachen, dass sie es höchstwahrscheinlich auch in Gartow nicht aushalten würde, wenn sie sich hier in Kaiserswerth nicht einfügen könnte. Auch Gräfin Bernstorf würde ihr Anweisungen geben. Dienstbereitschaft und Liebe seien einfach das Wichtigste für eine Diakonisse. Grundsätzlich werde sie in diesem Dienst mit anderen zusammenleben und Kompromisse schließen müssen. Auch sei es gerade die Aufgabe einer Vorsteherin, bei den unangenehmsten und unbeliebtesten Arbeiten den anderen Pflegerinnen selbst mit gutem Beispiel voranzugehen und immer bereit zu sein, ihnen etwas abzunehmen, wenn dies möglich war. Diese Herzenseinstellung war auch Friederike ganz besonders wichtig.

In diese bewegte Zeit fiel das Jahresfest des Krankenhauses am 15. Oktober 1837. Die Kranken waren für die Nacht versorgt, und die Mitarbeiter kamen zusammen, um Gott zu loben. Wie viel Gutes hatte er getan, wie gut hatte er sie versorgt, geholfen, durchgetragen ... Friederike sang aus tiefstem Herzen und mit Tränen in den Augen: „Lobe den Herren, den mächtigen König der Ehren ... Denke daran, was der Allmächtige kann, der dir mit Liebe begegnet!"

Der Spätherbst 1837 brachte für Friederike anstrengende Wochen: Schon im Oktober hatten alle vier Mädchen nacheinander zu husten begonnen, und nichts half: kein Tee, kein Wickel. Allmählich wurde ihr klar, dass das kein gewöhnlicher Erkältungshusten war, sondern Keuchhusten. Die Kinder husteten zum Erbarmen, mit roten, blutunterlaufenen Augen und mussten erbrechen. Am schlimmsten traf es die kleine Johanna mit ihren nicht einmal vier Monaten. Friederike musste sie Tag und Nacht mit sich herumtragen. Tagsüber wurde sie auch immer wieder von den Mägden abgelöst, aber nachts schreckte sie bei dem ersten Keuchen und Würgen der Kleinen wieder hoch und riss sie förmlich aus der Wiege – egal, wie erschöpft sie gerade eben erst eingeschlafen war.

Ihr Mann konnte ihr, wie immer, wenig beistehen. Er war ständig unterwegs und saß dann bis spätabends an seinem Schreibtisch, auf dem sich die Post stapelte, ganz zu schweigen vom Jahresbericht der Diakonissenanstalt und der Rechnungsablage.

Am 9. Dezember verließ Franziska Lehnert Kaiserswerth. Mehr als ihr Weggang schmerzte, dass sie bereits am Tag ihrer Abreise gegenüber Sophie Wiering in Düsseldorf versuchte, Fliedners zu verleumden und die Qualität der Ausbildung und die Kaiserswerther Anstalt an sich schlechtzumachen. Allerdings war auch Katherine Göbel bei diesem Gespräch anwesend, die sofort einschritt und Klarheit schaffte. Franziska Lehnert wirkte nur kurze Zeit als Diakonisse in Gartow. 1838 schon heiratete sie dort Pfarrer Johann J. P. Freytag.

Nach diesem Erlebnis hatten Fliedners keinen Mut mehr für einen neuen Versuch, eine geeignete Vorsteherin zu finden. Es war entschieden: Friederike würde das Amt behalten müssen. Es war einfach niemand anderes da, der diese anspruchsvolle Arbeit übernehmen konnte.

Die Pocken

~ FRÜHJAHR 1838

> Wie Gott mich führt, bin ich vergnügt,
> ich ruh in seinen Händen;
> wie er es schickt und mit mir fügt,
> wie er's will kehrn und wenden,
> das sei ihm alles heimgestellt;
> er mache, wie es ihm gefällt,
> zum Leben oder Sterben.
>
> (LAMBERT GEDICKE)

„Musst du wirklich selbst gehen?", fragte Friederike. Theodor, schon in Hut und Mantel, drehte sich im Flur noch einmal zu seiner Frau um. Selbst in dem dämmrigen Licht sah sie, dass sein Gesicht blass und müde war. Und wirkte er nicht auch irgendwie aufgedunsen? Sie trat an ihn heran. „Kann nicht Johannes Ball nach Huckingen und Angermund gehen? Gestern den Passionsgottesdienst und heute schon wieder diesen Gewaltmarsch? Das ist doch einfach zu viel!" Ihr Mann runzelte die Stirn. „Rieke. Ich bin der Pfarrer. Es ist meine Gemeinde." Dann lächelte er und deutete nach draußen: „Meinst du nicht, dass mir bei diesem schönen Wetter der Weg gerade guttun wird?" Schon fiel die Haustür hinter ihm ins Schloss.

Friederike wandte sich wieder zur Treppe. Ihr Rechnungsbuch wartete. Sonst war es gerade ruhig geworden bei ihnen – zu ruhig. Sie waren alle so voller Erwartungen gewesen, dass das Werk mit seinen drei Zweigen zur Ausbildung nun stetig wachsen würde. Aber es gab einfach keine Bewerberinnen mehr. Henriette Frickenhaus war allein in der Kleinkinderschule tätig, und Katherine Göbel hatte nur noch zwei Frauen zu betreuen. Im Krankenhaus wurden lediglich dreizehn Patienten durch die vier übrig gebliebenen Pflegerinnen versorgt. Selbst Gertrud Reichardt hatte für unbestimmte Zeit um Urlaub gebeten, um in Duisburg ihre kranke Schwägerin zu pflegen. Das bedeutete natürlich auch geringere Ausgaben, aber nicht einmal diese wurden von den spärlich fließenden Einnahmen gedeckt.

Was wollte Gott ihnen damit sagen? Hatten sie sich verhört? Nein! Sie wollte nicht kleingläubig sein. Sie wollte ihrem Herrn vertrauen und geduldig warten, dass er handelte. Und für ein gutes Abendessen sorgen. Theodor würde es genießen und sich wieder erholen, wie immer.

Aber es wurde spät, bis er zurückkam. An seinem schweren müden Schritt erkannte sie gleich, dass ihre Ahnung sie doch nicht getrogen hatte. „Du hast Fieber", sagte sie und griff nach seinem Mantel. Sein Gesicht war schweißnass. „Ich bin nur müde, Riekchen. Lass – ich möchte nichts essen. Einfach nur ins Bett." Es wurde eine unruhige Nacht. Theodor schwitzte und fror abwechselnd, wälzte sich unruhig im Bett herum. Morgens ließ Friederike den

Arzt kommen, der ein Wechselfieber vermutete. Das kam nicht selten vor in den sumpfigen Rheinniederungen, und so machte sich zuerst niemand ernsthafte Sorgen. Auch für die Gottesdienste war gesorgt: Der 30-jährige Kandidat[8], der Hilfsgeistliche Johannes Ball, war seit langem gut eingearbeitet und tüchtig. Und Theodor war ein gesunder, kräftiger Mann. Dann kam der Sonntag.

Friederike dachte erst, sie sähe nicht recht. Es war noch dämmrig im Schlafzimmer, und sie hatte das Licht nicht anzünden wollen, um ihren Mann nicht zu wecken. Aber als sie eilig um das Bett herumging, um ihm näher ins Gesicht zu schauen, blinzelte er und schluckte mit sichtlicher Mühe. Er verzog das Gesicht vor Schmerzen. Friederike versuchte, sich zu beherrschen. Vielleicht hatte sie sich ja doch geirrt, aber … „Ich mache dir einen Tee und einen Wickel für deinen Hals", sagte sie sanft. Er nickte schwach und schloss wieder die Augen.

Friederike schlüpfte aus dem Schlafzimmer und eilte hinunter in die Küche, wo die Magd schon am Herd stand. „Sei so gut und hole den Doktor", bat sie, und als die Magd sie fragend ansah, drängte sie: „Jetzt gleich! Er soll bitte sofort zum Herrn Pastor kommen. Lass das Frühstück!"

Der Arzt kam tatsächlich in kurzer Zeit. „Diese Flecken, Herr Doktor", empfing Friederike ihn an der Tür, „das hohe Fieber, die Halsentzündung, und diese Flecken …" Er zog die Brauen hoch: „Sie vermuten Pocken, Frau Pfarrer? War er in Düsseldorf im Arresthaus?" „Ja, vor 14 Tagen." „Sie haben dort jetzt jeden Tag Neuinfizierte. Wenn der Herr Pfarrer dort war, dann haben Sie sich nicht geirrt. Gott sei uns gnädig! Ich rate Ihnen eins: Geben Sie die Kinder aus dem Haus, heute noch, am besten sofort!" Und damit war er schon an der Treppe.

Einen langen Moment blieb Friederike reglos stehen. Sie spürte, wie ihr der Schweiß ausbrach und ihre Hände zitterten. Sie atmete tief ein. Erst die Kinder, hatte der Arzt gesagt. Natürlich. Als sie sich umdrehte, sah sie die Magd an der Küchentür stehen, stumm, mit aufgerissenen Augen. Friederike ging einen Schritt auf sie zu und räusperte sich. „Du hast es gehört, nicht wahr? Also: Du gehst jetzt sofort hinüber ins Krankenhaus. Sage der Luise Neubauer, dass sie die Mädchen aufnehmen muss. Sie sollen ihnen die Krankenstube der Kinder herrichten. Dann kommst du gleich wieder her. Und bring am besten Lenchen Osthoff mit. Sie kann die Kinder begleiten. Hast du verstanden? Und beeil dich!" Sie sah noch aus den Augenwinkeln, wie die Magd eilig ihr Umschlagtuch nahm, dann lief sie selbst die Treppe hinauf zum Schlafzimmer.

Der Arzt war schon wieder an der Zimmertür. Friederike versuchte, in seinem Gesicht zu lesen. Aber es war verschlossen und ernst. „Frau Pfarrer, Sie müssen Ihren Mann selbst pflegen. Lassen Sie niemand anderes zu ihm. Alles, was aus dem Haus geht, muss mit Chlor geräuchert werden. Alles! Auch jeder Brief, verstehen Sie? Ich schaue, dass ich Sie, die Mitarbeiter und die Kinder so schnell wie möglich impfen kann." Friederike konnte nur stumm nicken. Keine Frage fiel ihr ein, obwohl sie ihre Gedanken mit Macht zu sammeln versuchte. „Er ist in Gottes Hand", sagte sie schließlich leise. In den Augen des Arztes erschien ein kleines Lächeln. „Sie sind eine tapfere Frau, Frau Pastorin", sagte er nur, nickte ihr noch einmal zu und war schon die Treppe hinunter.

Die Tür zum Kinderzimmer öffnete sich, und Luises Kopf erschien. „Mama? Wieso kommt der Doktor so früh zu Papa?" Friederike trat rasch auf sie zu und versuchte, ihren Mund so fröhlich wie möglich lächeln zu lassen. „Luischen, meine Große. Weißt du was? Schwester Lenchen kommt gleich und nimmt euch ein paar Tage mit hinüber ins Krankenhaus. Ihr dürft dort ein bisschen helfen und sogar dort schlafen." Luises Gesicht verzog sich. Ihre Mutter hätte sie am liebsten ganz fest in die Arme genommen, sie an sich gedrückt und ihr alles in Ruhe erklärt. Nein, nicht anfassen! Sie ging vor Luise in die Hocke, um ihr in die Augen sehen zu können, und sagte so eindringlich wie möglich: „Du bist doch meine Große und verstehst schon viel. Papa braucht mich hier, dann wird er schnell wieder gesund, und wir sind wieder alle zusammen, hörst du? Es muss sein, Luise." Luise nickte. Ihr Gesicht war ganz verkrampft. „Dürfen wir alle Puppen mitnehmen, Mama?" Friederike richtete sich wieder auf. „Natürlich. Und es gibt bestimmt Kuchen heute Nachmittag im Krankenhaus. Tante Katherine kommt auch herüber. Gib den Kleinen einen Kuss von Mama, ja?" Jetzt drängten sich auch Simonette und Mina in den Flur. Unten an der Haustür konnte sie schon Helene Osthoffs Stimme hören. Gleichzeitig hustete Theodor im Schlafzimmer und stöhnte auf. Friederike wartete noch, bis Helene und Luise die Kinder begrüßten, dann winkte sie ihnen zu, drehte sich um und eilte zu ihrem Mann.

Später wunderte sich Friederike manchmal darüber, wie sie die nächsten Tage und Nächte durchgestanden hatte. Sie zwang sich dazu, immer nur an den nächsten Handgriff zu denken, nicht viel über diese vier Wände des Krankenzimmers hinaus – nur daran, wie sie Theodors Zustand erleichtern konnte, wie sie auch die Ansteckung durch die verschwitzte Bettwäsche und Kleidung des Kranken verhindern konnte. Selbst der Staub beim Ausschütteln der Decke konnte gefährlich werden, wenn man ihn dabei einatmete! Theodor war nicht wirklich bei Bewusstsein, er fantasierte im Fieber. Oft wusste er nicht, wo er war, rief nach seiner Mutter. Dann war er wieder im Geist bei seiner Arbeit, wühlte in Gedanken auf dem Schreibtisch ... Kopf, Hände und Füße waren am schlimmsten von den Pusteln bedeckt. Die eitrige Flüssigkeit darin verbreitete einen scheußlichen Geruch im Krankenzimmer.

Am Freitag war der Arzt früh bei Fliedners und schüttelte bedenklich den Kopf. „Ich bleibe jetzt hier, Frau Pastorin", sagte er schließlich. „Aber Sie sollten dafür sorgen, dass der Herr Pastor Abschied nehmen kann." Abschied nehmen ... Theodor war 38 Jahre alt. Luise, die Älteste, noch nicht ganz acht. Die Anstalt, das ganze Werk, die Gemeinde, die Gefängnisgesellschaft – Abschied? Sie waren noch nicht einmal zehn Jahre verheiratet. Konnte das Gottes Wille sein? Wie unbegreiflich war das! Mancher lebte einfach so drauflos, fragte nicht nach Gott und den Menschen und war gesund und fidel, und hier, ihr Mann, der sich restlos verausgabte für den Herrn, für den Nächsten, lag in der Blüte seines Lebens nun im Sterben?!

Friederike saß am Bett ihres Mannes, blickte in sein entstelltes Gesicht und sah zu, wie vom Flur her die Mägde kamen. Ball, der Kandidat, hörte, wie Theodor mit fast unhörbarer heiserer Flüsterstimme sich von ihnen allen verabschiedete. Ohne Groll, aber voller Liebe – auch Liebe für die Gemeinde, die die ganze Zeit für ihren Pfarrer betete. „Sag es ihnen, Ball, es ist wie ich immer gepredigt habe: Christi Blut und Gerechtigkeit, das ist der einzige Trost im Leben und im Sterben, das erfahre ich jetzt!" Ball hatte Pfarrer Lange aus Duisburg hergebeten, um dem Todkranken das letzte Abendmahl zu reichen.

Friederikes Kehle war wie zugeschnürt. Um ihre Brust lag ein schmerzhafter Ring. Weinen konnte sie nicht. Johannes Ball nickte ihr zu. Seine Augen waren voller Tränen, aber er schämte sich nicht. „Wir haben einen Gott, der Gebete erhört", sagte er leise.

Es wurde Mittag, als der Kranke plötzlich immer stärker zu schwitzen begann. Der Arzt, der schweigend am Bett gesessen hatte, stand auf und sah Friederike mit einem Blick an, den sie nie wieder vergessen würde: „Die Krisis – er scheint sie überstanden zu haben." Plötzlich konnte sich Friederike wieder bewegen. Sie befeuchtete Tücher, wrang sie aus und wischte ihrem Mann das Gesicht ab und seine Hände. Sie öffnete die Knöpfe seines Hemdes, kühlte seinen Nacken, seine Brust, schüttelte sein Kissen auf, gab ihm zu trinken.

In den nächsten Tagen machte die Genesung weiter Fortschritte. Mitte April konnte Theodor an seinen Schreibtisch zurückkehren. Vor allem seine Augen hatten sich mittlerweile wieder sehr gebessert, hatten sie doch zuvor um seine

Sehkraft gebangt. Allerdings würde er Narben im Gesicht zurückbehalten.

65 Briefe schrieb er gleich wieder im ersten Monat nach seiner Krankheit und versandte 120 Jahresberichte der Diakonissenanstalt zum Auftakt der nächsten Kollektenreisen. Es ging tatsächlich wieder aufwärts!

Zwei neue Krankenpflegerinnen kamen: Henriette Bachmann und Eva Theissen, außerdem drei neue Kleinkinderlehrerinnen. Und eine dauerhafte Hilfe für Friederike, Luise Neubauer, die bereits bei den Kindern im Krankenhaus eingesprungen war. Sie würde sich um Haushalt und Küche und ganz besonders bei Tag und Nacht um die kleine Johanna kümmern. Es ging nicht mehr anders, wenn Friederike ihre Arbeit als Vorsteherin ernst nehmen sollte, und Luise Neubauer war ganz verliebt in die Kleine. Friederike war erleichtert. Johanna sollte keine liebevolle Fürsorge entbehren. Ständig kamen Gäste ins Haus, die sie betreuen musste. Sie konnte sich deshalb nicht länger um die Hausarbeit kümmern; es bliebe sonst einfach zu viel liegen, und vor allem die Kinder würden langfristig unter der ständigen Unruhe leiden.

Wie Friederike selbst mit dieser Lösung zurechtkam? Sie wagte nicht, sich diese Frage zu oft und zu ernsthaft zu stellen und in ihr eigenes Herz hineinzuhorchen. Denn immer wieder plagte sie das schlechte Gewissen. Gott hatte sie und Theodor so geführt. Er hatte sie berufen und beauftragt, diese Arbeit ins Leben zu rufen. So mussten neue Wege gefunden werden, ihre Berufung und ihre Familie unter einen Hut zu bringen.

Am 20. Mai stand Theodor zum ersten Mal nach zwei Monaten wieder auf seiner Kanzel. Friederike sah sein Gesicht, das wie von innen erleuchtet schien vor Freude und Dankbarkeit. Er las aus Psalm 118, und Friederike konnte förmlich spüren, wie sich sein inneres Erleben auf die Gemeinde übertrug: *Der Herr ist meine Macht und mein Psalm und ist mein Heil ... ich werde nicht sterben, sondern leben und des Herrn Werke verkündigen ... Dies ist der Tag, den der Herr gemacht ...*

Es war gut, dass Theodor sich so schnell erholte. So viel war liegen geblieben. Die Schreibtischarbeit, aber auch der Unterricht der Pflegerinnen und angehenden Lehrerinnen war so dringend nötig. Am lautesten aber schrien die vielen Rechnungen, die bezahlt werden wollten. Die Handwerker, die den Anbau gemacht hatten, warteten auch noch auf ihr Geld. Am 7. Juni machte Theodor sich daher zum ersten Mal wieder mit der Schnellpost auf nach Barmen und Ronsdorf zu den Freunden der Diakonissenanstalt und sammelte die jährlichen Beiträge ein. Insgesamt machte er dort in einer Woche 83 Besuche, die der Anstalt fast noch einmal den gleichen Betrag – um die 100 Taler – als Spenden einbrachten.

Friederike unterstützte ihn dabei nach Kräften. Sie schrieb die Dankesbriefe, für die er keine Zeit fand, und kümmerte sich um die Pflegerinnen. Zwei waren inzwischen nach Barmen in auswärtige Pflege geschickt worden.

So arbeiteten sie so viel wie möglich ab, bis Theodor am 22. Juni guten Gewissens endlich seinen Erholungsurlaub antreten konnte. So jedenfalls dachte Friederike! Ihr

Mann dagegen hatte schon wieder andere Pläne: Wenn er schon, wie geplant, nach Wiesbaden zu seiner Mutter reiste, konnte er doch bei der Gelegenheit einen Abstecher nach Frankfurt machen. Das überwiegend protestantisch geprägte Frankfurt mit seinen 50 000 Einwohnern – da mussten doch auch Gönner für die Diakonissenanstalt zu finden sein!

Friederike war zuerst ganz aus der Fassung, als sie am 10. Juli einen Brief aus Heidelberg von ihm erhielt. Sofort überflog sie die ersten Zeilen. Ja, er war sehr zufrieden mit seinem Besuch in Frankfurt, und nun hatte man ihm empfohlen, in Heidelberg eine sehr reiche und großzügige Dame aus Frankfurt aufzusuchen, die dort den Sommer verbrachte.

Drei Tage später kam wieder ein Brief, fröhlich und energiegeladen, diesmal aus der Nähe von Stuttgart! Man hatte ihm in Heidelberg davon abgeraten, im Großherzogtum Baden zu versuchen, Frauen für die Diakonissenanstalt anzuwerben – die Badener Mentalität sei eher lebenslustig! Er solle doch lieber nach Württemberg gehen. So war er dort überall herumgereist und war begeistert von der herzlichen Aufnahme und den Begegnungen mit den Christen dort. Er hörte Aloys Henhöfer, den badischen Erweckungstheologen, predigen – und schien die ganze Reise in vollen Zügen zu genießen. Er beschrieb die Schönheit der Landschaft, amüsierte sich über den schwäbischen Dialekt und ließ sich auch nicht durch beschwerliches Reisen die Freude verderben. Theodor war in seinem Element.

Und er lernte Menschen kennen, die mit ihm den Weg

der Diakonie gehen wollten. In Zukunft würden Frauen aus Württemberg nach Kaiserswerth kommen, um sich ausbilden zu lassen.

Erst am 16. Juli traf er schließlich in Wiesbaden bei seiner Mutter ein – eine Ferienwoche blieb ihm noch ...

Die Dienstordnung

~ 1838

Mein Herz hängt treu und feste
an dem, was dein Wort lehrt.
Herr, tu bei mir das Beste,
sonst ich zuschanden werd.
Wenn du mich leitest, treuer Gott,
so kann ich richtig laufen
den Weg deiner Gebot.

(KORNELIUS BECKER)

Neben ihren täglichen Aufgaben widmete sich Friederike
während Theodors Abwesenheit in den Abendstunden einer
Arbeit, die beiden besonders am Herzen lag. Schon Ende des
vergangenen Jahres hatte sie ihren Mann um Instruktionen
für ihr Amt als Vorsteherin gebeten. Sie mussten Klarheit
schaffen bezüglich Friederikes Rechte und Pflichten. Es hatte immer wieder unschöne Zusammenstöße gegeben, weil
ihre Kompetenzen nicht klar abgesteckt waren, sowohl mit
dem Arzt als auch mit den Pflegerinnen oder mit Theodor
selbst. Friederike war durchaus nicht der Mensch, der sich
alles bieten ließ. Was sie tat, tat sie mit leidenschaftlichem

Engagement. Sie hatte den Eindruck, sich ihre Stellung, die sie sich ja nicht gesucht hatte, erkämpfen zu müssen. Als besonders schwierig erwies es sich immer wieder, dass sie nicht in der Anstalt wohnte und noch dazu die Ehefrau des Anstaltsleiters war.

Theodor hatte ihr vorgeschlagen, die Gedanken, die sie selbst über ihr Amt hatte, niederzuschreiben. Immer wieder, wenn sie Zeit fand oder ihr etwas einfiel, fügte sie etwas hinzu – ungeordnet auf lose Blätter. Abends saß sie oft am Schreibtisch, blickte in den dunkler werdenden Garten hinaus und sah vor ihrem inneren Auge ein Bild – noch unklar wie die Dämmerung –, das sie in Worte zu kleiden suchte, damit es auch die anderen erkennen konnten: Vor ihrem inneren Auge formte sich die Vorstellung einer Vorsteherin der Diakonissenanstalt, so, wie sie sein wollte und sollte.

Ihr war klar, dass sie den Dienst ihres Mannes übernommen hatte, als seine Frau, ihm zur Seite gestellt – schlicht und ergreifend, weil niemand anderes da war, aus der Not heraus. Sie bildete sich nichts darauf ein.

Dabei betrachtete sie die Arbeit in der Anstalt als eine Art Erweiterung ihres Haushaltes. So rechtfertigte sie ihren Einsatz dort, weil sie nicht wie andere Pfarrersfrauen einfach für ihre Familie und die Gemeinde da war. Gott hatte die Berufung ihres Mannes über den Gemeindedienst hinaus erweitert. Sie wollte diesen Weg mitgehen an der Hand ihres Herrn. Schlussendlich war sie nur ihm verantwortlich.

Für Friederike war diese Aufgabe jetzt schon ein Arbeits- und ein Leidensamt und ein Amt des Gebetes. Immer wieder mündete ihr Nachdenken ganz natürlich ins Gebet, bei dem sie Gott in vertrauensvoller Hingabe alles hinlegte, was ihr auf dem Herzen brannte. Schon so viele Jahre war das die Art, wie sie mit allen Fragen ihres Lebens umging. Sie schrieb in ihr Tagebuch, was sie bewegte, und immer wurde daraus ohne Übergang ein Reden ihres Herzens mit ihrem Herrn.

Namentlich betete sie immer wieder für ihren Mann, für jede einzelne Schwester, für den Wärter, für die Seminaristinnen, für alle Mitarbeiter. Ihr war zutiefst bewusst, dass sie selbst auch Fürbitte brauchte, um Kritik an ihrer Person ertragen zu können und bereit für Veränderung zu sein. Nur durch Gebet würde es gelingen, Spaltungen zu überwinden. Ihr war klar: Der Durcheinanderbringer, der Teufel, würde nicht untätig sein. Er würde immer wieder versuchen, einen Keil zwischen die Menschen in der Anstalt zu treiben – auch zwischen die Schwestern und den Vorstand. Das Gebet würde auch heilen, wo menschliche Missverständnisse aufkamen; auch dort, wo sie als Vorsteherin ihre Mitarbeiterinnen und Mitarbeiter verletzte, da sie möglicherweise unbedacht und zu impulsiv war.

Friederike dachte über ihren künftigen Führungsstil nach. Wie wollte sie die Schwesternschaft leiten? Wie hätte Jesus das getan? Sie wollte nicht streng, stolz oder gar herrisch sein. Sanftmütig und voller Liebe wollte sie mit den Schwestern umgehen und sie miteinbeziehen in ihre Entscheidungen. Ihr Vorbild war die Gemeinde des Neuen Testamentes. Es ging darum, den anderen höher zu achten als sich selbst. Dienen aus Liebe war ihre Vision.

Wenn sie über die Satzungen nachdachte, waren sie ihr im Grunde genommen ein Dorn im Auge. Klar, menschliche Regeln waren nötig – ohne sie ging es in dieser Welt nicht. Aber Friederike hatte in Düsselthal zu vieles erlebt, was sie ein für alle Mal misstrauisch gemacht hatte. Tief in ihr war die Furcht, der Vorstand könnte am Ende die Satzungen über die Gebote Gottes stellen. Ein unvorstellbarer, ja sogar verhasster Gedanke für sie war, dass die Satzungen an Klosterregeln erinnerten. Regeln trugen immer den Keim des Buchstabengehorsams in sich. Schlimm wäre es, wenn durch das sture Befolgen von Anweisungen die warme Mütterlichkeit der Schwestern verkümmerte.

Es hielt sie nichts mehr auf ihrem Stuhl. Sie begann, im dunklen Zimmer auf- und abzugehen, und sie versuchte, das, was sie fühlte, in Worte zu fassen. Der Gott, den sie liebte und den sie kannte, dieser Gott sah das Herz an. Er sah tiefer als Menschenaugen.

Sie dachte an ihre Gespräche mit ihrem Mann. Theodor machte sich in der Regel keine Illusionen über Menschen, auch nicht über die, die sich Christen nannten. Sein Vorbild für die Hausordnung in der Diakonissenanstalt war die Staatsverfassung mit einer ganz klaren Hierarchie. Er befürchtete vielmehr Zügellosigkeit, wenn die Regeln nicht unmissverständlich formuliert waren.

„Du hast schon recht, Rieke", hatte er einmal zu ihr gesagt, und Freude hatte sie warm durchströmt. „Es ist gut, dass du diese Bedenken immer wieder betonst. Es wird unsere Anstalt vor falschen Wegen bewahren."

Sie lächelte einen Moment vor sich hin. Dann nahm sie

ein neues Blatt und schrieb als Überschrift: „Von den Arbeiten der Vorsteherin".

Das war einfach. Sie brauchte nur die Liste in ihrem Kopf abzuschreiben, all das, was sie tagtäglich abzuarbeiten versuchte.

Einkaufen, Besorgungen, Bestellungen, Ausmessen, Rechnen – immer war etwas zu beschaffen, wie in jedem Betrieb: Bettzeug, Vorräte, Essen, Medikamente, Kerzen, Holz, Seife … Ihre Feder kratzte über das Papier. Die Liste war lang. Hier war die Vorgehensweise klar. Jede Anschaffung musste sie dem Vorstand melden oder in seinem Auftrag tätigen, die Rechnungen dem Kassenführer geben, sich die Auslagen auszahlen lassen. Dann: Kontrolle der Pflegerinnen in ihren verschiedenen Arbeitsbereichen: Haushalt, Wäsche, Garten, Krankenzimmer. Sie musste darauf achten, dass keine überfordert war.

Die Hausordnung musste eingehalten und die vorgeschriebene Kleidung getragen werden. Ach, wie viel Kopfzerbrechen hatte die Kleidung der Schwestern Theodor und ihr schon bereitet und bereitete sie noch immer! Die einheitliche Tracht war erst in diesem Jahr nötig geworden. Bis jetzt waren die Pflegerinnen nur in Kaiserswerth tätig gewesen, im Krankenhaus, und bei einigen wenigen Kranken in der kleinen Stadt, wo jeder die Schwestern kannte. Nun aber sollten die ausgebildeten Diakonissen auch außerhalb von Kaiserswerth arbeiten. Damit sie aber allein in der Öffentlichkeit unterwegs sein konnten, durften sie an ihrer Kleidung nicht als unverheiratete junge Frauen erkennbar sein. Als solche hätten sie nur in Begleitung einer älteren oder einer verheirateten Frau auf der Straße sein können. Daher musste ihre Dienstkleidung Kennzeichnung und Schutz zugleich sein. Zumal in den Köpfen noch die Vorstellung war, dass Krankenwärterinnen generell einen unseriösen Lebenswandel hatten. Die Diakonissen, die noch in der Probezeit waren, konnten derweil ihre eigene Kleidung tragen, da sie nur in Kaiserswerth arbeiteten.

Theodor hatte sich viele Gedanken um die Kleidung der gelernten Kaiserswerther Pflegerin gemacht und zuletzt diese Entscheidung getroffen: ein blau bedrucktes Kleid aus Baumwolle, blaue Baumwollschürze, weiße Mütze, weißer Kragen, weißes Halstuch für den Alltag, sonntags aus Wollstoff bzw. Merino und die Sonntagshaube aus Tüll. Die weißen Strümpfe wurden entweder aus Leinen genäht oder gestrickt – in der Regel von den Schwestern selbst während der Abendstunden. Theodor war es, der alle Details der Schwesterntracht geplant hatte, und nicht etwa Friederike, die begabte Schneiderin!

Zum Ausgehen war ein schwarzes oder jedenfalls dunkles Umschlagtuch oder ein Mantel aus dunklem Wollstoff vorgesehen, dazu ein Hut aus schwarzer Seide. Wieder ein Problem für die ehemaligen Mägde! Der Hut war ein Kennzeichen des gehobenen Standes, die Frauen der unteren Stände trugen nur ein Kopftuch. Für Gertrud Reichardt, die Arzttochter, war ein Hut selbstverständlich; für sie war dieser dunkle Kapotthut der Tracht sehr gewöhnungsbedürftig: so ultraschlicht und doch so anders, als man es im farbenfrohen Biedermeier gewohnt war – sogar ohne Blumenschmuck und Schleifen, einfach mit einem Band unter dem Kinn festgebunden – thronte er winzig oben auf der Frisur ...

Eigentlich hatte Theodor die ganze Kleidung auch für sonntags in Blau haben wollen. Blau war einfach seine Lieblingsfarbe. Und sie war in der jüdischen Tradition die Farbe des Heiligen. Er hatte sich aber überzeugen lassen, dass Schwarz von daher praktischer sei, weil man es leichter färben konnte. Theodor war ein pragmatisch denkender Mensch, aber im Grunde seines Herzens – und Friederike konnte ihm nur zustimmen – empfand er die schwarze Sonntagstracht immer als zu düster und nonnenartig.

Diese Dienstkleidung der Diakonissen war ähnlich der Kleidung einer gut gestellten rheinischen Bürgersfrau. Als Frisur trug man Mittelscheitel. Problematisch war, dass diese Kleidung für die meisten der Diakonissen ein Aufstieg war und nicht etwa ein Verzicht wie bei Gertrud Reichardt. Die jungen Frauen mussten erst lernen, sich diesem äußeren Erscheinungsbild entsprechend zu benehmen, ohne dabei hochmütig zu werden und sich ihre Stellung zu Kopfe steigen zu lassen.

Genauso war es ein Problem, den weißen Teil der Tracht – besonders den Kragen – sauber zu halten trotz der schweren und schmutzigen Arbeit: Gerade in den Morgenstunden gab es Öfen anzuheizen, Wasser zu tragen, zu putzen ... Selbst die bürgerlichen Hausfrauen zogen es vor, die Vormittagsarbeit im Morgenmantel zu verrichten und sich erst danach richtig anzuziehen. Aber Theodor hatte in diesem Punkt nicht mit sich reden lassen. Sein Argument war, dass die Kleidung der Diakonissen sich um jeden Preis und zu jeder Zeit von der Aufmachung der eher schlampig gekleideten Wärterinnen abheben musste.

Als Friederike so dasaß und über diese Diensttracht nachdachte, kamen ihr Verse aus dem ersten Petrusbrief in den Sinn: „Der Schmuck sollte nicht äußerlich sein ..., sondern der verborgene Mensch des Herzens, der sanfte und stille Geist." (1. Petrus 3,3+4)

Niemals durfte das Kleid die Hauptsache sein, sondern dieser sanfte und stille Geist, das war es, was sie nötig hatten, alle miteinander, ob der Diakonissen-Stand nun einen gesellschaftlichen Aufstieg bedeutete oder einen schmerzlichen Verzicht. Schließlich schrieb sie zu diesem Punkt: *„Wenn das Kleid für die Schwester ein Joch ist, muss man ihr helfen, es in Liebe zu tragen."*

All diese starren Regeln! Was ihr auch in diesem Punkt Sorgen bereitete, war die Gefahr, dass das, was wirklich zählte, an den Rand gedrängt werden konnte. Immer bargen feste Vorschriften die Gefahr, dass die Liebe erkaltete.

Der letzte Sonntagsgottesdienst stand ihr vor Augen. Das bunte Halstuch der jungen Schwester. Eva Theissen hatte sich gewiss nichts dabei gedacht. Aber sie, Friederike, hatte schon gesehen, wie Johanna mehrmals verstohlen in Evas Richtung geschaut hatte, und ihr war klar, was Johanna von ihr als Vorsteherin erwartete. Ja, sie war nach dem Gottesdienst so unbefangen wie möglich auf Eva Theissen zugegangen, hatte sie kurz am Arm genommen und ihr das mit dem Tuch erklärt. Natürlich war Eva rot geworden. Es war ihr so unangenehm gewesen! Sie hätte doch nicht gewusst, dass ... Friederike hatte auch den selbstgefälligen Blick von

Johanna Deters bemerkt, mit dem sie diese Szene beobachtet hatte.

Friederikes Blick ging wieder aus dem Fenster in den Garten, der sich nun ganz schwarz vor ihr ausbreitete. Sie verachtete Gesetzlichkeit! Sie wandte sich wieder ihrer Aufgabenliste zu. Die nächste fiel ihr leicht: die Handarbeiten der Pflegerinnen kontrollieren, ihnen Arbeitsstoffe besorgen und sie, wo nötig, anleiten. Auch die Kranken konnten je nach Fähigkeit mit leichten Arbeiten beschäftigt werden. Eigentlich sollte sie auch die Handwerker überwachen. Hier schüttelte sie den Kopf und machte sich eine Notiz. Sie konnte und wollte nicht beurteilen, wovon sie nicht wirklich etwas verstand.

Anders war es mit der Krankenpflege selbst. Friederike hatte den Anspruch, immer selbst mit anzupacken, täglich in den Krankenzimmern zu sein und bei den Arbeiten, die niemand mochte, mit gutem Beispiel voranzugehen. Dabei gab es Unterschiede zwischen der Arbeit auf der Männer- und auf der Frauenstation. Bei der Männerstation ging es vor allem um die notwendige Aufsicht über die Tätigkeit der Wärter – ob die Kranken gut gepflegt, gewaschen und gekämmt wurden, ob die Nägel geschnitten waren und die Kleidung ordentlich war und nicht zuletzt, ob die Betten und alle verwendeten Gefäße sauber waren. Immer wieder kam es vor, dass die Männer auf ihrem Zimmer Karten spielten, Schnaps tranken und sich lautstark zankten. Da mussten sie eingreifen. Die Schwestern flickten sogar die zerrissene Kleidung der Männer, damit sie das Krankenhaus nicht zerlumpt verlassen mussten.

Die Krankenpflege bei den Frauen sollten die Schwestern selbstständig verrichten. Dabei sollten die jüngeren Schwestern von den älteren lernen, was zu lernen war: Schröpfen, Aderlassen, Blutegel setzen … Wenn es Ausnahmen gab, zum Beispiel wenn die Schwestern dem Arzt bei den Männern assistieren sollten oder bei Operationen oder Obduktionen, dann mussten diese vom Vorstand ausdrücklich angeordnet sein. Fliedners wollten auch da verantwortlich handeln, je nach der seelischen Reife und der persönlichen Empfindlichkeit der Schwestern.

Die praktische Arbeit war es nicht, die Friederike Sorgen bereitete. Es war diese Stellung, die sie innehatte: zwischen der Anstalt auf der einen und dem Vorstand auf der anderen Seite. Sie wusste, sie brauchte das Vertrauen von beiden. In erster Linie wollte und sollte sie die Mutter der Pflegerinnen sein. Sie sollten mit allem zu ihr kommen und ihr Herz vor ihr ausschütten können. Es war so wichtig, die Frauen nicht einzuschüchtern. Egal, was sie vorbrachten, Friederike wollte sich vor Selbstgerechtigkeit hüten und vor lieblosem Urteilen.

Sie war es, die entscheiden musste, ob die Klage, die eine Schwester vor sie brachte, berechtigt war oder nicht. Sollte sie falsch liegen, wollte sie ihr in Liebe zurechthelfen. Sie würde auch die Kranken vor lieblosem Urteilen der Schwestern schützen müssen. Die Patienten waren das schwächste Glied im Krankenhaus und stellten zugleich das Zentrum ihres Dienstes dar. War Friederike aber ebenfalls der Meinung, dass einem Missstand abgeholfen werden musste, musste sie dies dem Vorstand vermitteln. Oder Hilfsprediger

Ball, überlegte sie. Theodor war so oft fort; ein Seelsorger aber musste immer vor Ort sein. Sie selbst wollte sich nicht in die geistlichen pastoralen Angelegenheiten mischen.

Es war eine schwierige Gratwanderung! Natürlich war Theodor der Kopf des Ganzen. Friederike hatte kein Problem damit, die Stellung ihres Mannes ohne Wenn und Aber anzuerkennen. Aber als Vorsteherin und als Vertreterin der Schwesternschaft musste sie ihm in seiner Eigenschaft als Vorstand auf Augenhöhe begegnen können.

Was war, wenn Theodor die Sache anders ansah oder die Angelegenheit ihm vielleicht einfach nicht wichtig genug erschien? Es gab nur einen Weg, und Friederike wollte ihn gehen: Sie würde die Sache vor Gott bringen. Er würde sie hören und sich kümmern, wie er es immer getan hatte.

Auch wenn sie eine Schwäche bei einer Pflegerin wahrnehmen würde, wollte sie das erst einmal im Gebet bewegen und Gott bitten, dass er der Schwester Klarheit schenken würde. Sie selbst wollte währenddessen aufmerksam sein, damit diese Schwäche keinen Schaden für einen Kranken oder für den Betrieb verursachte. Sie wollte mit Sanftmut vorgehen, wenn sie ermahnen musste. Und notfalls hätte sie auch die Pflicht, der betreffenden Schwester klarzumachen, dass sie diese Angelegenheit dem Vorstand mitteilen musste. Es würde ihr schwerfallen, aber sie wusste, dass sie ohne Ansehen der Person handeln und in jedem Fall wahrhaftig sein musste, um sich nicht schuldig zu machen.

So viel hing davon ab, wie sich der Vorsteher zu ihr und ihren Entscheidungen stellte. Wenn er sie bloßstellen würde … Nein! Theodor brauchte sie, und sie könnte ohne die

Einmütigkeit mit ihm – egal welche Vorsteherin mit egal welchem Vorstand – nicht im Segen tätig sein.

Theodor war ja nicht nur der Direktor der Anstalt, was ein durchaus weltlicher Beruf war; er war auf der anderen Seite auch der Seelsorger. Sie würde sich also in der Not keinem Pastor anvertrauen können, der dann seinerseits mit dem Direktor sprach! Friederike sah voraus, dass sie im Konfliktfall ganz allein dastehen würde. Der Vorsteher hätte das ganze Komitee auf seiner Seite, dazu noch den gesamten Freundeskreis der Anstalt, ein mächtiges Gegenüber. Sie selbst hätte im Ernstfall niemanden. Sie war tatsächlich abhängig davon, ob der Direktor ihr den Rücken stärkte oder nicht.

Es könnte ja auch zum Streit zwischen ihr als Vorsteherin und der Schwesternschaft kommen. Was wäre, wenn sie das Vertrauen der Schwestern verlöre? Eine Zeit lang könnte sie es ertragen und weitermachen, aber irgendwann würde der Punkt kommen, an dem sie den Vorstand um Vermittlung bitten müsste. Könnte oder wollte dieser ihr nicht helfen, gäbe es nur einen Weg: den Dienst zu beenden. Und zwar unabhängig davon, ob der Fehler bei ihr läge oder in der Schwesternschaft. Im Streitfall wäre es sogar denkbar, dass sich die Schwestern untereinander über eine Version des Vorgefallenen einigen würden, um gegen sie als Vorsteherin vorgehen zu können. Friederike kannte nur ein Mittel für einen solchen Fall: Gebet. Sie musste beten, dass so ein Komplott ans Licht käme, beziehungsweise, dass sie es überhaupt bemerkte. In einem solchen Fall wäre die ganze Krankenpflegeschule schon vergiftet und in Gefahr, zu sterben. Friederikes Gedanken gingen zurück in ihre Zeit als junge Lehrerin. Solche Dinge gab es leider nicht nur in der Theorie. Sie hatte es erlebt und wollte es nicht noch einmal erleben hier in dieser bisher gesegneten und so sorgsam geplanten Arbeit.

Ihre Gedanken wanderten weiter. Vor ihrem geistigen Auge ließ sie die Schwestern an sich vorüberziehen. Es gab immer Frauen mit besonderen Begabungen, auch mit Gaben, die ihr selbst versagt waren. Sie wollte sich uneingeschränkt an den Gaben der anderen freuen, doch solange sie die Vorgesetzte war, hatte sie das Sagen und nicht die möglicherweise begabtere Mitarbeiterin. Wenn dieser Fall eintreten würde, dann wäre niemand froher als sie selbst, denn dann würde sie diese Schwester als Vorsteherin empfehlen und sich freudig zurücknehmen.

Weil Friederike außer Haus wohnte, konnte sie nicht alles schaffen, selbst wenn sie nach Möglichkeit täglich mitarbeitete und sich am besten mit allem auskannte. Zusammen mit Theodor musste sie treue, fleißige, erfahrene Pflegerinnen als Aufsicht einsetzen, die ihr dann über das Tagesgeschehen Bericht erstatteten.

Von Herzen gern kümmerte sie sich mütterlich um die Schwestern und ihre Bedürfnisse, um Kleidung, Pflege bei Krankheit, gutes Essen, und dass sie pünktlich ihr Gehalt ausgezahlt bekamen. Zu ihren Aufgaben gehörte es auch, dass sie gemeinsam mit Theodor die Bewerberinnen prüfen und die Anschreiben zusammen durchgehen mussten. Die endgültige Entscheidung aber wollte Friederike ihrem Mann überlassen.

Friederike seufzte. Es war ja nicht so, dass die Bewerberinnen ihnen die Türen einrannten! Im Moment war die Gefahr viel mehr, dass sie jede nahmen, einfach weil niemand anderes da war. Wer sollte also Diakonisse werden? Was waren die Maßstäbe, hinter die man nicht zurückgehen durfte? Für sie war klar: Die Beziehung zum Herrn war das Wichtigste. Die Frauen sollten die Bibel kennen. Sie mussten wahrheitsliebend und auch häuslich geschickt sein. Dazu mussten sie in der Lage sein, selbstständig zu denken, damit sie nach ihrer Ausbildung auch selbstständig handeln konnten. Gefährlich waren Eigenschaften wie Eitelkeit und Gefallsucht. Jemand, der sich selbst der Nächste war, würde nicht genug Liebe für die Kranken aufbringen, um deren Bedürfnisse im Zweifel über die eigenen stellen zu können. Friederike war der Überzeugung, solche Eigenschaften werde sie eher erkennen als ein Mann.

Eine aber noch viel größere Problematik war diese: Jemand konnte durchaus eine gute Krankenpflegerin sein, aber Diakonisse zu sein, bedeutete mehr. Es war ein geistliches Amt – wie das Amt des Pastors. Dieser konnte beispielsweise bei Bedarf die praktischen Aufgaben eines Lehrers oder auch die eines Küsters übernehmen, aber nicht umgekehrt. Schließlich notierte Friederike: *„Eine Diakonisse darf kein Alltagsmensch sein, sonst wird die Welt belogen.“* Die Menschen würden nur die Verpackung sehen, aber auf den Inhalt kam es an: auf die Liebe Jesu, die sie weitergeben und die die Kranken anziehen würde. Sie fuhr fort: *„Man trenne von dem Dienst der Pflegerin ganz das Geistliche und lasse sie leibliche Krankenwärterin sein.“* Es musste auch auf Dauer gute Krankenpflege ohne Diakonissenanstalt geben, davon war sie überzeugt. Man durfte nicht beides unbedingt verklammern wollen, wenn eine tüchtige Krankenpflegerin keine Berufung zur Diakonisse hatte, sondern einfach durch ihre Tätigkeit die Not der kranken Menschen lindern wollte. Das sah Theodor anders. Er war der Meinung, eine straffe, detaillierte Dienst- und Hausordnung, an die jede Schwester sich halten musste, würde hier entgegenwirken können. Aber konnte man mit Paragrafen fehlende Berufung ersetzen?

Friederike blies das Licht aus. Für heute war es genug. Theodor und sie mussten immer wieder ihrem Herrn vertrauen, dass er ihnen Weisheit gab und sie leitete – und sie mussten es aushalten, dass es auch verschiedene Meinungen gab, obwohl sie auf einem Weg waren und das Ziel klar war.

Es geht aufwärts

~ 1838

Der Herr ist gut, in dessen Dienst wir stehn,
wir dürfen ihn in Demut Vater nennen;
wenn wir nur treu auf seinen Wegen gehen,
so sehn wir ihn vor zarter Liebe brennen.
Dies Wort gibt uns im Kampfe Kraft und Mut:
Der Herr ist gut.

(JOHANN JAKOB RAMBACH)

Nach Theodors Rückkehr von seiner so erfolgreichen Reise durch Süddeutschland war er gleich wieder voll eingespannt. In seiner Person vereinigte er die verschiedensten Positionen: Er war Gemeindepastor, dann Sekretär von drei Vereinen – dem Rheinisch-Westfälischen Gefängnisverein, dem Verein für evangelische Kleinkinderschulen und dem evangelischen Verein für christliche Krankenpflege in Rheinland und Westfalen –, er war der Direktor des Asyls und der Inspektor der neuen Bildungsanstalt; außerdem Verwaltungsleiter, Schriftführer, Lehrer und schlussendlich der Kollektant der Diakonissenanstalt. Letzteres hatte sich zu seiner Haupttätigkeit entwickelt.

Von Juli bis Dezember hatten sich schließlich fast 70 Besucher ins Fremdenbuch der Kaiserswerther Diakonieanstalt eingetragen. So war am 5. September Ihre Hoheit, die Prinzessin Friedrich von Preußen[9], Wilhelmine Luise, schon zum zweiten Mal da gewesen. Am 10. September kam ihr Sohn, Prinz Alexander von Preußen, mit seinem Adjutanten und trank mit Fliedners Tee. Friederike erwähnte es in einem ihrer langen Briefe an ihre treue Freundin Amalie Focke in Berlin und bemerkte dazu konsequent und selbstbewusst, dass sie nicht der Meinung war, diesem hohen Besuch dabei etwas Besonderes anbieten zu müssen. Schließlich kamen diese Menschen ja, um das Reich Gottes zu fördern.

Während dieser Besuche ging Friederike selbstverständlich weiter ihren gewohnten Tätigkeiten nach. Sie war unermüdlich auf den Beinen, sie gab überall Anweisungen und schnitt zum Beispiel auch Stoffe zu. Sie selbst kam allerdings nicht mehr zum Nähen und Stricken, sosehr sie beides auch liebte und sich dabei entspannen konnte. Auch ihren Schwestern empfahl sie als Gegengewicht zu ihrer anstrengenden Pflegetätigkeit Handarbeit als Ausgleich. Ihre eigene sogenannte Freizeit war jedoch ausgefüllt mit Schreibtischarbeit, bis ihr der Kopf rauchte ...

Und natürlich waren da auch noch immer ihre Kinder. Friederike empfand es als ungeheuer spannend, wie unterschiedlich sie sich entwickelten. Luise mit ihren acht Jahren war ernsthaft, intelligent und hatte ein gutes Gedächtnis. Simonette, ihr liebes Nettchen, dagegen war so wunderbar fröhlich, einfach ein sonniges Kind. Ihr fiel eine Szene ein: Theodor und sie hatten sehr geweint, als sie vom Tod seines ältesten Bruders erfahren hatten. Simonette konnte das gar nicht verstehen. Sie fragte: „Weinst du, Mutter, weil der Onkel in den Himmel gekommen ist? Das ist so schön, so schön, der freut sich mit den Engeln, ist beim lieben Gott, beim Herrn Jesus. Mutter, sterbe ich noch nicht, damit ich in den schönen Himmel komme?" Friederike konnte diese kindlichen Fragen nicht vergessen.

Als Theodor am 19. November für zwei Wochen nach Elberfeld zum Spenden sammeln aufbrach, war sie sicher, erneut schwanger zu sein.

Es war eine herausfordernde Zeit. Unverhofft musste sie ständig Entscheidungen treffen und wusste doch nie sicher, ob sie im Sinne ihres Mannes handelte – oder war er inzwischen mehr ihr Vorgesetzter?! Es gab Tage, da wusste sie nicht, was schwerer wog: ihre Liebe zueinander, ihre Beziehung als Ehepaar oder die Angelegenheiten der Anstalt? Und immer der Spagat, den ihre Position mit sich brachte: Die meisten Gespräche mit den Schwestern waren meist auch irgendwie seelsorgerlich und auf jeden Fall vertraulich. Auf der anderen Seite erwartete Theodor von ihr, über alles unterrichtet zu werden.

Zunächst traf etwas ein, was sie beide und alle Freunde mit ihnen seit Langem mit Hoffen und Bangen erwartet hatten: ein höchst offizielles Schreiben der Regierung, das den Diakonissenverein bestätigte. Friederikes und Theodors Freude war groß. Nun war die Anstalt kein rein privates Unternehmen mehr. Und als zusätzliches Geschenk wurde ihnen Portofreiheit für die Dienstpost der Diakonissenanstalt gewährt und 1800 Taler zinsfrei auf zehn Jahre!

Eine gute Woche, nachdem Theodor abgereist war, kam eine Anfrage der Krankenhausverwaltung des Bürgerkrankenhauses in Elberfeld mit der Bitte um eine Krankenwärterin aus Kaiserswerth. Dieser Bitte konnten und wollten sich Fliedners nicht entziehen, denn die Fabrikbesitzer und Kaufleute dieser reichen Industriestadt hatten die Anstalt bisher unsagbar großzügig unterstützt.[10]

Elberfeld hatte, wie Barmen und das ganze Wuppertal, ein intensives kirchliches Leben. Viele Kirchen waren gegründet worden. Wenn sich in diesem Umfeld die neuen Diakonissen bewährten, würde sich der gute Ruf in der evangelischen Welt auf dem europäischen Festland schnell verbreiten. Friederike dachte sofort an die Kaiserswerther Absolventin Katherine Weintraut, die bei der Privatpflege in Rheydt von allen Seiten nur gelobt worden war.

Zwischen Katherine und der ihr vorgesetzten Johanna Deters bahnte sich derweil ein Konflikt an. Johanna hatte Ende Mai 1838 den Haushalt der Anstalt übernommen; nun beobachtete Friederike mit Sorge, wie sich die tüchtige, selbstbewusste Katherine immer mehr in Johannas Arbeitsbereiche einmischte. Sie tat das in aller Selbstverständlichkeit – und Friederike bemerkte, dass Johanna nach und nach alle Felle davonschwammen. Und jetzt wollte Theodor, dass sie Katherine auch noch das Haushaltsbuch der Anstalt übergab, damit diese Buchführung erlernte. Friederike entschied sich dafür, einzugreifen und hoffte, dass ihr Mann einverstanden sein würde.

Zuerst übergab sie Katherine stattdessen nur die Rechnungen für die Kleinkinderschulen und riet ihr, daran schon mal zu üben. Anschließend rief sie Johanna Deters zu sich. Die Schwester trat ein, mit gesenktem Kopf. Auch als sie sich setzte, konnte sie ihrer Vorsteherin nicht in die Augen schauen. Friederike lächelte sie an und betete im Stillen, dass ihr die richtigen Worte einfallen sollten, um dieser Verschlossenheit und dieser aufgestauten Wut zu begegnen. „Meine liebe Johanna", sagte sie mit aller Wärme, „Wie geht es Ihnen bei der Arbeit und insbesondere mit Katherine?" Sie sah, wie die Pflegerin sich versteifte. „Was soll ich sagen, Frau Pastorin?", stieß sie schließlich hervor. „Sie macht ja doch alles, wie sie denkt." Friederike legte ihre Hand auf die verkrampfte ihres Gegenübers. „Sie wissen, Sie sind ihr vorgesetzt. Nur Mut, Johanna. Menschen wie Katherine kann man nur mit Liebe beikommen. Mein Mann und ich stehen zu Ihnen." Johanna Deters nickte stumm.

Friederike kam bei ihr nicht weiter. Nachdem Johanna gegangen war, suchte sie daher Katherine auf und versuchte, sie zu ermutigen, mehr auf die anderen Schwestern zuzugehen und Gemeinschaft mit ihnen zu suchen. Und sie betete für die beiden. Tatsächlich atmete Friederike erleichtert auf, als sie nachmittags beide Schwestern von ihrem Fenster aus einträchtig und anscheinend in freundlichem Gespräch durch den Garten gehen sah.

Aber auf längere Sicht schien es ihr mehr als fraglich, ob Johanna sich für eine leitende Stellung eignete. Ihr fiel ein, was Gertrud Reichardt ihr erzählt hatte. Friederike hatte Johanna einmal im November ganz vorsichtig gefragt, ob sie eigentlich wisse, warum man Advent feiere. Im Gesicht der Schwester konnte sie lesen, dass Johanna noch nie darüber nachgedacht hatte – und dass ihr diese Tatsache höchst unangenehm vor der Frau Pastorin war. Friederike hatte eingelenkt. Sie hatte schnell den Kopf geschüttelt und mit großer Überzeugung gesagt, was sie glaubte: „Liebe Johanna, Sie werden es lernen. Und vergessen Sie nie: Das Wissen allein hilft uns doch nicht. Christus lieben ist der Hauptgrund des Wortes Gottes." Johanna hatte den Kopf gesenkt und sich verabschiedet. Von Gertrud Reichardt ließ sie sich die Frage dann beantworten. Vor Theodor hatte sie nämlich einen Heidenrespekt, wenn nicht gar Angst.

Diese kleine Episode bestätigte, dass es einfach nötig war, dass es jeden Abend Bibelunterricht für die Pflegerinnen und die Lehrerinnen gab – entweder unterrichtete Theodor selbst oder der treue Kandidat Ball, wenn Theodor unterwegs war. Aber nicht nur das dürftige Bibelwissen war problematisch, sondern auch der allgemein sehr niedrige Bildungsstand der meisten Bewerberinnen. Eigentlich fingen sie mit jeder Schwester wieder ganz von vorne an.

Eben jetzt dachte sie an die neue Probepflegerin Karoline Köbel, die im Juli zu ihnen gekommen war. Sie hatte kein gutes Gefühl bei dieser Frau. Dass sie ständig kränkelte, war nicht zu ändern. Eine Zeit lang musste man das beobachten; vielleicht musste sie sich erst einleben. Aber die Klagen über ihre Nachlässigkeit häuften sich. Friederike hatte es auch schon selbst beobachtet. Die Frage war, ob Karolines Berufung zur Diakonisse echt war. Fertigkeiten konnte man lernen, das Arbeitstempo steigern. Aber alles andere?!

Friederike runzelte die Stirn. Es war eher ihre geistliche Haltung, die sie infrage stellte. Diakonisse zu sein war keine Gefühlssache. Gefühle trugen nicht, wenn es hart wurde. Es war die Gewissheit, von Gott gerufen zu sein in seinen Dienst und das Gegründetsein in Gottes Wort. Bei Karoline empfand sie etwas Schwärmerisches. Und ständig ließ sie sich auf der Männerstation sehen. Es schien ihr Freude zu machen, sich vom Doktor dort hinschicken zu lassen, auch wenn ganz klar abgemacht war, dass ihr Platz auf der Frauenstation war. Sie musste mit Theodor noch einmal darüber reden, damit sie seine Rückendeckung hatte im Konflikt mit dem Doktor. Es war wichtig klarzustellen, dass der Vorsteher oder eben sie die Entscheidung darüber trafen, wo die einzelnen Schwestern eingesetzt wurden und nicht der Arzt die Pflegerinnen nach eigenem Gutdünken zwischen den Stationen hin- und herschickten konnte. Und in Karolines Fall hatte sie kein gutes Gefühl. Dasselbe galt für Lenchen Osthoff; sie war einfach noch zu leichtsinnig. Aber mit ihr konnte man reden. Sie war im Grunde sehr zugänglich und hatte die richtige Herzenshaltung.

Ja, genau: Lenchen! Wenn sie sich beeilte, konnte sie noch rasch vor dem Essen zu ihr gehen. Die Schwester pflegte Tag und Nacht die kranke Frau Köhler in ihrer Wohnung. Schnell schlüpfte Friederike in ihren Mantel. Es war so wichtig, dass sie selbst auch regelmäßig nach diesen Kranken sah, die im Ort gepflegt wurden – und Friederike tat diesen Dienst sehr gern. Es war doch etwas Wunderbares, einer so geschwächten Frau einfach wohlzutun und ihr dabei noch etwas Ermutigendes zusprechen zu können. Das war es, was sie am meisten liebte! Viel mehr als Zahlenkolonnen oder dieses Gerangel um Zuständigkeiten! Dafür lohnte sich der ganze Dienst.

Ein Tag im Krankenhaus Kaiserswerth

Fang dein Werk mit Jesu an,
Jesus hat's in Händen;
Jesum ruf zum Beistand an,
Jesus wird's wohl enden.
Steh mit Jesu morgens auf,
geh mit Jesu schlafen,
führ mit Jesu deinen Lauf,
lasse Jesum schaffen.

(WALDENBURG, SCHLESIEN)

Mittlerweile hatte sich für die Krankendiakonissen und die Kleinkinderlehrerinnen ein klar strukturierter Tagesablauf bewährt. Theodor Fliedner hatte ihn für die Hausordnung, die jede Schwester unterschreiben musste, verfasst.

Im Winter begann der Tag um 6 Uhr früh, im Sommer bereits um 5 Uhr mit persönlichem Gebet und dem Aufräumen der Schlafstube. Nachdem sie rasch etwas zu sich genommen hatten, gingen die Krankenpflegerinnen in die Zimmer, um dort aufzuräumen, sich um die Bedürfnisse der Kranken zu kümmern und das Frühstück zu verteilen. Währenddessen halfen die Lehrerinnen nach Bedarf im

Haushalt oder bereiteten sich auf den Unterricht vor. Jede Woche wurde abgewechselt, wer an der Reihe war, die Zimmer und den Flur zu fegen und Feuer im Ofen zu machen. Anschließend, um 6.30 oder 7.00 Uhr, frühstückten alle gemeinsam. Gertrud Reichardt sprach ein kurzes Tischgebet vor dem Essen, und danach hielt sie auch für die Mitarbeiter und die evangelischen Hausbewohner die tägliche Andacht mit Lesung und Gebet.

Von 7.30 bis 11 Uhr galt es, Betten zu machen, Patienten zu waschen, Nachttöpfe auszuleeren und dergleichen mehr. Sobald Dr. Thoenissen kam, begleitete ihn die zuständige Schwester auf seiner Runde an die Krankenbetten, berichtete über den Zustand der Kranken und notierte seine Anweisungen, um diese anschließend auszuführen. Die Lehrerinnen bereiteten weiter den Unterricht vor und gingen dann um 9 Uhr zur Kleinkinderschule hinüber, um dort zu hospitieren und praktisch zu helfen. Um 11 Uhr wurde den Patienten das Mittagessen ausgegeben. Die Lehrerinnen hatten nun Zeit, das Gelernte und Gesehene zu notieren.

Das gemeinsame Mittagessen mit vorherigem und nachfolgendem Gebet begann um 12 Uhr. Anschließend, wenn nicht etwas Dringendes anlag, las Gertrud Reichardt den Schwestern etwas zur geistlichen Stärkung vor oder sang mit ihnen ein Lied. Danach war für eine Stunde Bewegung in frischer Luft angesetzt, entweder im Garten oder bei einem Spaziergang.

Von 14 bis 16 Uhr war jede dann wieder in ihrem Beruf tätig. Die Kranken bekamen eine kleine Stärkung, und die Schwestern lasen nach Möglichkeit aus der Bibel oder einem christlichen Buch vor. Die Lehrerinnen waren in dieser Zeit wieder in der Schule.

Von 16 Uhr bis 16.30 Uhr war Kaffeepause mit Gebet, danach gingen die Pflegerinnen wieder an ihre Arbeit, während die Lehrerinnen nun selbst von 16.30 bis 18 Uhr Unterricht hatten und anschließend eine Stunde Zeit, um das Gelernte für sich zu vertiefen oder im Haushalt mitzuhelfen. Um 18 Uhr erhielten die Patienten ihr Abendbrot, eine Stunde später aßen die Mitarbeiterinnen gemeinsam zu Abend.

Danach trafen sich die Diakonissen zu gemeinsamer Handarbeit – es sei denn, es war eine Unterrichtsstunde durch den Arzt oder Theodor Fliedner angesetzt. Auch die Lehrerinnen setzten sich mit ihrer Handarbeit dazu. An manchen Abenden erhielten sie noch Gesangsunterricht.

Ab 21 Uhr kümmerten sich die Pflegerinnen nochmals eine halbe Stunde um ihre Patienten und versorgten sie für die Nacht. Zum Tagesabschluss gab es noch eine Hausandacht, bei der aus einem Andachtsbuch gelesen, gebetet und gesungen wurde.

Die Nachtruhe begann für alle um 22 Uhr – bis auf die Schwestern, die bei Bedarf die Nachtwache bei den Kranken übernehmen mussten. Die eine wachte von 22 Uhr bis 4 Uhr morgens, dann wurde sie abgelöst. Wer Nachtwache hatte, blieb am anderen Morgen bis zum Mittag liegen. Es war klar geregelt: Keine Schwester durfte zwei Nächte hintereinander wachen, noch nicht einmal eine halbe Nacht. Und nur, wenn es nicht anders ging, folgte der nächste Nachtdienst bereits wieder drei Nächte darauf.

Das Bürgerkrankenhaus in Elberfeld

~ 1839

> Liebe, die du Kraft und Leben,
> Licht und Wahrheit, Geist und Wort;
> Liebe, die sich ganz ergeben
> mir zum Heil und Seelenhort:
> Liebe, dir ergeb ich mich,
> dein zu bleiben ewiglich.
>
> (JOHANN SCHEFFLER)

„Herr Pfarrer, der Wagen ist da!" Die Haushälterin der Fliedners, Luise Neubauer, stand mit roten Wangen von der Januarkälte am Frühstückstisch. Simonette, sieben Jahre alt, verzog das Gesicht und schmiegte sich an den Papa. „Ach, Papa", sagte sie zärtlich, „kann der Wagen denn nicht erst morgen fahren? Heute ist doch dein Geburtstag, und du hast mein Geschenk noch gar nicht ausgepackt!" Theodor legte den Arm um seine Tochter, worauf sich erst Mina und dann die kleine Johanna von der anderen Seite an ihn drängten. „Natürlich muss ich gleich dein Geschenk anschauen, Nettchen. Lass doch mal sehen, hm, einen neuen Tintenwischer hast du gestickt, ja, das ist ja genau das, was ich brauche …" Simonette strahlte ihn an, noch eine kleine Träne im Augenwinkel. Friederike erhob sich. „Luise, lassen Sie doch den Kutscher auch eine Tasse Kaffee trinken und ein Stück vom Geburtstagskuchen probieren, wenn er dann noch einen Augenblick auf uns warten will!"

Aber der gemütliche Moment war schneller vorbei, als den kleinen Mädchen recht war. Friederike tat es leid wegen ihrer Enttäuschung. Es hatte sich nicht anders machen lassen. Die Schwestern Eva Theissen und Katherine Weintraut wurden heute im Bürgerkrankenhaus in Elberfeld erwartet, und Theodor und Friederike hatten beschlossen, sie selbst dorthin zu begleiten, bis alles Notwendige geklärt und geregelt war.

Es war ein bitterkalter Morgen, dieser 21. Januar 1839 – Theodors 39. Geburtstag. Friederike war froh über den Wagen, den ihr Mann für die Fahrt gemietet hatte, – mit vier Sitzen und ringsum voll zu verschließen – und dankbar für den festen Griff seiner Hand, als er ihr hineinhalf. Es war selbstverständlich, dass die Vorsteherin mitkam, aber ihr Baby hatte dafür weniger Verständnis. Sie setzte sich zurecht, so bequem es ging, und legte vorsichtig die Hand auf ihren Bauch.

Auch die beiden Schwestern waren eingestiegen. Eva Theissen sichtlich nervös, Katherine ruhig und beherrscht wie immer. Friederike konnte nur noch kurz ihren Mädchen eine Kusshand zuhauchen, dann zog der Wagen an, und sie rasselten davon über die holperige gefrorene Straße durch das dunkle Städtchen. Zunächst blieb es still in der Kutsche. Die Nacht war kurz gewesen. Man wickelte sich in die Decken, so gut es ging, und hing seinen Gedanken nach.

Als es heller wurde, rieb Friederike am vereisten Fenster mit einem Zipfel ihres Schals, bis sie ein wenig von der vorbeizuckelnden Landschaft erkennen konnte. Sie kam so selten aus dem Haus. Eigentlich bewegte sie sich meistens nur zwischen Pfarrhaus und Krankenhaus hin und her. Sie konnte sich kaum daran erinnern, wann sie das letzte Mal wirklich fort gewesen war.

Viel war nicht zu erkennen an diesem trüben kalten Januarmorgen. Eintöniges Flachland im Nebel, kahle graue Weiden, hohe Pappeln, ab und zu ein Eselswagen mit Milchkannen und Brotkörben, ein zweirädriger Karren, der Kartoffeln geladen hatte ... Theodor räusperte sich und nahm ein paar eng beschriebene Blätter aus seiner Tasche. „Vielleicht gehen wir das noch einmal miteinander durch, wo wir noch so unter uns sind," begann er und beugte sich zu den beiden Schwestern hinüber. „Die Instruktion für Ihre Arbeit habe ich Ihnen ja schon im November mitgebracht. Ihr Gehalt von 30 Talern wird Ihnen auch weiterhin von der Anstalt ausgezahlt. Dazu geben wir 5 Taler extra, falls Sie noch etwas mehr brauchen, wo Sie jetzt auf sich selbst gestellt sind." Die Instruktion – sie war so wichtig, gerade jetzt, in der neuen Situation. Sie war auch dazu da, die Schwestern vor der Willkür ihrer Arbeitgeber und vor den Begehrlichkeiten jener Männer zu schützen, die eigenständig lebende, unverheiratete Frauen nicht gewöhnt waren. Die Kaiserswerther Schwestern gehörten zu den ersten Frauen, die auf diese Weise selbstständig berufstätig waren.

Die beiden Frauen nickten. „Wir werden auch noch einmal mit der Anstaltsleitung zu reden versuchen, was die grobe Hausarbeit angeht. Bisher wurde auch sie weitestgehend von den Wärterinnen getan. Unser Anliegen wird sein, dass Sie sich wirklich auf die Pflege konzentrieren können. Aber Sie wissen ja: Aller Anfang ist schwer. Wir werden unser Bestes tun. Der Herr wird Ihnen die Kraft geben, die Sie nötig haben. Sie werden aber auch Geduld haben müssen." Er blickte beiden forschend ins Gesicht. Sie nickten wieder, dann fragte Katherine Weintraut: „Herr Pfarrer, Sie wissen nicht, wie es dort am Sonntag sein wird, oder?" „Sie meinen, ob Sie frei haben werden, um zum Gottesdienst zu gehen?" Theodor hob die Schultern. „Wie ich sagte, Sie brauchen vorerst einen langen Atem. Sie werden den Weg für andere Diakonissen bereiten. Noch ist das alles ganz neu für die Menschen. Sie müssen erst einmal begreifen, welchen Wert die Krankenpflege hat, und dass das Geistliche dazugehört – auch dass die Schwestern geschont werden müssen, damit sie auf lange Sicht eine gute Arbeit tun können. Zögern Sie nicht, sich in allen Nöten meiner Frau und mir anzuvertrauen! Und ich weiß, unser Herr wird Sie auch nicht im Stich lassen in der Fremde." Er runzelte die Stirn. „Etwas noch: die Trinkgelder." Die Frauen nickten unbefangen. „Denken Sie immer daran, dass Sie keine Dienstmagd sind. Ihre Stellung erlaubt es Ihnen nicht, Trinkgeld anzunehmen. Sie müssen ganz deutlich ablehnen." Eva Theissen meinte zögernd: „Herr Pfarrer, wissen Sie, das ist nicht so einfach. Die Leute sind es gewohnt. Sie kommen einfach und drücken einem das Geld in die Hand. Ich will nicht unhöflich sein." Friederike nickte. „Natürlich nicht, Schwester Eva. Wenn Sie fühlen, dass es von Herzen kommt, dann sagen Sie den Leuten, dass Sie das Geld für das Krankenhaus in Elberfeld oder für die Anstalt annehmen. Damit sind sie gewiss einverstanden, und Sie haben Ihre Würde gewahrt."

Trotz des gut gepolsterten und bequemen Wagens waren die Frauen erleichtert, als sie schließlich Elberfeld erreichten. Staunend betrachteten sie die schönen Patrizierhäuser, an denen der Wagen jetzt entlangfuhr. Theodor lächelte: „Prächtig anzusehen, nicht wahr? Aber Sie werden schnell auch die Schattenseiten der Stadt kennenlernen. Die Bevölkerung wächst ständig und mit ihr die Armut der Arbeiter. So, da ist es schon!"

Friederike beugte sich gespannt vor. Das Bürgerkrankenhaus bestand bereits seit 16 Jahren, ein dreistöckiges Gebäude, an der Aue gelegen.

Friederike fühlte sich steif und durchgerüttelt, als ihr Mann ihr aus dem Wagen half. Aber sie strich ihr Kleid glatt und versuchte, sich so unbefangen wie möglich aufzurichten. Tatsächlich war die Müdigkeit erst einmal verflogen, als sie durch das Haus geführt wurden. Es gab vier Krankenzimmer mit jeweils vier Betten – allerdings nur zur Hälfte belegt, zumeist mit Männern, wie sie feststellten. Es seien wandernde Handwerkergesellen aus der Fremde, wurde ihnen erklärt. Nur vier weibliche Patientinnen waren zu betreuen.

Friederike fiel sogleich auf, dass in dem Haus bisher ein anderer Geist geherrscht hatte. Überall war zu sehen, dass bisher nur das Notwendigste an Pflege geleistet worden war. Die Kleidung der Kranken war teilweise verschmutzt und zerrissen. Die Betten waren nur notdürftig gemacht, geschweige denn, dass in letzter Zeit die Bettwäsche gewechselt worden wäre. Mancher Nachttisch starrte von Tee- und Essensresten. Sie wechselte einen Blick mit Katherine Weintraut, die neben ihr ging, und sah, dass sie dasselbe dachte. Der Verwalter hob bedauernd die Arme: „Frau Pastorin, ich sage Ihnen, wie es ist. Sie werden die Wärterinnen noch kennenlernen. Eine, unsere Frau Hoffmann, wird in Zukunft für die Hauswirtschaft zuständig sein. Wir mussten nehmen, wen wir kriegen konnten."

Fliedners blieben einige Tage in Elberfeld, ausgefüllte, geschäftige Tage. Erleichtert stellte Friederike fest, dass nicht nur sie selbst, sondern auch Eva und Katherine gleich alle Schüchternheit vor den neuen Patienten verloren, als sie Stück für Stück so zu pflegen und zu wirtschaften begannen, wie sie es von Kaiserswerth her gewohnt waren. Der Herr wird ihnen Hilfe und Schild sein, dachte sie zuversichtlich. Er hat uns nie versprochen, dass es keine Schwierigkeiten geben wird, aber er wird ihnen durchhelfen, sie werden es erfahren. Ebenso wie in Kaiserswerth gab es auch hier keinen Tag, an dem nicht aus der Bibel vorgelesen wurde – und sie erlebten staunend, wie gerade am Anfang jeden Tag mehr Patienten auch aus den hinteren Zimmern kamen, um zuzuhören. Natürlich fügte sich nicht alles so leicht. Wie Theodor vorausgesehen hatte, würden die Sonntage bis auf Weiteres keine Tage der Erholung sein: Sonntags kamen die Besucher und brachten viel Unruhe ins Haus. Die Haustür stand stets unbeobachtet offen. Das war besonders hart, da die Schwestern von Anfang an auch neben ihrer Arbeit am

Tage Nachtwachen bei den Typhuskranken übernehmen mussten. Und die frühere Wärterin, die nun im Haushalt arbeitete, war von der neuen Regelung mit den Trinkgeldern gar nicht begeistert, genauso wenig wie der Hausknecht. Und aus dieser Meinung machten die beiden auch keinen Hehl.

Kaum zurück in Kaiserswerth, setzten bei Friederike die Wehen ein. Ihr Baby wurde zu früh und tot geboren. Der Arzt ordnete mit großer Bestimmtheit an, dass sie, obwohl es ihr körperlich nicht schlecht ging, zwei Wochen lang das Bett hüten sollte. Wenn sie so still dalag und nachdachte, konnte sie sich vorstellen, Jesus säße an ihrem Bett und hielte ihre Hand. Sie wusste, dass er gute Gedanken über ihrem Leben hatte. Manchmal hatte sie den Eindruck, sie könne sein Erbarmen wirklich fühlen. Nachts, wenn sie nicht schlafen konnte, konnte sie manchmal hören, wie die kleine Mina im Schlaf mit heller Stimme zu singen begann: Lobt Gott, ihr Christen allzugleich ... Wenn sie dann leise an ihr Bettchen schlich, saß die Kleine aufrecht da, sang noch eine Strophe, dann kuschelte sie sich wieder unter ihre Decke und schlief weiter.

In solchen Augenblicken spürte Friederike, wie warme Freude ihr trauriges Herz überspülte. Sie empfand es wie ein Geschenk.

Nachmittags lauschte sie, wenn die drei größeren Mädchen nebenan spielten. Es war köstlich, mitanzuhören, wie sie Lehrerin oder Pflegerin spielten und dabei ganz unbewusst die Frauen aus dem Krankenhaus und der Kleinkinderschule nachahmten. Dann konnte Friederike in ihrem

Bett mitunter nicht anders, als Tränen zu lachen. Manchmal staunte sie auch, was ihre Töchter schon von der Bibel wussten und es einfach so ganz kindlich in ihr Spiel mit einfloss. Ja, man könnte sich fast daran gewöhnen, einfach nur mal so dazuliegen, nichts zu müssen und umsorgt zu werden.

In dieser Zeit kam sie auch endlich mal wieder dazu, einen Brief an ihre beste Freundin zu schreiben. Mit Amalie Focke musste sie einfach alles teilen. Auch sie hatte gerade entbunden, nach drei Söhnen nun eine Tochter. Friederike schrieb und schrieb, alles, was ihr auf dem Herzen war – auch dann noch, als sie ihre Tätigkeiten wieder aufnehmen konnte, während sie beispielsweise am Bett ihrer kranken Kinder saß. Zwischendurch blieb der Brief liegen – Porto war teuer – und erst Anfang April kam sie zum Ende: *„Mit herzlicher Liebe und in Hoffnung eines baldigen Wiedersehens immer deine treu verbundene F. Fliedner."*

Auch zu Katherine Göbel, die nach wie vor treu im Asyl für die haftentlassenen Frauen tätig war, hatte Friederike eine herzliche Beziehung. Sie litt mit ihr, als Katherine nach einer überstandenen Grippe schwerhörig wurde und oftmals daran zweifelte, ob sie für ihren Posten überhaupt noch geeignet sei. Fliedners waren so dankbar, dass sie dennoch nicht aufgab – wie hätten sie sie ersetzen können mit der ihr eigenen Sanftmut und Belastbarkeit?

Dann waren da die regelmäßigen Berichte der beiden Schwestern aus Elberfeld. Sie gaben ihr Bestes, um die Kranken nicht nur zu pflegen, sondern ihnen auch die Bibel als das Wort Gottes nahezubringen. Vom Verwalter mussten sie sich anhören, die Bibel würde die Menschen nur verdummen, und das Umfeld war insgesamt kein einfaches: Die Handwerksgesellen, die den Großteil der Patienten ausmachten, stritten und fluchten den ganzen Tag. Arbeit hatten die Schwester also wahrlich genug, wie Katherine Weintraut schrieb.

Manches war anders als in Kaiserswerth. Dort hatten die Kranken kaum etwas zahlen müssen, hatten allerdings auch je nach ihrem Befinden bei Handarbeiten mitgeholfen. In Elberfeld musste jeder Patient 3 Taler pro Woche für den Aufenthalt und die Behandlung aufbringen.

Katherine und Eva waren daran gewöhnt, für saubere Wäsche bei den Kranken zu sorgen und auch dafür, dass die Patienten regelmäßig baden konnten – dies war hier bisher nur am Tag der Entlassung üblich. Auch der Streit wegen der Trinkgelder war noch nicht beigelegt. Weder Eva noch Katherine machten Anstalten, dieses Geld einzufordern – so wie Theodor es angeordnet hatte. Deshalb wurde ihnen eine extra dafür bestimmte Dose demonstrativ hingestellt und nach jeder Entlassung kam Dr. Dortsches Frau, um missbilligend auf ihr angebliches Versäumnis hinzuweisen.

Sehr anstrengend waren die ständigen Nachtwachen bei den Typhus- und Nervenkranken. Die Schwestern waren ja nur zu zweit, sodass die eine den Dienst bis Mitternacht tat und die andere sie dann ablöste. Kein Wunder, dass die beiden nicht dazu kamen, für ihre eigene Kleidung zu sorgen und sehr dankbar für Päckchen aus Kaiserswerth mit frisch gestrickten Strümpfen und anderen Kleinigkeiten waren.

Zudem waren beide doch recht einsam und auf sich gestellt. Es gab kaum Abwechslung und auch der Gottesdienstbesuch war nur in Ausnahmefällen möglich. Sie fühlten sich fremd in der großen Stadt – außerdem war es einfach nicht üblich und auch nicht ratsam, dass unverheiratete Frauen allein auf die Straße gingen.

Aber die beiden hielten durch. Die Verwaltung war schließlich voll des Lobes über ihr Verhalten und ihre Arbeit – bis Theodor am 22. Juni ziemlich erregt vor Friederikes Schreibtisch stand. Sie war ganz vertieft in ihre Rechnungen gewesen. Es war schon spät, aber sie hatte noch einiges aufarbeiten wollen, während sie auf seine Rückkehr von einer Kollektenreise nach Barmen wartete.

Jetzt sprang sie auf und lächelte ihn an: „Mein Lieber! Ich habe dich gar nicht kommen hören. Ist in Barmen alles gut gegangen?" Theodor fuhr sich mit der Hand über die Stirn und ließ sich schwer in einen Stuhl fallen. „Was ist los? Schlechte Nachrichten?" „Kann man so sagen.", entgegnete er. „Die Eva Theissen hat sich verlobt, schon vor Wochen." „Verlobt? Mit wem?", fragte Friederike verständnislos. „Inspektor[11] Frische hat es mir eben erzählt. Sie hatte Dr. Dortsche verboten, es uns zu sagen. Anscheinend ist sie mit dem Mann abends im Garten herumspaziert. Dortsche hat sie gesehen und natürlich gleich darauf angesprochen. Tja, aber er hatte offensichtlich kein Problem damit und hat ihr erlaubt, den Mann mit auf ihr Zimmer zu nehmen und Arm in Arm mit ihm auf der Straße herumzulaufen." Friederike sah Eva Theissen vor sich. Vielleicht war es zu früh gewesen, sie selbstständig in der fremden Stadt leben zu lassen? Wer wusste schon, was wirklich im Herzen des anderen war? Möglicherweise hatte sie mit ihren 37 Jahren nicht mehr damit gerechnet, noch einen Mann zu bekommen und dann ihre Chance gesehen?

Sie dachte zurück an den Tag vor etwas mehr als einem halben Jahr, als Theodor diese Schwester am 3. Dezember 1838 für fünf Jahre als Diakonisse eingesegnet hatte. Auf den Knien hatten sie gebetet. Wie berührt und ergriffen Eva damals gewesen war! Zu Gertrud Reichardt hatte sie vom „wichtigsten Tag ihres Lebens" seit ihrer Konfirmation gesprochen.

Als Friederike aufschaute, konnte sie ihrem Mann ansehen, dass er dasselbe dachte. „Die Hände lege niemandem zu bald auf, hat schon Paulus dem Timotheus geraten", sagte er leise. „Haben wir sie vielleicht nur genommen, weil sonst niemand da war?" Sie setzte sich zu ihm und legte ihre Hand auf seine. „Wir wissen es nicht. Wir können nur in Zukunft noch mehr beten und Gott vertrauen. Wenn es dir recht ist, fahre ich nach Elberfeld und hole Eva zurück, oder was denkst du?" Er nickte. „Es war ganz und gar nicht in Ordnung, dass sie sich uns nicht anvertraut hat. Sie wusste, dass das der richtige Weg gewesen wäre. Wie werden sie nun in Elberfeld und anderswo über die Kaiserswerther Schwestern reden? Kaum ist eine von uns auf sich gestellt, bändelt sie mit irgendeinem Mann an. Darauf haben die bösen Zungen doch nur gewartet. Wo ist denn da der Unterschied zu den Wärterinnen vorher? Sie werden sagen, diese Frauen sind doch alle gleich." Friederike schwieg. Genau da lag das Problem. Es war ein Wagnis gewesen. Ja, ohne

Frage, diese Geschichte würde sich schnell herumsprechen. Was würden die Spender wohl dazu sagen?

Friederike räusperte sich. „Weißt du etwas über den Mann?" „Er ist Webergeselle. Julius Homburg heißt er. Sie hatte ihn vier Wochen zuvor gepflegt. Aber ...", Theodors Stimme wurde wieder ärgerlich „sie weiß nicht einmal, bei welchem Fabrikherrn er arbeitet, stell dir vor! Aber verlobt!"

„Vielleicht lässt sie ja mit sich reden", meinte Friederike schließlich. „Wenn sie erst wieder hier ist, kommt sie vielleicht zur Besinnung und bereut ihr übereiltes Handeln. Aber wen schicken wir dann stattdessen zu Katherine? Sie kann doch nicht allein dort arbeiten. Arme Katherine! Sie war bestimmt in hellen Gewissensnöten, ob sie Eva verraten oder sich zu uns stellen soll. Anders kann ich mir ihr Schweigen nicht erklären." Theodor setzte sich wieder zu ihr. „Wahrscheinlich! Ach, ich weiß es nicht. Die Schwäbinnen sind erst vier Monate bei uns, das ist auf jeden Fall zu früh, um sie schon wieder weiterzuschicken. Bleibt eigentlich nur Johanna." Friederike seufzte.

Johanna Deters, unsicher, ständig kränklich und ... – Friederikes Mund wurde schmal, als sie an all die Unverschämtheiten dachte, die sie sich schon von der Schwester hatte anhören müssen. Gerade erst in den zwei Wochen, in denen Theodor in Barmen gewesen war, waren sie mehrfach so hart aneinandergeraten, dass sie sich vorgenommen hatte, nur noch ganz formell nach den Buchstaben der Hausordnung mit Johanna umzugehen. Einen wirklichen Zugang zu dieser Frau fand sie einfach nicht. Dabei hatten sie es wirklich versucht. Im Mai 1838 hatte Theodor Johanna Deters für die Leitung des Haushaltes der Anstalt bestimmt, um Friederike zu entlasten. Sie hätte dann nur die Leitung der Pflege innegehabt. Doch es hatte ständig Schwierigkeiten mit Johanna gegeben, bis Theodor im Januar 1839 seine Frau wieder vollständig als Vorsteherin über beide Arbeitsbereiche hatte einsetzen müssen.

„Vielleicht könnte eine der Schwäbinnen zusätzlich mitgehen", schlug sie jetzt vor. Seit vier Monaten waren nun sieben Frauen aus Württemberg zur Ausbildung bei ihnen, eine Folge von Theodors Besuch im Schwabenland im letzten Jahr. Am 22. März 1839 waren die ersten vier eingetroffen, die ihnen Pfarrer Hoffmann aus Winnenden empfohlen hatte.

„Wenn wir auf ihr Gehalt verzichten und nur Kost und Logis für sie beanspruchen, vielleicht geht das Krankenhaus darauf ein? Zu dritt würden sie es doch schaffen, selbst wenn Johanna zwischendurch ausfallen sollte."

Genau eine Woche später fuhr Friederike nach Elberfeld. Neben ihr in der Kutsche saß, bleich und angespannt, Johanna Deters. Ihre Miene sagte sehr deutlich, was sie auch schon ausgesprochen hatte: Sie ging sehr, sehr ungern nach Elberfeld. Fliedners hatten beide mit ihr geredet und ihr fest versprochen, es sei auf jeden Fall nur eine vorübergehende Aushilfe. Friederike fragte sich im Stillen, was der tiefere Grund für ihre Abneigung war. Sie hatte eigentlich nicht das Gefühl, dass Johanna in Kaiserswerth in ihrer Stellung glücklich war. Zumindest schien es ihr äußerst schwerzufallen, jemanden über sich zu haben und sich etwas sagen lassen zu müssen. Oder konnte sie es nur nicht ertragen, wenn Friederike die Befehlsgeberin war?

Friederike schloss immer wieder die Augen und betete im Stillen für die bevorstehende Begegnung mit Eva Theissen. Gewiss, sie hatte einen Vertrag, aber konnte sie die Schwester wirklich zwingen, gegen ihren Willen nach Kaiserswerth zurückzukehren? Theodor hatte ihr ein Schreiben an die Verwaltung mitgegeben, in dem er die Zurückberufung begründete. Sie würde als Erstes zu Inspektor Frische gehen, damit er ihr schriftlich bestätigte, dass er mit diesem Schritt einverstanden sei und erst danach Dr. Dortsche, den Arzt des Bürgerkrankenhauses, aufsuchen. Ganz zum Schluss dann Eva. Friederike handelte hier nicht als Privatperson; sie kam als Vertreterin des Diakonissenvereins.

Es wurde nicht einfach. Dortsches waren verärgert und wollten nicht einsehen, dass die Frau nicht das Recht gehabt hatte, eine Verlobung einzugehen. Der Geselle Julius Homburg redete heftig auf sie ein, und Eva war trotzig. Immer wieder beteuerte sie, sie habe keinen Fehler gemacht und auch nicht die Diakonissenanstalt in ein schlechtes Licht gerückt. Im Gegenteil, die Kranken seien jetzt sogar höflicher als zuvor. Und wie habe sie mit der Verlobung warten können? Sie sei ja schließlich kein junges Mädchen mehr und habe auch das Recht, noch in allen Ehren glücklich zu werden.

Friederike versuchte, so wenig wie möglich zu diskutieren und sie freundlich, aber bestimmt um ihre Rückkehr zu bitten. In Kaiserswerth könne sie zur Ruhe kommen und alles überdenken, dann würde man weitersehen. Katherine

Weintraut war anzusehen, wie unangenehm ihr die ganze Angelegenheit war und wie sie es hasste, zwischen ihrer Vorsteherin, der sie vertraute, und ihrer Mitschwester zu stehen. Sie sah bleich und schmal aus von vielen durchwachten Nächten, aber zuversichtlich, dass sie ihren Dienst mit Gottes Hilfe weiter bewältigen würde.

Eva Theissen änderte ihre Meinung nicht. Am 20. Juli reiste sie nach Rheydt zu ihrem Bruder, um sich auf ihre Hochzeit vorzubereiten. Sie hatte nach ihrer widerwilligen Rückkehr nach Kaiserswerth die Hausandacht und den Bibelunterricht verweigert, war ständig von der Arbeit fortgelaufen und hatte jedes klärende Gespräch mit Fliedners gemieden. Daraufhin hatte Theodor entschieden, es sei besser, sie würde endgültig fortgehen.

Johanna Deters

~ 1839

Jesu, hilf siegen und lass mich nicht sinken,
wenn sich die Kräfte der Lügen aufblähn
und mit dem Scheine der Wahrheit sich schminken,
lass doch viel heller dann deine Kraft sehn!
Steh mir zur Rechten, o König und Meister,
lehre mich kämpfen und prüfen die Geister!

(JOHANN HEINRICH SCHRÖDER)

Im Zimmer war es still. Es war dunkel bis auf einen kleinen Lichtkreis auf dem Schreibtisch. Friederike blickte in das flackernde Kerzenlicht und stützte den müden Kopf in ihre Hände. Dann schlug sie ihr Tagebuch auf und ließ das, was ihr das Herz schwer machte, in ihre Feder fließen: *„Herr, ich bat dich, du wollest mich doch durch dein Wort zurechtführen. Das hast du getan, du treuer Herr ... Gib mir doch die Liebe, die dein Wort gebietet, gegen die falsche Schwester. Du hast gesagt: Bittet für die, die euch beleidigen. Ach, so lass dein Kind mich sein und für sie beten lernen nach deinem Wort ..."*

Sie lehnte sich in ihrem Stuhl zurück. In ihrem Herzen

schien es ebenso dunkel zu sein wie in diesem Raum, aber es gab dieses Licht, tröstlich und warm, und genauso wirklich wie die Finsternis.

Kurz nachdem Johanna Deters in Elberfeld angekommen war, hatte es bereits angefangen. Gertrud Reichardt hatte die ersten Veruntreuungen aufgedeckt: Dinge, die Johanna ohne zu fragen für sich genommen hatte, während sie dem Haushalt der Anstalt vorstand: Garn, Extra-Mahlzeiten nur für sie selbst, gute Hemden, die Vikar Ball gehörten, einen Pikeeunterrock, den sie zerschnitten hatte, um Nachthauben daraus zu nähen … Dazu jede Menge Lügen, um ihre Aktionen zu vertuschen. Zunächst hatte Johanna versucht, sich herauszureden, und hatte behauptet, alles hätte doch seine Ordnung gehabt. Dann schließlich hatte sie im November weitere Dinge zurückgeschickt, die sie sich im Laufe der Zeit unrechtmäßig angeeignet hatte.

Theodor Fliedner sah nur eine Möglichkeit, zu reagieren. Er fuhr eigens nach Elberfeld, um Johanna die Möglichkeit einer Aussprache zu geben und ihr danach anzuraten, aus gesundheitlichen Gründen aus dem Dienst auszuscheiden. Auch Dr. Dortsche bestätigte, dass sie zu schwach und kränklich für die Krankenpflege sei. Johanna konnte sich zu diesem endgültigen Schritt allerdings nicht entschließen und fuhr schließlich erst einmal zur Erholung nach Hause. Elisabeth Schäfer, eine der Württemberger Schwestern, arbeitete nun mit Katherine Weintraut zusammen weiter im Elberfelder Bürgerkrankenhaus.

Friederike litt sehr unter der Situation. Immer wieder überlegte sie, ob sie Johanna Deters doch zu hart beurteilten.

Auch ein Brief von Albertine Pieper, die als Erste unentgeltlich eingesprungen war, als das Krankenhaus noch in den ersten Anfängen war, und die sehr für Johanna bat, verunsicherte sie. Währenddessen sah ihr Mann keine andere Möglichkeit, als sich endgültig von dieser Schwester zu trennen. Gewissenhaft zahlte er ihr bis zum Schluss das Gehalt aus, forderte aber die Dienstkleidung der Diakonissen, die sie erhalten hatte, wieder zurück. Damit hatte Johanna nicht gerechnet. Bitterlich beklagte sie sich bei ihren beiden Mitschwestern, die nicht mehr wussten, wem sie was glauben sollten und zwischen Mitleid und Loyalität zu Fliedners schwankten. Wieder reiste Theodor nach Elberfeld und machte ihnen klar, dass Johanna kein Unrecht geschehen war und er als Vorsteher nicht hatte anders handeln können. Allmählich erkannten die anderen Schwestern, wie viel Misstrauen, Halbwahrheiten und auch Lügen Johanna über die ganze Zeit hinweg ausgestreut hatte und wie friedlich auf einmal die Atmosphäre im Krankenhaus war, nachdem sie fort war.

Aber es war noch nicht das Ende dieser Angelegenheit. Eines Tages, es war schon Februar 1840, bekam Friederike in Theodors Abwesenheit Besuch. „Katherine!", rief sie erfreut, als die Freundin vor der Haustür stand. „Wie schön, dass du kommst! Hast du ein bisschen Zeit? Wir haben uns so lange nicht gesehen." Als sie Katherine Göbel den Mantel abnahm, fiel ihr erst die versteinerte Miene ihrer Freundin auf. Schweigend saßen sie einen Moment beieinander. Katherine schaute zu Boden. Schließlich aber seufzte sie, holte tief Luft und schaute Friederike in die Augen: „Rieke, warum hast du mir nicht gesagt, dass ihr nicht wolltet, dass ich wiederkomme?" Friederike überlief es kalt. Sie sah ihre alte Freundin an und bemerkte die Verletztheit in deren Augen, den Argwohn, die ungewohnte Zurückhaltung. Wie lange mochte Katherine sich schon mit diesen Gedanken herumgequält haben, bevor sie das Gespräch gesucht hatte. „Du erinnerst dich an den Herbst vorletztes Jahr?", fragte sie schließlich. „Johanna Deters hat mich doch vertreten nach meiner Grippe. Da fing es an. Sie sagte, sie würde es melden, in welchem Zustand sie das Asyl vorgefunden hätte. Und sie hat auch der Mathilde von Morsey gegenüber behauptet, sie müsse deinem Mann nur zwei Worte über mich sagen, und es würde ganz anders werden mit mir ..." Friederike richtete sich auf. „Es ist eine Lüge", sagte sie laut und klar, „eine einzige Lüge, Katherine. Das Einzige, was wir uns wünschen, ist, dass du noch sehr lange in deiner Treue und Geduld auf deinem Posten sein kannst. Sonst nichts, solange Gott Gnade gibt. Ich werde Theodor schreiben, gleich morgen. Das muss öffentlich klargestellt werden. Und ich werde mit Gertrud Reichardt sprechen. Wie konnte sie solche Lügen in euren Reihen dulden?" Katherine schaute ihr lange ins Gesicht, und endlich füllten sich ihre Augen mit Tränen. „Weine nicht, liebe Katherine", Friederike umarmte sie impulsiv, „du weißt, Jesus hat solche Verleumdungen ertragen, Paulus auch. Wer sind wir, dass wir davon verschont bleiben sollten? Weißt du, mir ist zumute, wie dem Daniel, als Gott ihn von den Löwen gerettet hat. Das sind ja auch so Löwenrachen, die hier am Werk sind. Es ist nicht einfach nur eine Frau, die viel zu viele Lügen in die Welt gesetzt hat.

Aber Gott hat das nicht zugelassen und jetzt endlich alles ans Licht gebracht." Katherine seufzte tief auf. „Wie bin ich froh, Rieke!", sagte sie leise. Friederike wurde ernst: „Es wird nicht das Letzte sein. Der Vater der Lüge schläft nicht, er wird weiter herumschleichen. Wir müssen ganz eng zusammenstehen. Und wir müssen wachsam sein auf unserem Posten."

Friederike wunderte sich selbst darüber, wie wenig ihr das Gehörte zu schaffen machte. Nur Gott konnte ihr in dieser Situation eine solche innere Ruhe schenken, dachte sie. Sie war fast fröhlich, als sie, nachdem Katherine sich verabschiedet hatte, ihren Mantel nahm, um hinüber ins Krankenhaus zu gehen. Der Herr ist an unserer Seite, er hilft uns da hindurch! Diese Gewissheit erfüllte sie ganz und verschwand auch nicht, als sie nun direkt Gertrud Reichardt zur Rede stellte. Sie konnte sehen, wie erschrocken diese war. Johanna Deters war es gelungen, ihr Gift in der ganzen Schwesternschaft zu verbreiten. Sie hatte behauptet, dass vor allem Friederike Katherine loswerden wolle, und dass Friederike erklärt hätte, sie werde Katherine einen eiskalten Brief schreiben. Gertrud hatte das alles geglaubt. Selbst, als ihr manches zweifelhaft und merkwürdig vorgekommen war, hatte sie in ihrer Harmlosigkeit und mangelnden Menschenkenntnis gedacht, sie müsse über alles Fehlverhalten und über diese üble Nachrede das Mäntelchen der christlichen Nächstenliebe decken. Nur darum hatte Johanna so lange und so erfolgreich intrigieren können, dachte Friederike. Aber eigentlich hatten sie und Theodor um diese Schwäche von Gertrud Reichardt gewusst. Sie hatten ihr aber dennoch vertrauen müssen, weil sie selbst ja nicht ständig mit den Schwestern zusammen waren. Wer hätte sonst in ihrer Abwesenheit die Verantwortung für die jungen Schwestern und Probepflegerinnen übernehmen können, wenn nicht Gertrud?

Theodor und ich können es nicht, dachte sie, als sie abends zur Ruhe kam. Ich kann nicht überall sein und alles hören und sehen, und wir können nur mit den Menschen agieren, die da sind – so wie sie eben sind. Meine Kraft ist so klein. Und auch sie selbst und Theodor hatten sich über Jahre von Johanna Deters täuschen lassen. Wenn sie nur daran dachte, dass sie diese Frau, die zweifellos eine krankhafte Veranlagung hatte, als Patin für ihre eigene kleine Johanna bestimmt hatten ...

An Amalie Focke schrieb sie in dieser Zeit: *„Du schreibst von meinem Mut, du liebe, teure Seele. Ich habe vieles zu kämpfen, vieles zu streiten. Ich fühle die Macht des Feindes, der herumschleicht und droht, uns allen Mut zu nehmen, dass ich rufen möchte: Nun ist alles dahin. Oh, die Kreuzesbalken des Diakonissenhauses sind hart und bitter, aber der Herr wird helfen und hat geholfen bis hierher. Er demütige fort meine Kraft und kehre mein Herz ganz zu Ihm hin.“*

Sie dachte auch an ihre fortschreitende Schwangerschaft. In drei Monaten würde sie das zehnte Mal ein Kind zur Welt bringen. Wie würde es ausgehen? Aber unser Herr kann! Er kann eine feurige Mauer um das Werk sein. Es ist sein Werk, nicht unseres.

Mitten in diesen unruhigen Monaten hatte die Diakonieanstalt am 3. Oktober 1839 ihr drittes Jahresfest begangen – mit der erstmaligen Einsegnung von Diakonissen. Ab diesem Zeitpunkt sollte dieser Tag immer auf diese Weise in Kaiserswerth gefeiert werden. Der äußere Rahmen war schlicht, zumal der Jubiläumstag auf einen Werktag fiel. Von außerhalb der Anstalt waren Baron von Hymmen und Kaufmann Göring vom Vorstand des Diakonissenvereins gekommen. Göring, ein Fabrikbesitzer aus Düsseldorf, war Schatzmeister des Diakonissenvereins. Auch zehn der bereits ausgebildeten Kleinkinderschullehrerinnen hatten sich eingefunden.

Aber die wichtigsten Personen an diesem Tag waren die drei Schwestern Margarete Bolte, Marie Schäfer und Agnes Mayer, denen Theodor Fliedner an diesem Tag die feierliche Frage vorlegte: „Seid ihr entschlossen, diese Pflichten des Diakonissenamts treu zu erfüllen in der Furcht des Herrn, nach seinem heiligen Wort, so antwortet Ja, und gebt mir zur Bekräftigung eures Versprechens die rechte Hand. So segne euch der allmächtige Gott, Vater, Sohn und Heiliger Geist und weihe euch selbst zu seinen Dienerinnen. Er mache euch getreu bis in den Tod und gebe euch die Krone des Lebens."

Zuvor hatte er in seiner Ansprache noch einmal für alle die Bedeutung des Diakonissenamts erläutert und damit geschlossen, dass nun dieses Amt der alten Kirche, das nach Römer 16, Vers 1 mit Phöbe als Dienerin an der Gemeinde in Kenchreä begonnen und danach viele Jahrhunderte in der christlichen Kirche bestanden hatte, durch Gottes Gnade wieder erneuert worden sei – auch wenn derzeit noch in aller Schwachheit und Einfachheit in einer christlichen Privatanstalt. Der Dienst der Diakonissen sollte ein dreifacher sein: Dienerinnen Jesu, Dienerinnen der Kranken und Dienerinnen untereinander.

In der Folge sollte diese feierliche Aufnahme neuer Diakonissen in ihren Dienst etwa alle sechs Monate stattfinden.

Das Frankfurter Versorgungshaus

Er kennt sie an der Liebe,
die seiner Liebe Frucht,
und die mit lauterm Triebe
ihm zu gefallen sucht;
die andern so begegnet,
wie er das Herz bewegt;
die segnet, wie er segnet,
und trägt, wie er sie trägt.

(PHILIPP SPITTA)

Bereits im Mai 1838 hatte Meline Scharff-Willemer, die Mit-
vorsteherin des Frankfurter städtischen Versorgungshauses,
brieflich Theodor Fliedner um eine Pflegerin aus Kaiserswerth gebeten. Auf seiner Reise nach seiner Pockenerkran-
kung nutzte Theodor die Gelegenheit, das Versorgungshaus gemeinsam mit ihr zu besichtigen. Frankfurt war 1817
souveräne Stadt des Deutschen Bundes geworden. Der Se-
nat hatte im selben Jahr noch beschlossen, freie Mittel zur
Gründung eines Versorgungshauses für arme Menschen
zu verwenden. Dazu kam noch Geld aus Stiftungen und

Hinterlassenschaften von Frankfurter Bürgersfamilien. Gedacht war es für Arbeitende, Alte, Schwache und chronisch Kranke. Diejenigen von ihnen, die dazu in der Lage waren, übernahmen Arbeiten im Haus und dann auch in der angrenzenden Landwirtschaft, um sich selbst zu versorgen. Es handelte sich also nicht wie in Elberfeld beispielsweise um ein reines Krankenhaus, sondern um ein Armenhaus, so wie es schon seit dem Mittelalter in den Städten für die mittellosen Einwohner üblich gewesen war. Zwei Wärterinnen waren bisher für die Pflegebedürftigen unter den Armenhäuslern zuständig gewesen. Nun war man also auf Kaiserswerth aufmerksam geworden.

Theodor Fliedner stellte zunächst klar, dass Kaiserswerth grundsätzlich niemals nur eine einzelne Schwester aussenden würde. Daraufhin gingen Briefe hin und her. Tatsächlich gelang es Meline Scharff-Willemer als Frauenvereinsabgeordnete und einzige Frau, sich bei den Herren im Frankfurter Pflegeamt durchzusetzen. Die Tätigkeiten, die von den Schwestern erwartet wurden, waren im Übrigen mit denen in Kaiserswerth vergleichbar.

Anders war dagegen die räumliche Situation. Die Schwestern hatten kein eigenes Zimmer zum Schlafen, sondern mussten die Nacht bei ihren Pflegebefohlenen verbringen, von denen einige rund um die Uhr Betreuung und Aufsicht benötigten. Schließlich einigte man sich darauf, dass den beiden Diakonissen ein kleines Zimmer zur Verfügung gestellt wurde, in dem sie ihre Mahlzeiten einnahmen, ihre Andacht hielten und sich abends für eine Stunde ungestört zurückziehen konnten. Mehr an Privatsphäre war nicht möglich.

Von Anfang an hatte die tüchtige Frau Scharff-Willemer darum gebeten, dass Friederike die Schwestern selbst nach Frankfurt begleiten sollte. Sie wünschte ausdrücklich, dass die Vorsteherin auch einige Tage bleiben sollte – zum gegenseitigen Kennenlernen und um von Friederikes praktischer Erfahrung zu lernen und alles Notwendige vor Ort zu besprechen. Zudem versprach sich Meline Scharff-Willemer von dieser Idee, dass die neuen Schwestern offiziell von ihrer Vorgesetzten begleitet wurden, einen Schritt auf dem Weg zur Anerkennung der Pflegerin als Frauenberuf.

Das war von deren Seite her verständlich, aber Friederike ging nur ungern von zu Hause fort. Auch in ihrem normalen Arbeitsalltag war die Zeit mit ihren Kindern so knapp – und nun auch noch eine Reise, zumal sie erneut schwanger war? Am liebsten hätte sie ihren Mann vorgeschickt.

Zu ihrer Überraschung stellte Friederike fest, dass die Reise mit all ihren Eindrücken ihr guttat. Dazu trug auch bei, dass sie den beiden ausgesandten Schwestern, der 26-jährigen Helene Osthoff und der 29-jährigen Marie Schäfer, ganz besonders verbunden war. Zehn volle Tage blieb sie in Frankfurt und nahm alles mit großem Interesse in sich auf, was man ihr zeigte. So hatte sie Gelegenheit, das prächtige Heilig-Geist-Spital zu besichtigen, ein großes Waisenhaus mit 200 Kindern, ein Besserungshaus und Kinderschulen. Die 50-jährige Meline Scharff-Willemer, Frau eines Bankiers und Tochter des Geheimrats Willemer, hatte sie freundlich bei sich aufgenommen. Auch andere Frauen, die sich für Bedürftige einsetzten – und sich dabei oft gegen die Männer durchsetzen mussten – lernte sie persönlich kennen. Dabei spürte sie ein großes Interesse an ihrer Arbeit in Kaiserswerth und dem Konzept, das dahinterstand.

Friederike war es gewohnt, mit vielen verschiedenen Menschen schnell in Kontakt zu kommen und auch dann selbstsicher aufzutreten, wenn sie mit Leuten aus dem gehobenen Bürgertum zusammentraf. Zuerst hatte sie allerdings Bedenken gehabt. Frau Scharff-Willemer war 12 Jahre älter als sie und wirkte anfänglich recht herrisch und rechthaberisch auf sie.

Was die beiden Frauen allerdings verband, war unter anderem dies: Meline Scharff-Willemer war ebenfalls Mutter. Sie wusste, wie es war, sich um ein Kind zu sorgen. Ihre erwachsene Tochter, Röschen Scharff, litt an der Schwindsucht, siechte dahin und wurde täglich fast unmerklich schwächer. Friederike konnte aus ihrem eigenen Erleben wirklich mitfühlen.

Gern verbrachte sie auch viel Zeit mit den beiden Schwestern aus Kaiserswerth und lernte sie dabei noch besser kennen. Schon zu Hause hatte sie die besonderen Fähigkeiten von Marie Schäfer erkannt. In der neuen Situation, in der sie mit Helene Osthoff auf sich allein gestellt war, traten sie noch mehr zutage. Maries liebevolle Art, mit den Kranken umzugehen, sprach Friederike aus dem Herzen. Sie war entschlossen, willensstark, dabei besonnen, und da sie vorher Näherin gewesen war, fiel es ihr leicht, auch feinere Arbeiten auszuführen. Und sie liebte es, mit den Kranken zu singen. Auch Helene Osthoff, Lenchen genannt, die schon als vierte Schwester nach Kaiserswerth gekommen war, hatte sich bewährt. Dankbar beobachtete ihre Vorsteherin die herzliche Verbundenheit der beiden – eine wertvolle Voraussetzung, wenn man so aufeinander angewiesen war.

Schließlich war es Zeit für Friederike, heimzukehren. Schon war ein sehnsüchtiger Brief von ihrer ältesten Tochter Luise eingetroffen: *„Liebe Mutter, warum kommst du denn noch nicht wieder? Ach, Mutter, eile dich doch, denn wir haben dich hier sehr nötig. Wenn du zurückkommst, so wirst du gewiss viele Freude haben …"* Friederike las weiter und lächelte und wischte sich zugleich über die Augen. Jetzt war sie hier, so viele Kilometer entfernt von zu Hause, und hatte nicht selbst miterlebt, wie ihre kleine Johanna ihre ersten Schrittchen machte! Ihre Schwester Luise war nach Kaiserswerth gekommen – wie immer, wenn Not am Mann war –, aber Friederike spürte trotzdem einen Stich im Herzen. Ihre Kleine! Auf die Frage, wo sie hinwolle, sagte sie seit Kurzem immer: *„Nach Nakefot!"* … Frankfurt.

Luises Brief hatte Theodor ein paar liebevolle Zeilen angefügt, bei denen ihr das Herz schmolz: *„… wie sehn ich mich nach dir … da zeigt sich, wie der Liebe die kurze Zeit lang wird."*

Sie sah die fröhliche Szene in ihrem Wohnzimmer vor sich: Die kleine Johanna, wie sie erst auf Tante Luises Stuhl zukrabbelte, wie sie sich dann an deren Rock hochzog, auf einmal auf ihren Füßchen stand und wie die großen Schwestern jubelten und sie anfeuerten und die Tante die Kleine dann liebevoll hochnahm … und wie Johanna mit tapsigen Schrittchen schließlich um den Stuhl herumwackelte. Und sie, die Mutter, war nicht dabei gewesen!

Morgen würde sie wieder aufbrechen.

Mit dem Dampfer reiste Friederike von Mainz ab. Eigentlich hätte sie direkt bis Kaiserswerth fahren wollen, aber der Wasserstand des Rheins war so niedrig, dass das Schiff nicht an den Zu- und Ausstiegspunkten anlegen konnte. Als sie auf einen kleineren Kahn umsteigen sollte, setzte ein heftiger Schneesturm ein, sodass sie weiter bis nach Düsseldorf fahren musste. Um 11 Uhr abends kam sie schließlich erschöpft in Kaiserswerth an. Aber dann war sie wieder zu Hause und gleich auch wieder mittendrin in der Arbeit: Entscheidungen treffen im Asyl – es war immer ein Auf und Ab mit den haftentlassenen Frauen –, Rückschläge mittragen, die Katherine Göbel verkraften musste, Ärger wegen gelegentlichen Diebstählen, Kontakt zur Polizei. Im Krankenhaus war im Moment alles in Ordnung, aber es gab Probleme mit den Finanzen.

In diese bewegte Zeit fiel auch ein freudiges Ereignis, das allerdings die Situation der verwahrlosten Kinder ganz besonders drastisch zeigte: Aus Moers wurde ein taubstummer, 10-jähriger Junge wegen Krätze ins Krankenhaus eingewiesen. Er konnte nur unverständliche Laute von sich geben. Nachdem der Junge gebadet und behandelt worden war, spritzte der Arzt ihm noch die Ohren aus. Plötzlich konnte der Junge deutlich hören und fing wenig später an, verständlich zu sprechen … Der Arzt war außer sich vor Freude, und Friederike und die Schwestern konnten Gott nur danken für die Krätze, die dieses Kind zu ihnen ins Krankenhaus geführt hatte.

Theodor ersann währenddessen mit der Fantasie der Liebe immer neue Möglichkeiten, um Geld für die Anstalt hereinzubekommen. Er plante, ein Buch herauszugeben. Ein evangelisches Märtyrerbuch sollte es sein. Außerdem ließ er einen Stahlstich anfertigen, den er verkaufen wollte: „Der barmherzige Samariter". Es war bezeichnend, welches Motiv er wählte, um auszudrücken, was ihn in seinem unermüdlichen Dienst motivierte. In finanzielle Angelegenheiten mischte sich Friederike nicht ein. Sie hörte Theodor zu, wenn er darüber sprach, und trug es mit, aber es war nicht ihr Gebiet. Tatsächlich hatte sie nicht einmal einen Schlüssel zum Geldschrank, auch dann nicht, wenn ihr Mann wochenlang unterwegs war. Das führte dazu, dass sie mitunter in die Verlegenheit kam, sich beispielsweise vom Hilfsprediger Geld leihen zu müssen, wenn unvorhergesehene Ausgaben nötig wurden.

Der Kontakt zwischen Kaiserswerth und Frankfurt blieb sehr intensiv. Nach dem ersten Einleben der beiden Schwestern gab es Schwierigkeiten. Die Frankfurter Einrichtung war eben kein wirkliches Krankenhaus. Die, die noch auf den Beinen sein konnten, gingen tagsüber zur Arbeitsstube. Bisher war es üblich gewesen, dass Händler direkt ins Versorgungshaus kamen und so zum Beispiel schon morgens früh mitten beim Bettenmachen erst das Bäckermädchen und dann ein Apfelbauer im Zimmer standen, die ihre Ware loswerden wollten. Dabei kauften die Kranken auch Dinge, die nicht gerade bekömmlich für sie waren. Apfelwein war sehr beliebt; man tauschte auch Schwarzbrot gegen Schnaps.

Schließlich lösten sie das Problem mit den Händlern so, dass Marie mittwochs und samstags für die Kranken auf den Markt ging und ihnen mitbrachte, was sie wollten und was die Schwester auch für ihre Gesundheit verantworten konnte. Das war zusätzliche Arbeit, die sie sich da auflud, zumal der Weg zum Markt in der großen Stadt weit war, aber die Freude, wenn sie dann vor den Leuten ihren schweren Korb auspackte, entschädigte sie.

Dann gab es zwischenzeitlich Schwierigkeiten und Missverständnisse mit Meline Scharff-Willemer, die ihrerseits besonders Marie als gereizt empfand. Beide Schwestern schrieben heimwehkranke Briefe an ihre Vorsteherin – ihre „Mutter", wie sie Friederike nannten – und wie sich Friederike auch gern selbst verstand.

Friederike versuchte zu vermitteln und Verständnis auf beiden Seiten zu wecken. Sie konnte sich bestens vorstellen, wie überlastet die gute Frau Scharff-Willemer oft war. Sie wusste selbst nur zu gut, dass Übermüdung und Hektik einen oft heftiger und schärfer klingen ließen, als man wollte. So redete sie den Schwestern gut zu, sie sollten ihr und dem Pflegeamt durch Treue, Liebe, Weisheit und Selbstverleugnung beweisen, dass sie es wert waren, dass man im Versorgungshaus um ihretwillen manches änderte und anders einrichtete. Was sie ihnen auch zu vermitteln versuchte, war ihre eigene Auffassung, dass Schwierigkeiten, die Gott im Leben seiner Kinder zuließ, Beweise seiner Liebe zu ihnen waren. Dadurch prüfte Gott sie, ihren Glauben und ihre Hingabe. Solche Widrigkeiten trugen letztendlich zur Reife bei.

Friederike wusste natürlich auch, dass Frau Scharff-Willemer selbst oft die Hände gebunden waren und sie einen schwierigen Stand als einzige Frau gegenüber den Herren vom Pflegeamt hatte. Dazu kamen noch die äußeren Umstände in Frankfurt: Ein großer Umbau war notwendig geworden, um mehr Platz zu schaffen. Zwischenzeitlich aber wurden alle Kranken und Alten über Monate in den südöstlichen Anbau zusammengepfercht, sodass die Schwestern gar keine Ruhe mehr finden konnten.

Aber in allem Auf und Ab bewährten sich die Diakonissen in ihrem Dienst. Auch vom Pflegeamt wurden sie sehr geschätzt.

Georg

Harre, meine Seele, harre des Herrn!
Alles ihm befehle, hilft er doch so gern.
Wenn alles bricht, Gott verlässt uns nicht;
größer als der Helfer ist die Not ja nicht.
Ewige Treue, Retter in Not,
rett auch unsere Seel, du treuer Gott!

(JOHANN FRIEDRICH RÄDER)

„Komm, Rieke, leg noch mal ein Stündchen deine Füße hoch! Wir werden doch gleich hören, wenn die Dame kommt, dann hast du noch Zeit, hinunterzugehen!" Luise Münster ließ die Gardine fallen und trat vom Fenster zurück zu ihrer Schwester. Friederike warf einen resignierten Blick auf ihre unglaublich geschwollenen Füße und nickte ergeben. „Wahrscheinlich hast du recht, meine Liebe. Sonst kann ich den Besuch wohl nicht durchstehen. Glaubst du, in der Küche sind sie so weit?" Luise bückte sich, um noch ein weiteres Kissen unter Friederikes Beine zu schieben. „Vorhin sah alles gut aus. Lina war auch da. Mach dir keine Sorgen!" Sie nahm ihre Handarbeit und setzte sich neben ihre große Schwester. Friederike hatte die Augen geschlossen. Jetzt lächelte sie verschmitzt. „Ach, Luischen, was bin ich froh, dass du hier bei mir aushältst. Ich war mir so sicher, dass das Baby spätestens Ende April kommt, so unbeweglich wie ich dieses Mal bin. Und jetzt ist heute schon der 8. Mai! Weißt du, was ich gerade dachte? Was, wenn dieses Kind sich ausgerechnet die Stunde aussucht, in der die große Elizabeth Fry mit ihrem ganzen Gefolge hier anrückt?"

„Das wäre wirklich ..." Luise unterbrach sich, als die Tür vorsichtig geöffnet wurde und zwei braune Zöpfe sichtbar wurden. „Nettchen!" rief sie, „Komm rein, meine Kleine. Deine Mama ruht sich noch ein bisschen aus. Oh, du bringst die Post!"

Simonette, acht Jahre alt, zierlich und immer mit einem Lächeln im Gesicht, hielt einen Brief in der Hand. „Von Tante Kätchen, Mama", sagte sie. „Eigentlich hat sie an Papa geschrieben. Aber er hat heute so viel zu tun und meinte, ich soll ihn dir bringen. Er liest ihn dann später."

Sie setzte sich vorsichtig ans Fußende, um ihrer Mutter nicht wehzutun und wartete, bis Friederike den Brief geöffnet hatte und anfing zu lesen. „Mama! Was ist?" Friederike war bei den ersten Worten kreidebleich geworden. Ihre Hand, die das Blatt sinken ließ, zitterte. Sie konnte kaum sprechen. Simonette, die Zärtliche, sprang auf und umarmte ihre Mutter. „Mama!"

Friederike schluckte, dann brachte sie heraus: „Onkel Georg ist tot." Jetzt weinte auch Simonette. Luise legte ihren Arm um beide und wartete. Ausgerechnet heute, dachte sie. Hier summt es wie in einem Bienenstock wegen der

Engländerin, die erwartet wird; alle sind angespannt, und jetzt das! Wenn sie nur nicht in diesem Moment kommt.

Aber noch blieb alles ruhig unten. Friederike fasste sich mit Mühe und begann wieder zu lesen, Simonette fest an sich gedrückt. Theodors Schwester hatte extra nicht an die ganze Familie geschrieben, sondern den Brief nur an ihren Bruder gerichtet, weil sie ja wusste, dass die Entbindung kurz bevorstand. Ihrer Schwägerin hatte sie den Schock ersparen wollen. Ihr war bewusst, was diese Nachricht für ein Schlag war. Georg, Theodors jüngster Bruder, hatte im Kaiserswerther Pfarrhaus ein zweites Zuhause gehabt. Als Kandidat hatte er bei seinem großen Bruder gearbeitet, der für ihn Vaterersatz war und auch sein Studium finanziert hatte. Für Friederike war er wie ein Bruder – und die Mädchen liebten Onkel Georg ganz besonders.

Erst im Herbst war er einige Zeit bei ihnen gewesen, hatte im Gartenhaus gewohnt und Theodor vertreten, als dieser verreisen musste. Georg war erst 31 Jahre alt gewesen.

Als Friederike das Blatt sinken ließ, fragte Luise behutsam: „Was ist denn passiert?" Friederikes Augen füllten sich wieder mit Tränen. „Eine Lungenentzündung", sagte sie gepresst. „Es ist ganz schnell gegangen. Schon vor einer Woche, Luise. Ach, und wir haben es nicht gewusst. Ich kann es doch jetzt nicht Theodor sagen!" „Nein, jetzt nicht", Luise fasste sich. Vorsichtig löste sie Simonettes Arme von ihrer Mutter und half ihrer Nichte auf. „Wir beide suchen uns jetzt ein ruhiges Plätzchen, wo niemand uns sieht. Die Mama wäscht sich das Gesicht und richtet sich für den

Besuch. Der liebe Onkel Georg ist jetzt bei Jesus. Wir können nichts mehr für ihn tun, aber für den Papa." Sie streichelte Friederikes Hand. „Er darf es erst heute Abend erfahren, Riekchen. Jesus gibt dir die Kraft, die du jetzt brauchst. Du schaffst das, Rieke, ja?"

Im Flur unten waren jetzt Stimmen laut geworden. „Oh, Luise, sie ist da", in aller Eile versuchte Friederike, ihr Kleid glatt zu streichen und ihre Haube zurechtzuziehen. Ihre Schwester sah sie an. „Alles in Ordnung mit dir, Riekchen? Komm, Nette, wir schleichen uns in mein Zimmer."

Auf der Treppe versuchte Friederike mühsam, sich alles ins Gedächtnis zu rufen, was sie von ihrer berühmten Besucherin gehört hatte.

Elizabeth Fry war 20 Jahre älter als sie, Quäkerin, Frau eines Londoner Bankiers und Geschäftsmannes. Man nannte sie in England „den Engel der Gefangenen", weil sie schon seit 1817 für bessere Zustände in den Gefängnissen kämpfte, zum Beispiel auch für eine weibliche Aufsicht bei den inhaftierten Frauen. Sie hatte eine Freischule für verwaiste Mädchen gegründet und in London eine Schule für die Kinder der Gefangenen. 1819 dann eine Lehr- und Arbeitsschule für verurteilte weibliche Gefangene.

Auf den Sträflingsschiffen, die Gefangene nach Australien deportierten, hatte sie dafür gesorgt, dass die Frauen an Bord Stoffreste und Nähutensilien erhielten, damit sie auf der etwa 110 Tage dauernden Überfahrt Quilts herstellen und diese dann bei ihrer Ankunft verkaufen konnten. Auch eine Bibel, eine Schere, Messer und Gabel und etwas Schnur enthielten diese Pakete. Elizabeth Fry handelte nach dem

Wort Jesu: „*Ich bin gefangen gewesen und ihr seid zu mir gekommen.*"

Sie war auch schon in Irland und Frankreich tätig gewesen mit der amtlichen Erlaubnis, alle Gefängnisse zu begutachten. Nun befand sie sich auf einer Reise durch Preußen, Belgien und die Niederlande, und da sie Theodor Fliedner bereits kennengelernt hatte, machte sie dabei heute Station in Kaiserswerth.

Theodor war begeistert gewesen! Die Dame plante anscheinend, nach ihrer Rückkehr nach England ein Institut zu gründen, in dem gläubige, wohlhabende Frauen in praktischer häuslicher Krankenpflege ausgebildet werden sollten. Von daher würden sie viele gemeinsame Gesprächsthemen haben.

Nun, Friederike selbst sprach weder Englisch noch Französisch. Aber sie wusste, dass die Sprache von Freundlichkeit und guter Gastfreundschaft international war. Wie viele hochstehende Besucher hatte sie schon in den letzten Jahren unter ihrem Dach bewirtet! Es hatte ihren Horizont sehr erweitert und ihr Selbstbewusstsein gestärkt.

Nun galt es, ihre Mimik zu beherrschen und ihre Gedanken nur auf das Hier und Jetzt und den Besuch von Mrs Fry zu konzentrieren. Nachher war noch genügend Zeit zum Trauern.

Bald saßen Fliedners mit Elizabeth Fry beim Tee, und Friederike behielt recht: Gastfreundschaft war auch mit sehr eingeschränkten Möglichkeiten der Kommunikation möglich. Theodor hatte auf seinen Reisen gut Englisch gelernt – er freute sich auch, dass er Gelegenheit hatte, es einmal wieder anzuwenden. So war es ein angenehmes Beisammensein.

Auch Luise, Mina und Hanna saßen am unteren Tischende mit großen Augen dabei, die womöglich noch größer wurden, als die englische Lady mit großer Selbstverständlichkeit ein Fläschchen aus ihrer Tasche nahm und einen guten Schuss einer dunklen duftenden Flüssigkeit in ihren Tee goss. Friederike warf ihren Töchtern schnell einen unauffälligen Seitenblick zu, um sie daran zu hindern, den Besuch anzustarren oder etwa eine neugierige Frage zu stellen.

Aber da hielt Mrs Fry schon die Flasche in die Höhe und erklärte unbefangen: „Cognac!"

Es war ein ungeschriebenes Gesetz im Hause Fliedner – man hatte schließlich seine Überzeugungen –: auch hohem Besuch wurden keine besonderen Köstlichkeiten serviert, aber natürlich durften Besucher niemals in Verlegenheit gebracht werden. Es gab auch durchaus hin und wieder einmal Wein auf dem Tisch. Allerdings mehr, um die Gesundheit des Magens zu fördern, was bei der Qualität des Trinkwassers auch sinnvoll war.

Friederike erhob sich, so schnell es ihr Zustand erlaubte, und reichte die Kuchenplatte noch einmal ihrem Gast. Alle griffen erneut zu, und obwohl Friederike nicht wirklich verstand, was gesprochen wurde, konnte sie doch der Reaktion ihres Mannes entnehmen, dass es jetzt um den Eindruck ging, den Elizabeth Fry bei ihrem Rundgang durch das Krankenhaus, die Kleinkinderschule und das Asyl gewonnen hatte. Sie nickte immer wieder anerkennend und deutete dabei auf die Hausordnung, die Theodor mitgebracht hatte und ihr nun erläuterte.

Als es Zeit für die Engländer wurde, sich zu verabschieden, fiel es Friederike wie ein Felsbrocken aufs Herz. Sie musste ihren Mann, der so hochgestimmt letzte Worte mit den Gästen wechselte, aus seiner Freude reißen und ihm die traurige Nachricht vom Tod seines Bruders mitteilen.

Die Haustür wurde geschlossen. Theodor wandte sich lebhaft seiner Frau zu, noch ganz erfüllt von den letzten Stunden. Er sah ihr Gesicht, sah den Brief in ihrer Hand mit der Handschrift seiner Schwester darauf und erstarrte. Friederike konnte nicht verhindern, dass ihr die Tränen in die Augen traten. „Lass uns in dein Arbeitszimmer gehen. Ich muss dir etwas sagen."

Abends, vor dem Schlafengehen, saß Friederike im Kinderzimmer an Minas Bett. Simonette lag allerdings sehr still da und beteiligte sich nicht an dem lebhaften Geplauder über den Nachmittag und die Frau mit dem Cognacfläschchen in der Handtasche.

Die Mutter fasste sich ein Herz und versuchte ihnen so ruhig wie möglich zu erklären, dass ihr heißgeliebter Onkel nie wieder zu ihnen nach Kaiserswerth kommen würde. Das gab Tränen.

Friederike bemühte sich, ihnen behutsam deutlich zu machen, dass es Onkel Georg nun so gut gehe, wie nirgends auf der Welt, weil er bei Jesus sei. Sie sprachen noch lange von ihm. Die Mädchen erinnerten sich an viele Erlebnisse mit ihrem Onkel, der so oft und lange bei ihnen gewesen war. Auch die kleine Mina mit ihren fünf Jahren begann zu erzählen. Im Herbst bei seinem letzten Besuch hatte Onkel Georg im Gartenhaus gewohnt und unter anderem auch den Großen, Luise und Simonette, dort an dem kleinen Spinett Klavierunterricht gegeben.

Minchen hatte eigentlich genau gewusst, dass sie während des Unterrichts nicht stören durfte, aber die Musik war so schön gewesen – und Onkel Georg hatte damals auch noch gerade ein Stück Kuchen bekommen. Beides unglaublich anziehend! Also war sie auch ins Gartenhaus geschlüpft. Georg hatte gelacht und ihr die Hand hingestreckt: „Na? Will unser wilder Russe ganz mucksmäuschenstill sein?" „Wilder Russe", das war Minas Spitzname in diesem Herbst ... Sie nickte stürmisch, den Daumen im Mund. Mit Schwung nahm er die kleine Nichte auf den Schoß und die Klavierstunde ging weiter. Mina hatte ganz still gesessen, und sie wurde nicht enttäuscht. Zur Belohnung durfte sie tatsächlich das ersehnte Kuchenstückchen aufessen.

Es tat so gut, sich Zeit für solche kostbaren Erinnerungen zu nehmen.

Fünf Tage später war es dann so weit: Die nächste Geburt kündigte sich an. Friederike hatte immer schwere und langwierige Entbindungen gehabt. Die von Johanna war eine echte, dankbar erlebte Ausnahme gewesen. Als die Wehen einsetzten, musste sie gegen ihre Ängste ankämpfen. „*Ich weiß, dass es zwischen Leben und Tod durchgeht*", hatte sie schon im Januar Amalie Focke anvertraut. Sie hatte ihre Freundin gebeten, wenn es nötig sein würde, für einige Zeit ihre beiden ältesten Töchter zu sich zu nehmen. Nachdem sie diesen Wunsch einmal formuliert hatte, war ihr leichter ums Herz geworden.

Ihr Mann war dieses Mal nicht an ihrer Seite. Sie hatte es nicht übers Herz gebracht, ihn darum zu bitten, so sehr war er in seiner Trauer über seinen Bruder vergraben. Er sollte sich nicht auch noch um sie sorgen müssen.

Die Stunden vergingen, eine Wehe nach der anderen überrollte Friederike, aber es kamen keine Presswehen. Friederike merkte, dass die Hebamme unruhig wurde. Schon vorher hatte sie gemeint, das Kind sei ungewöhnlich groß und kräftig. Luise wich nicht von der Seite ihrer Schwester. Sie wischte ihr den Schweiß von der Stirn und hielt ihre verkrampften Hände. Ihre Augen waren dunkel und groß vor Sorge. „Bete", flüsterte Friederike gepresst, „Luischen, bete für mich, dass ich dieses Kind gebären kann!" Die Hebamme trat wieder zu ihr, ein Fläschchen in der Hand. „Wir versuchen es mit den Tropfen, Frau Pastorin", sagte sie. „Das gibt es schon mal bei so vielen Entbindungen."

Dann war es endlich vorbei. „Ein Junge!", beinahe triumphierend hielt die Hebamme das Baby in die Höhe. „Ja wunderbar und so eine tapfere Mama!"

Friederike war wie erlöst. Verschwitzt und erschöpft, aber dieses Glücksgefühl wog gerade alles auf. Zärtlich nahm sie ihren Sohn entgegen und legte ihn sich an die Brust. Schweigend beugte sich Luise über die beiden. Ihre Blicke trafen sich. „Gott sei Lob und Dank", stammelte Luise immer wieder. Sie streckte die Hand aus, um ihrem Neffen vorsichtig über das Köpfchen zu streicheln. „Ihr zwei", murmelte sie bewegt. Friederikes Lippen waren ausgedörrt. Sie schluckte. „Luise. Ich danke dir."

Die Trauer um Georgs Tod überschattete die Geburt des Stammhalters und auch noch seine Taufe. Theodor gelang es noch nicht, sich über seinen Sohn zu freuen. Ganz versunken war er in seine Trauer. Sie hatten zuvor besprochen, seine Schwester Käthe, die ihm besonders nahestand und auch Georg während seiner kurzen schweren Krankheit gepflegt hatte, zu bitten, dass sie die Taufpatin des Kleinen sein möge – aber er, der sonst ein so präzises Gedächtnis hatte und dem kein Detail entging, vergaß es.

Stattdessen hielt Lina Jöckel, Fliedners Nichte, stellvertretend den neugeborenen Georg bei der Taufe – zusammen mit dem Schatzmeister, Kaufmann Göring, und dem Hilfsprediger Ball. Wie auch schon bei den anderen Kindern hatten Fliedners zusätzlich Menschen um die Übernahme der Patenschaft gebeten, um ihre besondere Verbundenheit auszudrücken. In diesem Fall waren es Frau Scharff-Willemer und Konsistorialrat Zimmer aus Frankfurt. Dieser war Pfarrer der dortigen reformierten Gemeinde.

Friederike brauchte fast zwei Wochen, bis sie sich nach der schweren Entbindung ein wenig besser fühlte. „Es ist so schade, dass ich diesmal gar keine Milch habe", sagte sie zu ihrer Schwester, als diese am Tag vor ihrer Rückkehr nach Hause an ihrem Bett saß. Luise blickte zärtlich auf das Baby, das hingebungsvoll an seinem Fläschchen nuckelte. „Aber schau, dem kleinen Schatz scheint die Kuhmilch nicht zu schaden", tröstete sie. „Ich denke mir das so – unser Herr weiß doch, dass du ihn gerne stillen wolltest und es dir nicht zu viel gewesen wäre, da lässt er ihn eben mit dem Ersatz gut gedeihen." Friederike nickte. „Danke, dass du so lange bei mir ausgeharrt hast, Luischen", sagte sie dann. Sie seufzte. „Ich muss unbedingt wieder auf die Beine kommen. Es gibt so viel zu tun. Ich fühle mich gerade einfach uralt, Luise. Ich bete, dass Jesus meine Liebe und Kraft verjüngt und mich wieder lebendig macht für meinen Mann, für die Kinder und für die Anstalten." Sie lächelte ein bisschen. „Weißt du eigentlich, dass ich immer dachte, Gott wüsste, dass Jungs nicht zu meinem Beruf und in diesen turbulenten Haushalt passen? Und dass ich deshalb wieder eine Tochter bekommen würde? Ach, Luise, wenn unser kleiner Georg doch seinem lieben Onkel und seinem Papa nachwächst! Weißt du, ich glaube, Gott will uns sagen, dass es nicht an uns allein hängt, dass unsere Kinder Jesus nachfolgen. Er kann doch durch seinen Geist das ersetzen, wo wir beide durch unseren Dienst eben nicht immer über jeden Schritt wachen können – ich bete auch dafür, dass unsere Kinder wahrnehmen, wie wir uns für Gottes Reich einsetzen und dass sie doch angesteckt werden, zuallererst sein Reich zu suchen und seinen Willen ... "

Luise legte sich das Baby über die Schulter und klopfte es behutsam auf den Rücken. „Es ist wirklich gut, dass Lina da ist", meinte sie abschließend und aufs Praktische kommend.

Lina Jöckel ließ sich bei Onkel und Tante in Kaiserswerth zur Kleinkinderschullehrerin ausbilden und war mit ganzem Herzen dabei. Friederike nickte. „Auf jeden Fall. Lina ist ein echter Schatz. Ich glaube, in ihr steckt noch viel. Sie könnte auch noch viel in der Hauswirtschaft in der Anstalt lernen, wenn sie mit der Schule fertig ist. Es ist schon ein ganz gro-ßer Betrieb geworden, fast 60 Leute sind zu versorgen." Der kleine Georg war eingeschlafen. Luise legte ihn vorsichtig in sein Bettchen, schaute noch einen Moment zärtlich auf ihn nieder und beugte sich dann zu ihrer großen Schwester, um ihr einen Kuss zu geben. „Versuch noch, ein Stündchen zu schlafen, Rieke, solange es ruhig ist", sagte sie, „heute kann ich dir noch einmal alle vom Hals halten. Morgen früh geht es ja dann wieder nach Hause."

Kleine Füchse im Weinberg

~ 1840

Mein Herz hängt treu und feste
an dem, was dein Wort lehrt.
Herr, tu bei mir das Beste,
sonst ich zuschanden werd.
Wenn du mich leitest, treuer Gott,
so kann ich richtig laufen
den Weg deiner Gebot'.
(KORNELIUS BECKER)

Friederike war auf dem Weg vom Krankenhaus zurück zum Pfarrhaus. Der späte Sommernachmittag war wunderschön. In manchen Vorgärten blühten noch die Pfingstrosen, verschlafene Stille lag über der kleinen Stadt. Friederike nahm es nicht wahr. Sie ging langsam, den Kopf gesenkt, die Lippen zusammengepresst. Bitterkeit, Streit, Neid, Lästern, Verleumden, Heuchelei, Eitelkeiten, Urteilen, Anmaßung, Richten – eine ganze Eiterblase schien bei den Schwestern drüben geplatzt zu sein.

„Ich mag nicht mehr, ich kann es nicht mehr hören", murmelte sie vor sich hin. „Und natürlich wieder einmal,

wenn Theodor nicht da ist. Oh Herr, es ist zum Davon-
laufen!" Sie hatte gehen müssen, sonst hätte sie noch mehr
Dinge gesagt, die man ihr hinterher hätte vorwerfen können
oder die ihr irgendwann selbst leidgetan hätten.

Heute erst war Theodors Brief gekommen; am Schluss
hatte er hinzugesetzt: *„Mögest du mir viel Gutes und Frohes
von euch, der Gemeinde und den Anstalten berichten können!"* Wenn er wüsste! Nun ja, nicht nur als Ehefrau, auch
in ihrer Eigenschaft als Vorsteherin würde sie sich gleich an
ihren Schreibtisch setzen und ihm sozusagen brühwarm berichten, was vorgefallen war. Auch aus der Ferne musste er
ihr einfach zur Seite stehen und Einfluss auf die Mitarbeiterinnen nehmen.

Sie schrieb: *„Da wissen wir denn, dass das Wahrhaftige
und das, was das Licht nicht scheut, das Beste ist, wenn es
auch unser Herz nicht mit jubelnder Freude erfüllen kann,
sondern ein inbrünstiges Seufzen in uns erwecken muss. So
mögen denn auch folgende Mitteilungen dich kraft des Heiligen Geistes bewegen, recht inbrünstig für uns zu beten.
Denn der Feind hat Unkraut unter den Weizen säen können, weil die Leute schliefen."*

Friederike ließ die Feder sinken, schloss die Augen und
lehnte sich müde in ihrem Stuhl zurück. Natürlich war sie
dankbar, dass die Sache ans Licht kam. Sie konnte es nicht
anders sehen, als dass ihr Herr sie so geführt hatte.

Aber warum gerade jetzt? Wo sie wieder einmal auf sich
allein gestellt war? Ihr Mann war gleich nach Pfingsten, am
9. Juni 1840, nicht einmal einen Monat nach Georgs Geburt, für vier Wochen nach Wiesbaden zu seiner Mutter

gereist. Er wollte von dort aus verschiedene Städte bereisen, um Ausschau nach künftigen Mitarbeiterinnen, Spendern und Einsatzmöglichkeiten für die ausgebildeten Diakonissen zu suchen – und daneben die Gelegenheit nutzen, seiner Mutter beizustehen, die innerhalb von zehn Monaten zwei Söhne verloren hatte.

Vor ihrem geistigen Auge erschien die Szene vom letzten Sonntag. Nach dem Gottesdienst waren Lina Jöckel und Mathilde Major, die Kinderpflegerinnen, auf sie zugekommen. „Tante Rieke", hatte Lina herausgesprudelt, „was hältst du davon, wenn wir beide heute Nachmittag mit den Kindern auf dem Rhein fahren? Es ist so ein wunderbarer Tag für einen Ausflug!" Friederike sah die Freude ihrer Kinder vor sich und war sofort einverstanden. Aus den Augenwinkeln fiel ihr Blick auf Amalie Andreas, die Theodor erst am 1. Juni zum Dienst für fünf Jahre eingesegnet hatte, und der sehnsüchtige Ausdruck in den Augen der jungen Schwester entging ihr nicht. „Wie wäre es, wenn ihr Amalie mitnehmt?", hatte sie spontan vorgeschlagen, „sie kann auch so gut mit Kindern umgehen."

Fröhlich waren sie losgezogen, die kleinen Mädchen an der Hand, hüpfend vor Vorfreude. Und der kleine Georg, liebevoll umsorgt von Mathilde Major, hatte zum ersten Mal gelächelt! Friederike gönnte auch den jungen Frauen den Ausflug von Herzen. Sie waren die ganze Woche tätig von früh bis spät – und Lina war noch nicht einmal 18 Jahre alt.

Friederike selbst war froh gewesen, sich über Mittag hinlegen zu können. Morgens kam sie momentan kaum aus dem Bett, und sie hatte das Gefühl, sich fast nicht mehr länger auf den Beinen halten zu können. Später hatte sich Besuch zum Kaffee angesagt. Jetzt zog sie die Vorhänge zu und sank dankbar in ihr Bett.

Der Besuch war länger geblieben, danach ergaben sich noch im Haus einige Gespräche. So war ihr erst zur Abendbrotzeit aufgefallen, dass die Ausflügler noch nicht zurück waren. Nun ja, es war schönes Wetter; kein Grund also, sich Sorgen zu machen. Und Lina und Mathilde waren so zuverlässig. Schließlich kamen Hanna und Nette allen voran mit wehenden Röcken ins Haus gestürmt: „Mama! Es war so schön! Stell dir vor: Die Ponte konnte nicht eher fahren, weil so viele Schiffe unterwegs waren!" Die Ponte, das war im Rheinischen die breite Fähre über den Rhein.

Friederike hatte das zur Kenntnis genommen und hätte die kleine Verspätung sicher schon am nächsten Tag vergessen, wenn sie nicht mit Pauline Wuttge gesprochen hätte, weil sie diese auf eine andere Station versetzt hatte. Diese Versetzung war der Tropfen gewesen, der am Vortag das Fass zum Überlaufen gebracht hatte: Die ganze aufgestaute Erbitterung, der Neid, Trotz und Missgunst innerhalb der Schwesternschaft hatten sich danach entladen. Pauline hatte Amalie Andreas wegen der Verspätung vom Sonntag völlig unnötig grob angegriffen. Was ging es sie an?

Anscheinend hatte Theodor, wie er es manchmal tat, das, was ihm bei einer der Schwestern positiv aufgefallen war, einer anderen als vorbildlich geschildert – und das hatte Groll und Neid erzeugt. Friederike wusste, dass ihr Mann im Grunde keine Schwester der anderen vorzog oder sie anders behandelte als die anderen. Er verfolgte einfach nur erzieherische Absichten. Ihm gegenüber hatten die verärgerten Schwestern sich nicht getraut, irgendetwas zu entgegnen. Sie hatten sich vor dem Pastor und Vorsteher demütig und ergeben geäußert, wie sie es als Mägde gewohnt waren, aber sich dann untereinander über alle möglichen Dinge, die Fliedners anordneten, ereifert – wie etwa über die Arbeitseinteilung und Versetzungen. Darüber wurde viel miteinander diskutiert und kritisiert. Daraus war die ganze vergiftete Atmosphäre entstanden. Im Grunde handelte es sich eigentlich bei Licht besehen um Bagatellen, Kleinigkeiten im Alltag der Diakonissenanstalt. Friederike hatte den Schwestern rundheraus erklärt, sie könne keine Vorbilder unter ihnen erkennen, und wisse nicht, wer von ihnen die Größte und Beste sei. Sie könnte nur nach dem Wort Jesu ein Kind herholen und es ihnen als Vorbild zeigen ...

Friederike seufzte wieder und begann dann, rasch weiterzuschreiben. Ihr Ärger war verraucht. Sie wusste: Allein Gott konnte helfen. Er wusste, wer von den Schwestern im Hintergrund die anderen, die nur allzu willig waren, aufhetzte. Er war der, der allein Frieden bringen konnte. Er konnte ihr auch als Vorsteherin in dieser Angelegenheit die nötige Weisheit, Liebe und Furchtlosigkeit geben. Sie konnte es auch als Erziehung für sich selbst verstehen, damit sie nicht selbstzufrieden und überheblich wurde, wenn alles gut zu laufen schien und die Anstalten immer mehr gelobt wurden. Es war und blieb Gottes Werk. Sie waren in allen Dingen abhängig von ihm und seiner Leitung.

Gott musste jeder Einzelnen begegnen, damit sein Geist sie veränderte und er in ihrem Herzen und Leben mehr

Raum einnehmen konnte. Nur das konnte wirkliche und bleibende Veränderung in der Dienstgemeinschaft bringen. Ja, und ganz praktisch, so überlegte Friederike mit neuem Elan, würde sie noch einmal die Aufgaben anders einteilen. Vielleicht würde auch eine neue Ordnung helfen.

Sie beendete ihren Brief und stand auf. Gott war ein lebendiger Gott. Er würde helfen, wie er immer geholfen hatte. Und den Brief an ihren Mann würde sie den Schwestern vorlesen. Vielleicht half es, wenn man ihnen einen Spiegel vorhielt und sie wussten, woran sie waren.

Dennoch waren die Unstimmigkeiten nicht so rasch aus der Welt geschafft. Dabei setzte auch Theodor sich aus der Ferne so gut ein, wie er nur konnte. Er stärkte seiner Frau ganz entschieden den Rücken und war auch sofort bereit, die Verantwortliche für diese bittere Wurzel auf der Stelle zu entlassen.

Dazu kam, dass Friederike erneut ernsthaft krank wurde. Eine Unterleibsentzündung stellte sich ein, wahrscheinlich noch als Nachwirkung der überstandenen schweren Geburt. Sie musste im Bett bleiben.

Eigentlich wollte sie ihren Mann auf seiner Reise nicht beunruhigen und schrieb ihm nur beiläufig von ihrer Erkrankung, aber Theodor kannte seine Frau und konnte auch zwischen den Zeilen lesen. Er beschloss sofort, nicht auch noch nach Baden-Baden zu fahren, wie er es ursprünglich geplant hatte, sondern auf dem schnellsten Weg – so, wie es eben möglich war – nach Hause zu reisen. Er hatte seine Mutter erstaunlich ruhig und gefasst vorgefunden und hatte die beiden Kaiserswerther Schwestern im Versorgungshaus in Frankfurt besucht, wo alle sie nur gelobt hatten. Anschließend war er noch in Ems, Darmstadt, Kreuznach und Neuwied gewesen. Nun hatte er Sehnsucht nach seiner Familie – außerdem war ein Schreiben vom König wegen der Statuten gekommen. Dazu kam, dass am Asyl ein Anbau nötig geworden war.

Er sorgte sich um Friederike, bat sie, sich zu schonen und auch noch eine der Pflegerinnen ins Haus zu nehmen als zusätzliche Unterstützung.

Tatsächlich konnte Theodor jedoch nur drei Wochen lang in Kaiserswerth bleiben. Dann musste er nach Berlin reisen, um sich direkt vor Ort für die Bestätigung der Satzungen des Diakonissenvereins einzusetzen.

Daher konnte er sich nicht selbst um die Überwachung der Anbauarbeiten am Asyl kümmern. Es blieb Friederike nichts anderes übrig, als auch diese Aufgabe zu übernehmen, obwohl sie der Meinung war, von diesen Dingen nicht genug zu verstehen. In seinen Briefen schrieb ihr Theodor, was er jeweils für wichtig hielt und was er für Ideen hatte, und sie musste dann stets und ständig zur Baustelle laufen und für die Umsetzung sorgen. Es war mühsam für sie, so oft am Tag zusätzlich zu ihrem üblichen Pensum diesen Weg zurückzulegen, aber sie wusste, dass ihr Mann sich auf sie verließ.

Die Leiterin des Asyls, Katherine Göbel, war während dieser Zeit nicht in Kaiserswerth. Sie hatte seit 1833 ununterbrochen ihren Dienst bei den haftentlassenen Frauen versehen, und ihre Nerven waren derart angeschlagen, dass eine Badekur in Langenschwalbach dringend notwendig geworden war. Aber wer konnte sie längere Zeit vertreten?

Mathilde von Morsey, die aus sehr ärmlichen Verhält-
nissen stammte, hatte ihr zwar seit fast zwei Jahren zur Seite gestanden und hatte auch vieles von ihr gelernt, war aber
weder von ihrer Bildung noch von ihrem Charakter her in
der Lage, dort selbstständig zu wirken oder gar die Leitung
zu übernehmen. Da ergab es sich, dass Nanny von Arnim,
eine Dame aus Neuwied, Kontakt zu Theodor Fliedner bekommen hatte. Ursprünglich hatte sie angeboten, ihm bei
der Korrespondenz zur Hand zu gehen. Sie war am 23. Juli
gekommen und sprang nun stattdessen im Asyl ein, weil
dort Not am Mann war.

Eigentlich sollte Mathilde dabei offiziell als die vorübergehende Leiterin gelten, aber die adelige Nanny von Arnim wollte sich wirklich einsetzen und war Mathilde allein
durch ihr Auftreten überlegen. Das machte die Zusammenarbeit schwierig. Friederike selbst hatte Mühe, Fräulein von
Arnim gegenüber den richtigen Ton zu finden. Sie wollte
Mathilde von Morseys Position stärken, indem sie alle Angelegenheiten zuerst und vor allem mit ihr besprach und
auch die Bewohnerinnen des Asyls dazu anhielt, Mathildes
Anweisungen zu folgen. Dabei trat sie auf der anderen Seite wohl zu scharf auf, als sie versuchte, die adelige Dame in
ihre Schranken zu weisen, um ihr klarzumachen, dass sie
sich nicht um Dinge kümmern sollte, die nicht in ihren Zu-
ständigkeitsbereich gehörten.

Eigentlich hatte Fräulein von Arnim dabei die besten Absichten. Sie war sich ihrer Wirkung aufgrund des Standes-
unterschiedes gar nicht bewusst. Im Grunde wollte sie doch
nur im Asyl in guter Weise erzieherisch tätig sein und Dinge

ansprechen und ordnen, die nicht so liefen, wie sie sollten. Sie wollte überhaupt nicht herrschsüchtig auftreten. Schon gar nicht hatte sie die Absicht, Katherine Göbel von ihrem Posten zu vertreiben oder überflüssig zu machen.

Besonders, wenn Theodor nicht da war und sie alles allein entscheiden sollte, konnte es passieren, dass Friederike nach außen schroff wirkte und auch so auftrat und in ihrer heftigen Art durchaus auch manche vor den Kopf stieß. Wenn ihr dann alles zu viel zu werden drohte und sie eigentlich auch nicht gesund war, bemerkte sie diese unangebrachte Schärfe in dem Moment nicht einmal. So erging es ihr in diesem Fall auch mit Fräulein von Arnim. Eigentlich war es ja ihr wichtigstes Anliegen, jeder Mitarbeiterin, so verschieden sie auch waren, irgendwie gerecht zu werden. Sie wollte mütterlich und feinfühlig mit jeder Einzelnen umgehen. Aber hier stieß sie an ihre Grenzen. Zudem hatte sie den Eindruck, auch die Frauen im Asyl vor den hohen Ansprüchen der adeligen Dame schützen zu müssen. Sie machte Fräulein von Arnim klar, dass Gott von seinen Kindern auch nicht erwarte, dass sie sofort perfekt seien. Und dass daher auch die ihnen Anbefohlenen ihre Fehler Stück um Stück ablegen dürften.

Friederike hatte dabei in diesen Wochen noch andere Sorgen: so litt Luise, ihre Älteste, schon längere Zeit sehr unter quälenden Kopfschmerzen. Im Krankenhaus waren mehr Schwerkranke als sonst, des Nachts musste in drei verschiedenen Zimmern gewacht werden – auch das wollte organisiert werden.

Eines Tages kam ein katholischer Arzt, Dr. Julius, aus Hamburg angereist, um mit dem Kreisarzt Dr. Ebermeier, dem Schatzmeister Göring und einem Geheimrat von Böckelmann aus Berlin die Anstalten zu besichtigen. Letzterer war besonders an der Tatsache interessiert, dass hier wirklich evangelische Diakonissen arbeiteten. Friederike konnte ihm demonstrieren, dass christlich motivierte Krankenpflege mit evangelischer Freiheit genauso gut vereinbar war wie mit der klösterlichen Gebundenheit der Barmherzigen Schwestern.

Erfreulich war, dass er und auch Dr. Ebermeier sich sehr zufrieden über das Krankenhaus und die Pflege äußerten – lediglich die Stube mit den kranken Frauen empfanden sie als zu voll belegt. Friederike bemühte sich, auch das zur Zufriedenheit zu regeln und zumindest nachts eine Patientin weniger dort schlafen zu lassen.

Abends erfolgte dann oft noch ein langer Brief mit allen Details an ihren Mann. Es war gut, dass er nicht so stark in die alltäglichen Kleinigkeiten des Miteinanders verwickelt war wie sie. Für ihn war es leichter, die großen Linien im Blick zu haben und die kleinen Eifersüchteleien und Machtkämpfe nicht so schwerzunehmen. So schätzte er den Einsatz von Fräulein von Arnim zum Beispiel sehr, weil es ihr gelang, in ihren Kreisen für die Verlosungen in Kaiserswerth Gewinne zu beschaffen, und Lose und auch Aktien unter der reicheren Bevölkerung zu verkaufen, um Geld für die Bauprojekte aufzubringen. Sie blieb auch weiterhin eine zuverlässige Unterstützerin der Diakonissenanstalt.

Friederike war es sehr bewusst, dass sie diese Unterstützung und dieses Korrektiv brauchte. Aber auch die langen, ausführlichen Briefe an ihren Mann waren kein wirklicher

Ersatz. Auch ging es ihr körperlich noch gar nicht gut. Sie merkte zwar, dass sich ihr Zustand langsam besserte, aber sie musste morgens einfach länger liegen bleiben und sich auch am Nachmittag erneut hinlegen.

Daneben schwelte noch die Auseinandersetzung unter der Schwesternschaft um Pauline Wuttge. Auch mit Sophie Wagner und einigen anderen der württembergischen Schwestern gab es Schwierigkeiten, die mit dem unterschiedlichen Frömmigkeitsstil zusammenhingen. Die Württembergerinnen hatten allgemein Mühe, sich an die Nüchternheit in Kaiserswerth zu gewöhnen, an die Zurückhaltung, mit der man hier über sein inneres Erleben sprach. So hatte Sophie Wagner, wie sie es aus ihrer Heimat kannte, eine „Sprechstunde" organisiert. Hier trafen sich einige Schwestern, um sich gegenseitig zurechtzuweisen nach dem Vorfall mit Amalie Andreas. Ihre Oberin Gertrud Reichardt hatte sie dabei wohlweislich nicht eingeladen – oder hatte sie sie einfach nur deshalb nicht bedacht, weil sie so viel älter war als die meisten Schwestern? Diese waren im Schnitt um Anfang 20. Friederike empfand an Sophies Initiative deren Stolz und ihren Hang zur Absonderung als problematisch.

Dabei würde sich Sophie Wagner noch sehr bewähren.

In all diesen großen und kleinen Schwierigkeiten dieses Sommers kam nun eine neue Anfrage.

Das Wilhelmshospital in Kirchheim

Aller Weisheit höchste Fülle
in dir ja verborgen liegt.
Gib nur, dass sich auch mein Wille
fein in solche Schranken fügt,
worinnen die Demut und Einfalt regieret
und mich zu der Weisheit, die himmlisch ist, führet.
Ach, wenn ich nur Jesum recht kenne und weiß,
so hab ich der Weisheit vollkommenen Preis.

(Johann Heinrich Schröder)

„Tante Friederike, die Post!" Lina wirbelte etwas außer Atem ins Kinderzimmer, wo Friederike gerade ihrem nun fast fünf Monate alten Georg nach seinem Schläfchen die Flasche gab. Meist wurde er zwar von der Kinderpflegerin versorgt, aber wann immer sie Zeit fand, versuchte sie doch, sich selbst um ihre Kinder zu kümmern. Sie hatte den Moment der Ruhe genossen, den kleinen warmen Körper an ihren geschmiegt und überlegt, wem Georg wohl ähnlich werden mochte. Von Nase und Mund schien er Simonette zu ähneln …

Jetzt sah sie auf und erblickte gleich den großen Brief

mit dem herzoglichen Siegel. „Aus Kirchheim von der Herzogin Henriette von Württemberg", entfuhr es ihr. „Wirst du selbst die Schwestern dort hinbringen, Tante Rieke?" Friederike verzog das Gesicht. „Das werde ich wohl müssen. Es muss alles erst geordnet werden. Das Krankenhaus ist ja noch gar nicht eingeweiht." Sie blickte wieder in das kleine Babygesicht. Georg hörte auf zu trinken und lächelte seine Mutter an. Sie nahm ihn hoch und konnte einen Seufzer nicht unterdrücken. Lina reichte ihr ein Tuch. Sie machte ein besorgtes Gesicht. „Geht es dir denn gut genug für die lange Reise? Ich wollte, du könntest hierbleiben." Friederike schluckte. „Danke, Lina, dass du so an mich denkst. Es wird schon gehen. Der Herr weiß es ja, dass ich lieber hierbliebe. Er wird mir auch die Kraft geben, die ich brauche." Sie lächelte. „Und wenn ich zurückkomme, werde ich staunen, wie du inzwischen kochen gelernt hast, oder?" Jetzt verzog Lina das Gesicht. „Freu dich nicht zu früh, Tante Rieke. Ich bin nur froh, dass Tante Luise wieder kommen und alles übernehmen kann."

Und wie froh sie selbst darüber war, dachte Friederike, als sie das Kinderzimmer verließ und sich mit dem Brief aus Kirchheim an ihren Schreibtisch setzte. „Liebe Frau Pfarrerin", las sie, „mit freundlicher Ungeduld werden Sie und die lieben Schwestern hier erwartet. Unbeschreiblich viel wert ist es uns, dass Sie, Stifterin und Vorsteherin der Anstalt in Kaiserswerth, Ihre Zöglinge bei uns einführen wollen. Je eher Sie kommen, umso besser ist es …"

Als die ersten Anfragen im Juni gekommen waren, hatte Friederike ernsthaft gehofft, dass ein dritter Einsatzort für ihre Diakonissen – nach Elberfeld und Frankfurt – gerade jetzt nicht zustande kommen würde; noch dazu so ein weit entfernter. Sie konnte es sich einfach nicht vorstellen, wie das funktionieren sollte. In Elberfeld hatte es nun schon seit Januar 1839 den dritten Wechsel an Schwestern gegeben. Die treue Katherine Weintraut war im März an Typhus erkrankt und musste noch immer durch Margarete Bolte vertreten werden. Die Schwestern in Frankfurt kämpften sich mühsam durch Enge und Chaos des Neubaus. Und dann noch die lästigen Querelen in der Kaiserswerther Schwesternschaft ... Die Württemberger hatten sich die Sache so vorgestellt, dass zwei Schwestern aus Kaiserswerth kommen würden, aber ohne bleibende Verbindung zur Verwaltung und zur Diakonissenanstalt.

Fliedners waren sich einig, dass eine solche Selbstständigkeit die Schwestern in der jetzigen Situation völlig überfordern würde. Wenn Kirchheim, dann zu den gleichen Bedingungen wie in Elberfeld und Frankfurt. Nämlich dergestalt, dass der Diakonissenverein den Vertrag mit dem jeweiligen Krankenhaus abschloss und nicht die jeweiligen Schwestern einzeln, und dass sie auch weiterhin in enger Anbindung an das Mutterhaus bleiben sollten.

Schließlich hatte der Kirchheimer Hospitalverein eingelenkt. Eine vierteljährliche Kündigungsfrist wurde noch ausgemacht und nun sollte Friederike als Vorsteherin die beiden Diakonissen Agnes Mayer und Sophie Wagner etwa Mitte September nach Kirchheim begleiten und ihnen zur Seite stehen, bis alles geregelt war. Anfang Oktober sollte dann das dortige Krankenhaus eröffnet werden.

Besonders wichtig war den Verantwortlichen vor Ort gewesen, dass sie Schwestern aus Württemberg bekamen, weil sie der Meinung waren, dass sie andernfalls nicht das Vertrauen der Bevölkerung hätten.

Friederike betrachtete noch einmal das Siegel der Herzogin: „Im Herrn allein ist Trost und Kraft." Sie wusste inzwischen, dass die Herzogin 20 Jahre älter war als sie, schon viele Jahre verwitwet und Mutter von 5 Kindern, die sie nach und nach taktisch klug in alle wichtigen Fürstenhäuser Europas verheiratet hatte. Vor allem kümmerte sie sich nach dem Tode ihres leichtlebigen und hoch verschuldeten Mannes vorbildlich um die Vernachlässigten und Bedürftigen. Besonders die Bildung ihrer Untertanen lag ihr am Herzen. Bereits 1821 hatte sie in Kirchheim eine Industrieschule mit unterstützt, in der Kinder einfache Fertigkeiten wie das Spinnen erlernen konnten. 1826 gründete sie das Waisenhaus „Paulinenpflege", benannt nach ihrer Tochter Pauline, der 3. Ehefrau von König Wilhelm I von Württemberg. 1838 erfolgte auf Herzogin Henriettes Geheiß die Gründung einer Kleinkinderschule. „Eine Diakonisse im Fürstengewand", wurde sie genannt. Viele adeligen Damen engagierten sich auf sozialem Gebiet; es gehörte sozusagen zum guten Ton in diesen Kreisen. Bei Herzogin Henriette handelte es sich jedoch um echtes Engagement, das in ihrer pietistischen Frömmigkeit wurzelte. Ihr Brief klang herzlich, ohne jede Überheblichkeit. Friederike dachte an Frau Scharff-Willemer in Frankfurt, vor der sie trotz der zunehmenden Freundlichkeit in ihren Briefen doch immer noch eine gewisse Scheu empfand. Nun würde sie in Kürze diese Fürstin kennenlernen.

Würde sich die Herzogin etwas von der bürgerlichen Pfarrersfrau aus dem Rheinland sagen lassen?

Am 21. September 1840 war es so weit. Ein letztes Mal drückte Friederike ihre Töchter an sich und dann nahm sie noch einmal voller Zärtlichkeit ihren kleinen Sohn in die Arme. Er war doch noch so klein! Konnte sie wirklich einfach so von ihm fortgehen? Ihr Blick fiel auf das Gedränge an der Anlegestelle der Rheinfähre, und sie spürte, wie müde sie war.

Zwei Tage brauchte der Raddampfer den Rhein hinauf bis nach Mannheim. Friederike und die beiden Schwestern versuchten, die Schönheit der Landschaft entlang des Rheinufers in sich aufzunehmen, aber die drängende Enge und der ständige Lärm an Bord ließen sie erleichtert aufatmen, als sie endlich am Abend des 23. Septembers ankamen. Friederike hatte die Zeit zudem eigentlich nutzen wollen, um mit ihren beiden Begleiterinnen ausführliche Gespräche über den vor ihnen liegenden Dienst zu führen und um die Beziehung zu ihnen zu vertiefen. Aber immer wieder waren sie unterbrochen worden.

Zu später Stunde fanden sie nur ein bisschen Ruhe, denn kurz nach Mitternacht fuhr bereits die Extrapost nach Heidelberg. Um halb fünf sollten sie dort auf dem Posthof sein, um dann weiter nach Stuttgart zu fahren.

Dreizehn Stunden waren die Frauen aus Kaiserswerth an diesem Tag von Heidelberg aus unterwegs, bis sie abends um 18 Uhr endlich in Stuttgart ankamen. Friederike fühlte sich wie gerädert. „Frau Pastorin, wenn Sie die Sachen im Gasthaus lassen wollen, ich passe darauf auf", bot Agnes

Mayer an. „Sie können ganz beruhigt mit der Sophie zu Pfarrer Hofacker gehen."

Wilhelm Hofacker war in Stuttgart Pfarrer an der Leonhardskirche. Schon bei seinem ersten Besuch im Schwabenland hatte Theodor ihn predigen hören, und er war es gewesen, der die Krankenpflegerinnen aus Württemberg nach Kaiserswerth vermittelt hatte. Er war ein Bruder des bekannten Erweckungspredigers Ludwig Hofacker.

Zusammen mit seiner Frau hieß er die Reisenden willkommen. Die warme Herzlichkeit tat Friederike gut. Nach der ersten Begrüßung fragte Hofacker nach ihrem Gepäck und schlug die Hände zusammen, als er erfuhr, dass Agnes allein mit den Sachen im Gasthaus wartete. „Haben Sie es noch nicht gehört?", rief er, „Hier in Stuttgart wird es eine Revolution unter den Dienstleuten geben! Unter keinen Umständen können Sie dort bleiben. Die Leute reißen Sie noch in Stücke. Ich lasse sofort die junge Frau und Ihre Sachen hierherholen." Frau Hofacker nickte bestätigend. „Natürlich sind Sie heute Nacht unsere Gäste."

Das Erwachen in einer sauberen stillen Umgebung am anderen Morgen war einfach wunderbar. Friederike genoss es, sich zu waschen und ihre Kleidung zu wechseln. Mit ihren Gastgebern saßen die drei Reisenden beim Frühstück. Wilhelm Hofacker reichte Friederike lächelnd einen Brief über den Tisch. Sie erkannte Theodors Handschrift. Es schien Ewigkeiten her zu sein, dass sie sich an der Anlegestelle voneinander verabschiedet hatten.

Als sie aufschaute, begegnete ihr Frau Hofackers Blick, mit dem sie ihr Kleid und die Tracht der beiden Schwestern musterte. „Schwester Fliedner", sagte sie etwas verlegen, „verzeihen Sie. Aber hier gab es immer wieder Gerüchte über die Kleidung der Kaiserswerther Schwestern. Sie wäre unglaublich eitel und weltlich und nicht so, wie es sich für Christinnen gehören würde, die einfach, bescheiden und von geringem Stand sind. Aber nun sehe ich, dass das nur Geschwätz ist. Es ist gut, wenn man es den Leuten selbst sagen kann." Friederike nickte. „Schwester Hofacker", begann sie dann, „Sie werden es mir nicht übel nehmen, wenn ich auch etwas frage, weil ich hier fremd bin. Wie wird es sein mit der Herzogin in Kirchheim? Vielleicht können Sie mir für mein Verhalten dort auch einen guten Rat geben."

Friederike erfuhr zu ihrer Erleichterung, dass die Herzogin eine Abneigung gegen alles „Ceremoniöse" habe. So ging sie in der Regel, wie alle anderen Besucher, zu Fuß zum Gottesdienst und pflegte grundsätzlich alle in ihrer Umgebung zu duzen. Pfarrer Hofacker setzte hinzu: „Sie hat ihren eigenen Wagen geschickt, um sie hier abzuholen und nach Kirchheim zu bringen. Um 10 Uhr wird der Kutscher hier sein." Er blickte auf die beiden Schwestern. „Gut, wenn Sie so bald wie möglich hier wegkommen. Man weiß nie, wie solche Unruhen unter den Dienstboten ausgehen." Er seufzte. „In den Städten wird es immer schlimmer. Von überall ziehen die Menschen in die großen Städte, um Arbeit zu finden. Es gibt viel zu viele Handwerker und alle suchen Arbeit. Sie wohnen eingepfercht mit ihren Familien in viel zu engen Wohnungen, und das Essen wird täglich teurer. Gott weiß, wohin das noch führen wird. Es gibt zu wenige Menschen wie Ihren Mann in unserer Kirche,

Schwester Fliedner, mit seinem offenen Herzen für alle Not und seinem Weitblick und Engagement."

Schon konnten sie unten auf der Straße einen Wagen rasselnd halten hören. Die letzte Strecke der Reise stand bevor. Bald würden sie Herzogin Henriette von Württemberg begegnen.

Friederike fühlte sich viel besser als am Tag zuvor. Mit großem Interesse nahm sie die Eindrücke der großen Stadt Stuttgart und der Landschaft in sich auf. Die Hügel des Albtraufes, an denen das Städtchen Kirchheim lag, erinnerten sie ein wenig an ihre Heimat an der Lahn. Sie wurden sogleich zum Krankenhaus gebracht, einem neu erbauten Haus mit schönem Vorplatz und einem bereits angelegten Garten. Voller Stolz führte man die Gäste aus dem Rheinland herum.

Das Wilhelmshospital, benannt nach dem württembergischen König, dem Schwiegersohn der Herzogin, war für 36 Kranke konzipiert. Es gab neun Krankenzimmer in verschiedener Größe, Räume für die Mitarbeiter, drei Badezimmer, wobei man auch darauf geachtet hatte, dass es eigene Bereiche für Patienten mit Krätze oder Syphilis gab, und ein Operationszimmer. Die Zimmer hatten moderne Zirkulier-Öfen mit Abzug und eigene Abtritte. Es war sogar auch an eine abgetrennte Etage für Patienten mit ansteckenden Krankheiten gedacht worden. Die Einrichtung war beeindruckend fürstlich, stellte Friederike fest. Allerdings waren manche Notwendigkeiten eines Haushaltes eher mangelhaft: Die Waschküche war winzig, und an einen Ort zum Trocknen und Bügeln der Wäsche hatte anscheinend auch niemand gedacht. Und überall waren noch Handwerker zugange, die versuchten, alles bis zum Einweihungsfest am 1. Oktober fertigzustellen.

Herzogin Henriette von Württemberg erwies sich tatsächlich als sehr herzlich und freundlich. Sie lud Friederike und die beiden Schwestern mit großer Selbstverständlichkeit und ohne jeden Standesdünkel zum Essen ein und behandelte sie mit Respekt. So bestand die Herzogin darauf, die Pflegerinnen zu siezen – obwohl das für sie ungewöhnlich war. Ohne Umschweife bot sie an, alle Reisekosten zu übernehmen, auch für Friederikes Rückreise, was sie sehr erleichtert annahm.

Sie und die Schwestern stürzten sich sofort in die Vorbereitungen für das Einweihungsfest. Vielleicht ein bisschen zu sehr – denn in der Nacht vor dem großen Ereignis wachte Friederike auf und wusste, dass sie krank war. Sie schwitzte und sie fror und ihre Gelenke schmerzten. Ein rheumatisches Fieber, stellte der Arzt am Morgen fest. Es half nichts, sie musste im Bett bleiben. Sie fühlte sich so elend, dass sie es kaum bedauerte, bei der Einweihung nicht dabei sein zu können. Auch mit ihrem Bein hatte sie wieder Probleme, eine Thrombose bereitete ihr starke Schmerzen.

Ihr Heimweh war ebenso heftig. Sie lag im Bett und hatte ihre Familie vor Augen. In den letzten Tagen hatte sie in Kirchheim ein Baby in Georgs Alter auf dem Arm gehabt. Wie mochte es ihrem kleinen Sohn wohl gerade gehen? Wenn er nur noch lebte …

Plötzlich liefen ihr die Tränen übers Gesicht. Sie lag da und betete, schüttete Gott ihr Herz aus. So oft war Theodor von zu Hause fort, und sie hatte es mit Gottes Hilfe gelernt, das anzunehmen und durchzuhalten. Aber nun selbst so weit fort von daheim zu sein, war noch einmal etwas ganz anderes. Ihr Leben gehörte Christus. Ihm wollte sie doch dienen, egal ob hier oder in Kaiserswerth.

Die beiden Schwestern waren vom ersten Tag an mitten in der Arbeit. Mit acht Kranken hatten sie angefangen, drei weitere wurden erwartet. Agnes und Sophie erwiesen sich als tüchtig und engagiert, und die Herzogin sprach ihnen ihr volles Vertrauen aus. Mit dem Neubau gab es allerdings Probleme: Die Wasserleitungen funktionierten nicht, und die nigelnagelneuen Mauern mussten an vielen Stellen wieder aufgebrochen werden.

Auch Friederike konnte, nachdem sich ihr Zustand gebessert hatte, zwei Tage lang wieder ein bisschen in den Krankenzimmern mithelfen. Dann ein Rückfall, erneut Fieber, und wieder musste sie tatenlos das Bett hüten. Sie hatte so sehr gehofft, sich schon bald auf die Heimreise machen zu können, spätestens am 6. Oktober. Nun würde sie noch eine weitere Woche in Kirchheim bleiben müssen.

Gut war, dass sie das Gehalt für die Pflegerinnen ausgezahlt bekam und es zur Unterstützung gleich nach Kaiserswerth schicken konnte – Theodor wartete dringend darauf. Auch der Kandidat brauchte sein Geld. Daneben vergaß sie auch nicht, etwas Süßes für die Kinder beizulegen.

Um noch mehr Geld für die Anstalt zusammenzubekommen, hatte Friederike den Stahlstich „Der barmherzige Samariter", den ihr Mann im Juni herausgegeben hatte, mitgebracht und nun schon über 20 Stück verkaufen können. Sie bat Theodor, ihr noch einmal 100 Exemplare für

Stuttgart zu schicken, die sie dort auf der Rückreise abzusetzen hoffte. Überhaupt konnte sie immer wieder feststellen, dass die Kaiserswerther Anstalten auch in Württemberg in kirchlichen Kreisen und auf Konferenzen in aller Munde waren und Anerkennung fanden.

Endlich kam in Kirchheim ein ganzes Päckchen Briefe aus Kaiserswerth an: allerlei Nachrichten, gute und weniger gute. Theodor schickte eine zwei Seiten lange Liste mit Namen von Damen und Herren, die Friederike auf der Rückreise in seinem Namen aufsuchen sollte.

In Kirchheim machte sie trotz der gerade erst halbwegs überstandenen Krankheit weitere Besuche. So lernte sie die „Paulinenpflege" kennen, das Waisenhaus, das Herzogin Henriette gegründet hatte. Ob die Mädchen, die hier aufgenommen wurden, möglicherweise später zu ihnen nach Kaiserswerth zur Ausbildung kommen konnten? Friederike spürte wieder neue Energie.

Da bekam sie, bereits wieder in Stuttgart, die Nachricht, dass ihre Schwester Luise, die sie zu Hause so treu und zuverlässig vertrat, schwer an Typhus erkrankt war. Lina Jöckel tat zwar, was sie konnte, aber Friederike war sofort sehr klar, dass sie nun recht dringend zu Hause gebraucht wurde.

Auch Sophie Wagner war krank, und Agnes Mayer musste nun für zwei arbeiten, wobei sie sich als ganz erstaunlich tüchtig erwies.

Dann bekam Friederike die Nachricht, dass die Herzogin sich noch in Stuttgart mit ihr treffen wollte, weil noch so viel zu besprechen sei. Zum Beispiel äußerte sie den Wunsch, dass Kaiserswerth ihr sobald wie möglich eine dritte Krankenpflegerin schicken sollte, auf jeden Fall aber wieder eine Schwäbin! Aber auch Friederike hatte ein Anliegen, das ihr auf dem Herzen brannte: die weiblichen Gefangenen in Württemberg. Sie fand, die Herzogin sei die richtige Person dafür, sich auch hier der Missstände anzunehmen. Es war ein beinahe vertrautes Verhältnis, das zwischen Henriette von Württemberg und ihr entstanden war. Sie verstanden sich im Glauben und in ihrer Liebe zu den hilflosen Menschen.

Ihre Tage in Stuttgart waren also bis an den Rand angefüllt mit Besuchen. Dabei stieß Friederike gerade bei gläubigen Frauen auch auf Misstrauen, was die Schwestern betraf. Da viele von ihnen in der Vergangenheit als Mägde gearbeitet hatten, eilte ihnen kein guter Ruf voraus. Friederike musste das zur Kenntnis nehmen. Die Leute mussten eben erst allmählich erkennen, wie viel Mühe und Sorgfalt seither in die Ausbildung dieser Schwestern investiert worden war. Sie waren nicht mehr dieselben wie damals.

Sie hatte darüber hinaus noch gehofft, junge Frauen zu treffen, die Interesse daran hatten, selbst Diakonisse zu werden – aber das war leider nicht der Fall. Alle waren sehr freundlich und im Prinzip entgegenkommend, aber die Vorbehalte und der Standesdünkel der Bürgerlichen waren zu groß.

Endlich, nach fast fünf Wochen, war Friederike wieder zu Hause!

Ein beschauliches Wiedersehen in gemütlicher Runde erwartete sie allerdings nicht. Natürlich war es wunderschön, wie die Mädchen auf sie zustürzten und sich ihr alle zugleich in die Arme werfen wollten und wie alles aus ihnen heraussprudelte, was sie auf dem Herzen hatten. Und es war reines Glück, das sie überschwemmte, als sie ihren kleinen Sohn wieder im Arm hielt, und Freude darüber, dass ihr Mann ehrlich stolz darauf war, was sie geschafft hatte. Aber es tat weh – und sie fühlte sich schuldig und für das Elend mitverantwortlich –, als sie ans Krankenbett ihrer Schwester trat. Sonst war es stets umgekehrt gewesen seit vielen Jahren: Luise Münster kam, fürsorglich und umsichtig, wenn im Hause Fliedner Not am Mann war. Jetzt war sie es, die gepflegt werden musste, und Friederike erkannte mit einem erschrockenen Blick, dass ihre kleine Schwester viel kränker war, als man ihr in den Briefen mitgeteilt hatte.

Auch im Krankenhaus wartete viel Arbeit auf sie. Zurzeit wurden dort 36 Kranke gepflegt. Es gab drei neue Pflegerinnen in der Ausbildung, die während ihrer Abwesenheit angekommen waren. Natürlich hatten sie vor ihrer Einstellung Briefe gewechselt, aber sie musste und wollte sich Zeit nehmen, die Neuen richtig kennenzulernen. Es war ihr so wichtig, ein echtes Vertrauensverhältnis zu jeder Schwester aufzubauen, wie viel Zeit und Mühe und Geduld es auch kostete. Und jede einzelne junge Frau, die zu ihnen kam, sollte eine gründliche Ausbildung bekommen, maßgeschneidert für ihre Bedürfnisse und Fähigkeiten. Eben erst in Kirchheim hatte sie gesehen, wie sehr sich dieses Konzept bewährte. Aus Bauerntöchtern und Mägden – befehlsabhängig und kaum gebildet, weder schulisch noch charakterlich – konnten Frauen werden, die ganz auf sich gestellt und selbst weit von ihrem Mutterhaus entfernt, eine große Aufgabe übernehmen konnten.

Friederike wollte ihnen nicht nur praktische Fähigkeiten vermitteln. Es war ihr so wichtig, ihnen Wahrheiten ins Herz zu schreiben, die ihre zukünftige Pflege prägen würden. Wahrheiten wie diese, die aus eigenem Krankheitserleben kamen: *„Jesus geht auch noch heute durch die Krankenzimmer, und Er bleibt an jedem Bett stehen.“* Die Schwestern sollten auch lernen, wie sie das Gespräch ganz natürlich auf die Ewigkeit lenken konnten, gerade dann, wenn absehbar war, dass die oder der Kranke das Krankenhaus nicht mehr lebend verlassen würde.

Dafür brannte Friederikes Herz. Sie war dankbar und stolz auf ihre Schwestern. Tatsächlich war es ein wirklich mütterliches Empfinden für die jungen Frauen. Sie hatte das beglückende Gefühl, dass sie das, was sie aus Zeitgründen ihren eigenen Kindern nicht mehr geben konnte und durfte, nun den Frauen vermitteln konnte, für die sie verantwortlich war. Dies gab dem Opfer, das sie brachte, einen Sinn.

Dabei gingen die Gedanken von Friederike und Theodor schon wieder weiter in ein neues Arbeitsfeld. Ein Waisenhaus für Mädchen, das eine Art Vorschule für künftige Diakonissen sein konnte. Die Mädchen würden praktisch in die Arbeit hineinwachsen. Die Nachfrage nach Krankenpflegerinnen und Kleinkinderschullehrerinnen aus Kaiserswerth wuchs ständig. Für die theoretische Ausbildung war die Anstellung eines Lehrers nötig geworden. Im neuen Jahr würde Theodor nur noch den Religionsunterricht selbst halten. Alles andere unterrichtete der junge talentierte Lehrer

Johann Friedrich Ranke. Friederike hatte das Arbeiten im Waisenhaus ja schon in Düsselthal vor ihrer Heirat kennengelernt. Sie kannte die besonderen Herausforderungen dieser Aufgabe, sah aber auch ebenso die unbedingte Notwendigkeit. Im Moment war es aber noch nicht so weit.

Aus Kirchheim kamen um Neujahr herum schlechte Nachrichten. Wieder war Sophie Wagner an Typhus erkrankt. Herzogin Henriette befürchtete ein zentrales Fieber. Auch Agnes Mayer hatte immer wieder mit Wechselfieberattacken zu kämpfen und konnte die Arbeit allein nicht mehr bewältigen. Daher bat die Herzogin dringend, Fliedners möchten doch noch – wenigstens vertretungsweise für sechs oder neun Monate – eine weitere Schwester schicken. Im Prinzip war sie der Meinung, dass Kirchheim generell drei Schwestern benötigte, so gut, wie sich das Krankenhaus entwickelte. Es war zum Vorbild für die umliegenden Städte geworden. Konkret nannte die Fürstin die 23-jährige Marie Handel aus Metzingen. Marie war fleißig, klug, bescheiden, sanft im Charakter und auch in ihrer Pflegetätigkeit.

Theodor und Friederike erklärten sich einverstanden.

Am 16. Januar 1841 reiste Marie ab – ganz auf sich gestellt, mitten im Winter. Sechs Tage später schilderte sie ihre Reiseerfahrungen in einem Brief nach Kaiserswerth. Friederike und die beiden Schwestern waren bei ihrer Reise nach Kirchheim bis Mannheim mit dem Rheindampfer gefahren, was wesentlich angenehmer und schneller gewesen war, als jetzt die ganze Strecke mit der Postkutsche zurückzulegen. Schon am ersten Tag erlebte Marie vor Bingen einen Wagenbruch und musste mit den anderen Passagieren eine Stunde warten, bis es weiterging. Es war relativ unüblich, dass eine unverheiratete junge Frau so allein auf Reisen ging, sodass sich Marie unter den anderen Reisenden absolut nicht wohl- und sehr allein fühlte. Sie wusste, sie war dennoch nicht verlassen. Jesus war bei ihr, in jeder Situation. Vier weitere Tage war sie unterwegs, weil es teilweise unmöglich schien, den zugefrorenen Rhein zu überqueren. Ihr Reisegeld ging schon zur Neige, aber schließlich erreichte Marie Kirchheim und wurde dort dankbar empfangen.

Immer öfter musste sich Friederike in ihren Briefen dafür entschuldigen, dass es ihr weniger und weniger gelang, so regelmäßig und häufig zu schreiben, wie sie es sich eigent- lich gewünscht hätte, um die Verbindung zu den auswärti- gen Schwestern zu halten, sie zu beraten und in schwierigen Situationen zu unterstützen. Die Arbeitslast, die sie zu be- wältigen hatte, wurde immer drückender.

Der schwerwiegendste Grund für das, was sie belastete und lähmte, war jedoch in dieser Zeit ein anderer.

Typhus

~ 1841

Seine Strafen, seine Schläge,
ob mir's gleich oft bitter scheint,
dennoch, wenn ich's recht erwäge,
sind es Zeichen, dass mein Freund,
der mich liebet, mein gedenke
und mich von der schnöden Welt,
die uns hart gefangen hält,
durch das Kreuze zu ihm lenke.
Alles Ding währt seine Zeit,
Gottes Lieb in Ewigkeit!

(PAUL GERHARDT)

Am 4. September 1841 hatte es begonnen. Theodor war der Erste, der sich mit Kopfschmerzen und Fieber ins Bett legte, dann folgte Tochter Luise.

Es hatte in diesem Jahr schon weit mehr Typhuskranke gegeben als sonst. Auch im Krankenhaus hatten sie schon einige gepflegt. Bisher war noch kein Patient daran gestorben, aber in der Stadt und in den Dörfern der Umgebung hatte es schon etliche Todesopfer gegeben.

In den nächsten Tagen stieg die Temperatur bei beiden – langsam, aber unaufhaltsam – bis sie vor Fieber glühten. Sie dämmerten nur noch vor sich hin und schienen wie benommen zu sein. Kein Zweifel: Es musste Typhus sein. Wegen dieser Bewusstseinsstörungen nannte man die Krankheit allgemein das Nervenfieber. Die Zunge war belegt, und Bauchschmerzen quälten die Erkrankten.

Friederike beriet sich mit dem Arzt. Sie beschlossen, vor allem Theodors Erkrankung vorläufig geheim zu halten, um niemanden zu beunruhigen. Aber nach einigen Tagen legten sich auch Simonette und Johanna mit den gleichen Symptomen ins Bett. Friederike wusste, dass es kein wirkliches Heilmittel gegen diese gefürchtete Krankheit gab. Sie konnten nur lindern, beten und hoffen.

Den kleinen Georg konnten sie von den Kranken fernhalten. Aber Mina musste, wie schon einmal vor drei Jahren, ins Krankenhaus zu Gertrud Reichardt umziehen. Damals waren ihre Schwestern bei ihr gewesen. Jetzt war die Sechsjährige allein dort.

Friederike fühlte sich einmal mehr zerrissen zwischen den drei Krankenbetten auf der einen Seite und dem Betrieb im Krankenhaus, der ja trotzdem weiterlaufen musste. Anfang Oktober bat sie Meta Bolte, ihr mit den kranken Kindern zu helfen. Sie war seit anderthalb Jahren in Kaiserswerth und die Schwester von Margarete Bolte, aber viel sanfter und anpassungsfähiger, stiller und zurückhaltender als Margarete. Am 8. Oktober 1841 schien sich die Lage zu entspannen. Vor allem Theodor ging es inzwischen wieder deutlich besser, und er bereitete sich schon auf das Jahresfest der Diakonissenanstalt am 11. Oktober vor.

Auch Luise war, Gott sei Dank, auf dem Wege der Besserung. Daher ließ Friederike Schwester Meta wieder ins Krankenhaus zurückkehren. Beim Mittagessen sagte Theodor zuversichtlich: „Ich denke, wir können jetzt deine Reise nach Kreuznach und Saarbrücken doch angehen. Wir hatten ja den Schwestern dort einen Besuch auf Mitte Oktober zugesagt. Es wird ihnen auch recht sein, wenn es noch ein paar Tage länger geht, aber ihr könnt schon fahren." Friederike nickte zögernd. „Wahrscheinlich schon. Ich werde Luise schreiben."

Friederike fühlte einen bohrenden Schmerz – wie so oft. Immer war sie hin- und hergerissen zwischen ihren Kindern, die sie doch von Herzen liebte, und ihrer Berufung als Vorsteherin. Oh, wie oft, wie oft wünschte sie, sie könnte einfach nur für ihre Familie leben, einfach nur sie, Theodor und die Kinder, ganz still, ganz einfach. Aber die Leitung des Mutterhauses war eben die Aufgabe, die sie übernommen hatte, und dazu gehörte, dass sie, wie in Elberfeld, Frankfurt und Kirchheim, auch jetzt die Schwestern an den neuen Einsatzort begleitete und ihnen beistand, bis sie sich eingewöhnt hatten und alles am neuen Einsatzort geregelt war. Es musste sein. Es war ja auch nicht so, dass sie diese besondere Berufung nicht immer wieder neu willig und hingegeben angenommen hätte.

Der Kontakt zu Kreuznach und Saarbrücken hatte sich schon seit 1839 angebahnt. Aus beiden Städten waren Spenden für Kaiserswerth gekommen. Die Spender hatten

durchaus selbst Interesse an dieser professionellen Krankenpflege, aber auch Bedenken: Kaiserswerther Schwestern waren relativ teuer, denn sie bekamen ein gutes Jahresgehalt
und dazu freie Kost und Logis, Wäsche, ärztliche Versorgung, Heizung, Licht – und sie schliefen auch nicht in den
Krankenzimmern, wie bei den bisherigen Wärterinnen üblich, sondern beanspruchten ein eigenes Zimmer mit zwei
Betten. Das musste man sich als Arbeitgeber leisten können.

Am 26. Oktober 1841 kam Friederike nachmittags mit
den beiden Schwestern Mathilde von Morsey und Pauline
Wuttge und den für Saarbrücken vorgesehenen leiblichen
Schwestern Meta und Margarete Bolte an der Post in Kreuznach an. Es war ein sonniger klarer Herbsttag, die Wärme
des Sommers hing noch in der Luft, und der Badeort machte einen freundlichen Eindruck. Auch der Empfang war
so, dass Friederike verhalten erleichtert war. Ihre Ankunft
schien vorbereitet zu sein.

An diesem Abend war es nur ein kurzer Besuch im Spi-
tal, aber die Kaiserswerther Schwestern wechselten einen raschen Blick. Auf Sauberkeit schien hier niemand Wert zu
legen. Alles deutete darauf hin, dass die Kranken sich weit-
gehendst selbst überlassen waren. Niemand von den Angestellten schien sich wirklich um etwas zu kümmern. Um den
Schmutz zu verbergen, hatte man dick Sand auf die Böden
gestreut.

Friederike wurde unruhig. Es musste hier in Kreuznach
alles so schnell wie möglich über die Bühne gehen, damit sie
weiterreisen konnten. Ihre Gedanken und Gebete wanderten immer wieder nach Hause, auch wenn sie sich zwang,

sich auf das Nächstliegende zu konzentrieren. Wie es wohl den Kindern ging, vor allem Netta und Johanna ...? Noch war kein Brief von Theodor eingetroffen. Wie elend hatte die kleine Johanna am Morgen ihrer Abreise ausgesehen. Sie war doch noch so klein! Ihr Bruder Wilhelm hatte Weintrauben geschickt, um die Kinder zum Essen zu verlocken. Hoffentlich waren sie ihnen bekommen.

Am anderen Tag stellte Friederike fest, dass es noch keine schriftlich ausgearbeiteten Anweisungen für den Dienst und die Befugnisse der Schwestern gab, obwohl Theodor dies doch ausdrücklich im Vorfeld so besprochen hatte. Die Schwestern brauchten eine Rechtsgrundlage für ihr Handeln. Darauf wies sie die Verantwortlichen in Kreuznach energisch hin.

Aber sie konnte unmöglich hier warten, bis es so weit war. Die Schwestern mussten selbstständig Stück für Stück die Arbeit übernehmen und für Ordnung und Sauberkeit sorgen, sowohl bei den Kranken selbst als auch in den Zimmern. Dann wollten sie mit Gottes Hilfe einen neuen Geist in dieses Haus bringen mit Liebe und Fürsorge. Pauline Wuttge war allerdings erst 22 Jahre alt, aber Fliedners waren trotz ihrer Verwicklung in die Streitigkeiten in Kaiserswerth von ihren Fähigkeiten als Krankenpflegerin überzeugt. Sie war auch fähig, Dinge selbstständig in die Hand zu nehmen – manchmal schoss sie dabei über das Ziel hinaus, was Friederike durchaus bewusst war. Mathilde von Morsey, die lange unter der geduldigen Anleitung von Katherine Göbel gearbeitet hatte, hatte sich in der Zeit gut entwickelt, aber obwohl sie sechs Jahre älter war als Pauline, war von vornherein klar, wer hier die treibende Kraft sein würde.

Sie schilderte ihre Eindrücke eilig ihrem Mann in einem Brief, fragte besorgt nach den Kindern – dann ging es noch in der gleichen Nacht um 3 Uhr morgens weiter nach Saarbrücken. Wenn es dort auch so rasch ging, wie in Kreuznach, hoffte sie, in einigen Tagen wieder zu Hause zu sein.

Saarbrücken

Sollt ich nun nicht fröhlich sein,
ich beglücktes Schäfelein?
Denn nach diesen schönen Tagen
werd ich endlich heimgetragen
in des Hirten Arm und Schoß.
Amen, ja mein Glück ist groß!

(LUISE VON HAYN)

Während der Reise erzählte Friederike den Schwestern Margarete und Meta Bolte, was sie über den Ort wusste, an dem sie nun eingesetzt werden sollten. Saarbrücken war etwas kleiner als Kreuznach und Sitz eines Bergamtes.

Was sie dort im Krankenhaus erwartete, hatte niemand von den Schwestern jemals zuvor gesehen. Friederike spürte, wie ihr der Schweiß ausbrach. Sie unterdrückte einen Ausruf, presste ihr Taschentuch vors Gesicht und stürzte ans Fenster, um Atem zu holen. Mit aller Macht versuchte sie, die Übelkeit zu unterdrücken und spürte, wie ihr Magen revoltierte. Und sie hatte gedacht, es gäbe nichts, was sie nicht schon gesehen hätte!

Sie waren es gewohnt, dass in den Krankenhäusern kaum geputzt worden war, bevor die Kaiserswerther Schwestern das Regiment übernahmen. Aber dieses Haus schien nur aus Dreck, Gestank, Geschmier und wimmelnden Läusen zu bestehen. Es waren drei Ärzte gekommen, die betreten dabeistanden. Dem Namen nach waren sie anscheinend für bestimmte Patientengruppen, etwa für die Bergleute, zuständig. Friederike fragte sich, wie oft sie tatsächlich bis jetzt vor Ort gewesen waren. Der Bergrat zeigte auf einen verkommen aussehenden Mann mit einer übel aussehenden Wunde am Hals und glasigen Augen und stellte ihn als Krankenwärter vor. Friederike explodierte. „Ich muss doch sehr bitten!", rief sie und schnappte wieder nach Luft. „Ich weigere mich, dass Sie uns einen solchen Mitarbeiter geben. Wir brauchen eine tüchtige Person." Einen Moment trat fast so etwas wie Beschämung in die Augen des Bergrates. Friederike hielt seinem Blick stand. Dann zuckte der gut gekleidete Beamte die Achseln. Friederike konnte sich nicht bremsen. „Ich sage Ihnen ganz klar", sie hörte ihre eigene Stimme – sie war schrill und laut –, „wenn hier nicht umfassend und sofort Abhilfe für dieses absolute Chaos geschaffen wird, und das ist mein letztes Wort als Vorsteherin der Diakonissenanstalt Kaiserswerth, dann werde ich meine Schwestern wieder mit nach Hause nehmen. Ich werde nicht zulassen, und damit spreche ich auch für meinen Mann, dass unsere Diakonissen sich an einem solchen Ort zu Tode schuften. Und damit meine ich diese Verkommenheit und Sittenlosigkeit …" Sie spürte, wie sie vor Erregung zitterte und atmete tief ein, um gleich darauf wieder die Übelkeit zu unterdrücken. Vermutlich hatte keiner der Herren damit gerechnet, dass die Frau Pastorin so energisch auftreten würde. Vermutlich hätte sie sich auch besser beherrschen sollen, aber es war doch die Wahrheit! Es waren ihre Schwestern, und sie war für sie verantwortlich. Der Bergrat war nun doch sehr betreten. Er versprach, alles zu tun, was in seiner Macht stünde.

Als die Herren gegangen waren, waren die Schwestern den Tränen nahe. „Wo sollen wir denn nur anfangen?", klagte Margarete. „Oh, Frau Pastorin, wenn Sie nicht da wären …" Friederike hatte sich ein wenig beruhigt und versuchte, sachlich zu denken. „Ich denke, wir fangen in eurer Stube an, damit ihr einen sauberen Ort für euch habt."

Zunächst bekamen sie eine Tagelöhnerin als erste vorläufige Hilfe, mit der sie gemeinsam zu putzen begannen. Auch Friederike packte selbstverständlich mit an. Sie war gewiss nicht mehr empfindlich, wenn sie es denn je gewesen war, dachte sie bei sich. Aber die Matratzen konnte man beim besten Willen nicht anfassen; die würden sie mit Mistgabeln hinausschaffen müssen. Eine alte Frau lag hier seit drei Jahren, und sie war weder bei ihrem Kommen noch im Laufe ihres Aufenthalts je entlaust worden.

Natürlich würden die Schwestern sich nicht mit Klagen aufhalten. Stück für Stück würden sie der Sache Herr werden. Friederike würde mit ihren eigenen Händen zupacken und mit gutem Vorbild vorangehen. Aber noch wichtiger war es, einflussreiche Menschen zu finden, damit den Missständen wirklich nachhaltig abgeholfen wurde. Das war ihr klar. Schuld an diesen miserablen Zuständen waren in erster Linie die Verantwortlichen, allen voran der Bergrat. Im Moment versprach er alles, weil er sich keine Blöße geben wollte, solange Friederike vor Ort war. Aber die Frage war, ob er wohl Taten folgen lassen würde, wenn die resolute Frau Fliedner erst einmal wieder weit weg in Kaiserswerth war.

Aus diesem Grund machte Friederike in diesen Tagen viele Besuche. An ihren Mann schrieb sie am 3. November: *„Ich fühle mich doch gedrungen, aus dieser elenden, für die armen Mädchen* (= Pflegerinnen) *trostlosen Lage nicht herauszugehen, bis den Samstagmorgen, 6. November. Du mögest es gutheißen und die Schwester Luise zufrieden sein. Du musst aber nicht glauben, als ob ich hier etwas schaffte. Ach nein, es liegt hier in einer tiefen Grube, wo man gehalten ist, herauszukommen. Es wird gehen; der Herr wird sich seiner Armen annehmen, aber mit Geduld müssen sie des Ausgangs harren."*

Friederike wusste, dass die wichtigste Unterstützung für das Durchhalten der Schwestern jedoch die war, für die sie erst spätabends Zeit fanden. Dann lasen sie gemeinsam im Hebräerbrief im 11. Kapitel über die Wolke von Zeugen. Darin fanden sie neuen Mut in dieser so herausfordernden Situation. Wie ermutigend war es in dieser Lage, zu lesen, dass die Einsamkeit in der Fremde und die Schwierigkeiten, die wie Berge vor ihnen standen, doch nicht das Letzte waren. Letztendlich waren sie hier im irdischen Leben auf Reisen, und am Ende wartete die Herrlichkeit Gottes – ebenso real wie die Läuse und der Dreck und die müden Arme und Knie!

Daneben dachte Friederike ohne Unterlass an ihre Kinder zu Hause. Es war wie ein dumpfer Schmerz in ihrer Brust, der sie begleitete, was auch immer sie tat. Am selben

Tag, als sie an ihren Mann schrieb, schrieb sie auch an ihre Schwester Luise und gestand ihr: *„Ich konnte mich des Gedankens von Johannas Tod nicht erwehren …"* Sie hatte es sich erst nicht eingestehen wollen. Die fürchterliche Übelkeit, die sie im Hospital befallen hatte, kam bestimmt in erster Linie von dem unsäglichen Gestank dort, aber eigentlich wusste sie schon eine Weile, dass sie wieder ein Kind erwartete. Georgs Geburt hatte ihr viel abverlangt. Diese Angst, das Kind nicht zur Welt bringen zu können, eigentlich Todesangst … Sie wusste nicht, wie sie darüber sprechen konnte. Nur ihr Herr wusste Bescheid.

Eine volle Woche blieb Friederike in Saarbrücken.

Was sie nicht wissen konnte, war, dass bereits am 1. November ein Brief ihres Mannes abgesandt worden war, in dem er sie dringend bat, so schnell wie irgend möglich nach Hause zu kommen. Als er geschrieben hatte, ging es Johanna eben etwas besser – sie konnte sogar mit ihrer Puppe spielen –, aber Simonettes Zustand hatte sich verschlimmert. Ihr Vater hoffte noch, sie werde sich wieder erholen, aber tatsächlich starb die fast Zehnjährige noch am selben Tag. Man fertigte, so wie es üblich war, eine Zeichnung von der kleinen Toten an, um sie so im Gedächtnis behalten zu können. Es starben ja so viele Kinder, und Fotos gab es noch nicht. Dann wurde sie im Gartenhaus aufgebahrt. Theodor fuhr in aller Eile verzweifelt nach Kreuznach, in der Hoffnung, dass Friederike seinen Brief rechtzeitig bekommen hatte und unverzüglich von Saarbrücken aufgebrochen war.

Er wartete dort hilflos und zur Untätigkeit verurteilt, hin- und hergerissen von der quälenden Angst um die kranke

Johanna und mit dem Bild seines toten Kindes ständig vor Augen. Wenn Friederike nicht kam, würde die Beerdigung ohne sie stattfinden müssen ...

Trotzdem zwang er sich in dieser Situation, eine Dienstanweisung und Ordnung – die Instruktion – für die Schwestern hier in Kreuznach zu entwerfen. Diese Aufgabe hatte eigentlich Friederike auf der Rückreise übernehmen wollen. Sie kam schließlich am Samstag an und Theodor eilte mit ihr zurück nach Hause. Friederike war wie betäubt.

Sie nahm zuerst nacheinander ihre Kinder in die Arme und drückte sie fest an sich. Als sie zu Simonette ins Gartenhaus ging, folgte ihr Luise. Der Schmerz ihrer ältesten Tochter – Luise war doch auch erst elf Jahre alt – brachte ihr mühsam zu Bewusstsein, dass sie sie jetzt trösten musste. Luise hatte den Tod ihrer Schwester hautnah miterleben müssen, während sie selbst nicht da gewesen war. Sie zwang die Welle der Schuld, die sie niederreißen wollte, für den Moment gewaltsam zurück. Dann nahm sie den Arm ihrer Tochter und ging langsam mit ihr durch den Garten.

Zuerst schwiegen beide. Es war ein grauer kalter Tag. Selbst der Garten sah ganz hoffnungslos und ausgeplündert aus. Friederikes Blick fiel auf die Rosen, die sie an beiden Seiten des Gartenweges gepflanzt hatten. Die dornigen Zweige waren kahl und dunkel. Sie drückte Luises Arm an sich und sagte leise: „Schau, Luischen, jetzt denken wir nicht, dass an diesen Sträuchern so herrlich schöne Blumen wachsen können, oder? So wird es sein bei der Auferstehung." Luises Augen waren voller Tränen. Sagen konnte sie nichts, aber sie nickte und schmiegte sich enger an ihre Mutter. Friederikes

Kehle schmerzte, es erstickte sie fast. Unser liebes Gartenhaus, dachte sie, was haben wir dort nicht alles angefangen? Das Asyl, die Kleinkinderschule, dann die Klavierstunden; hier waren Gesang, Fröhlichkeit, Kinderstimmen … und jetzt mein geliebtes Kind, aufgebahrt im Sarg.

Ihre Füße trugen sie nicht mehr. Als der traurige Zug sich vor ihrem Haus formierte, um zum Friedhof aufzubrechen, konnte sie ihm nur starr vom Fenster aus nachsehen.

Theodor brachte die Kraft auf, seine Tochter selbst zu beerdigen. Er sprach über Johannes 10, Verse 12, 27 und 28. Friederike hatte seinen Predigtaufschrieb auf der Reise gelesen.

„Wenn uns geliebte und liebende Kinder durch die allmächtige Hand Gottes plötzlich aus unseren Armen genommen werden, … von denen wir hoffen durften, dass mit ihrem Körper auch ihr Geist und Herz sich mehr und mehr entwickeln würde zu unsrer Freude, zu Ehren unsers Gottes und Heilands, ach, mit denen wir hoffen durften an der Hand unseres Herrn Jesus liebend und lobend durch dies Leben zu gehen – was für einen Trost haben liebende Eltern und Geschwister und Freunde an dem Grab solcher teuren Kinder, wo sie alle diese Hoffnung vernichtet sehen? O einen großen, einen reichen Trost gibt uns das Wort Gottes, indem es uns hinweist auf den, der von sich selbst spricht: Ich bin der Gute Hirt, ich lasse mein Leben für die Schafe … Gott sei Dank, dieses entschlafene Kind hat seinen Hirten gesucht, wenngleich noch in Schwachheit … Ja, wie es auf Erden so gern gesungen hat, … so ist es heimgetragen in des Hirten Arm und Schoß. Amen,

ja, ihr Glück ist groß. Sollten wir ihr dies Glück nicht gönnen?"

Friederike schloss die Augen und hörte in ihrem Inneren Simonettes helle Kinderstimme singen, sorglos, auch die dritte Strophe des vertrauten Liedes von Luise von Hayn. Niemand hätte je daran gedacht, dass dieses Heimgetragenwerden für Netta so bald kommen würde. Nie wieder würde sie diese geliebte Stimme hören, nie wieder die leichten Schritte vor ihrer Zimmertür, wenn Simonette gekommen war, um ihr „ganz schnell" etwas zu erzählen, nie wieder dieses strahlende Lächeln, diese wirklich kindliche Freude … Sie schlug die Hände vors Gesicht und weinte, wie sie meinte, noch nie in ihrem Leben geweint zu haben.

Am Abend saß sie dann, leer und ausgehöhlt, an Johannas Bett. Mit einem Blick erkannte sie, dass sie auch dieses Kind nicht würde behalten dürfen. Die Augen der Vierjährigen, so glanzlos und matt sie waren, hatten jäh aufgestrahlt, als sie sah, wer zu ihr kam. Die kleine magere Hand, heiß und zitterig, ließ ihre nicht mehr los. Und in aller Traurigkeit war es das Schönste und Einzige, was Friederike sich vorstellen konnte, hier zu sitzen und ganz nah bei ihrem kranken Kind zu sein. Schwester Luise Mann wollte sie über Nacht ablösen, aber sie schüttelte den Kopf. „Sie meinen es gut, Schwester Luise", sagte sie leise. „Danke, danke von Herzen für alles, was Sie für die arme Netta getan haben, aber ich muss jetzt einfach hier sein." Die Schwester sah bleich und mitgenommen aus. Sie nickte nur und zog die Tür leise hinter sich zu.

Zehn Tage vergingen wie in einem Nebel mit stiller

Fürsorge für die kleine Johanna, die zusehends schwächer wurde und mit Trost und Zureden für Luise und die sechsjährige Mina. Sie war wieder zu Gertrud Reichardt ins Krankenhaus geschickt worden, damit sie doch ja gesund bleiben sollte. Wachen und Dahindämmern. Friederike wagte auch nicht, den kleinen Georg im Arm zu halten, aus Angst vor Ansteckung. Fast ununterbrochen saß sie an Johannas Bett. Manchmal, wenn die Müdigkeit sie überwältigen wollte und sie schon unter halb geschlossenen Lidern in das kleine Gesichtchen schaute, schien es ihr mit Simonettes Zügen zu verschwimmen. Dann durchfuhr sie ein scharfer Schmerz und sie war wieder hellwach. Ihr Herz raste. Schuld. Warum war sie nicht zu Hause gewesen, als ihr Kind sie am dringendsten gebraucht hatte? Warum hatte sie nicht gespürt, dass sie daheimbleiben sollte – und warum hatte sie ihr Herr nicht davor bewahrt?

Am 17. November merkte Friederike, dass Johannas Atem sich veränderte. Sie rang nach Luft und röchelte. Schleim saß in den Atemwegen fest. Sie war nach den vielen Krankheitswochen zu schwach, um ihn abzuhusten.

Friederike geriet in Panik. Sie riss das Kind förmlich aus dem Bett, rannte ans Fenster wie vor Jahren, als die Mädchen alle den Keuchhusten gehabt hatten, und versuchte es mit Klopfen. Dann, als sie Johannas Erstickungskampf bemerkte, versuchte sie verzweifelt, den Schleim zu entfernen. Vor ihrem inneren Auge blitzte in Bruchteilen von Sekunden das Bild auf, als sie sich vor vielen Jahren in gleicher Weise über den röchelnden Säugling gebeugt hatte in Lehrer Lekebuschs Küche …

Hinter sich hörte sie schnelle Schritte, dann verzweifeltes Weinen und die Stimme ihres Mannes. Dann war es vorbei. Johannas Ärmchen fielen kraftlos herab, der kleine Körper lag schwer in ihren Armen. Friederike schüttelte es, sie zitterte krampfhaft.

Wie im Traum hörte sie Theodors heisere Stimme: „Der Herr hat es gegeben, der Herr hat es genommen, der Name des Herrn sei gelobt." Johanna im Arm, wandte sie sich um. Ihr Mann kniete vor seinem Stuhl, links Luise im Arm, rechts Mina, die hemmungslos schluchzte. Sie war in Mantel und Stiefeln. Die Haare hingen ihr unordentlich in langen Strähnen ins Gesicht. Wahrscheinlich hatte Mina es nicht mehr ausgehalten bei Gertrud Reichardt und war in ihrer Verzweiflung und Sehnsucht nach Hause gelaufen.

Friederike legte ihr totes Kind behutsam aufs Bett zurück. Dann knieten sie alle vier um Johanna und weinten zusammen. Es war wie in einem Albtraum. Die kleine Johanna wurde abgezeichnet und anschließend wie ihre Schwester im Gartenhaus aufgebahrt. Die Beerdigung wurde vorbereitet. Sie sollte in drei Tagen stattfinden.

Am Nachmittag vorher stand Mina vor ihrer Mutter, tränenüberströmt, aber verzweifelt entschlossen: „Ich muss sie noch einmal sehen. Ich muss ihr Auf Wiedersehen sagen. Bitte."

Friederike und Wilhelmine gingen miteinander ins Gartenhaus hinüber, Hand in Hand. Die Laterne schwankte vor ihnen her durch den mittlerweile dunklen Garten. Sie schwiegen. Friederike schloss auf und ließ das Licht auf Johannas Gesicht fallen. Die zarten Züge hatten sich entspannt. Da war nichts mehr von ihrem Todeskampf zu sehen. Friederike schaute auf die geschlossenen Lider mit den weichen Wimpern, deren Schatten auf die schmalen Wangen fiel. Die Haare lagen schön geordnet um das Gesicht. Mina stand ganz still. Auch sie schaute und schaute und schien das Bild ihrer kleinen Schwester für alle Zeiten in sich aufsaugen zu wollen. An ihren Wimpern hingen Tränen wie Tautropfen, aber sie merkte es nicht.

Friederike hatte das Gefühl, den Atem anhalten zu müssen, als könne sie damit verhindern, dass die Zeit weiterging. Sie wollte diesen Augenblick festhalten. Sie wollte ihr Kind nicht loslassen, ein für alle Mal. Schließlich seufzte Mina tief auf und wandte ihrer Mutter ihr tränennasses Gesicht zu. Das Licht der Laterne spiegelte sich in ihren glänzenden Augen. „Mama", flüsterte sie und drückte ihre Hand ganz fest, „Mama, schau! Unsere Johanna ist jetzt ein Engel." Friederike küsste sie. „Ja, Minchen, du hast recht. Unsere liebe Johanna ist nicht mehr hier. Sie ist schon daheim. Sie ist bei Jesus und liegt in seinem Arm." Aber schon während sie das sagte, protestierte eine Stimme in ihrem Inneren und nahm den Frieden dieses Augenblicks mit sich fort: Nein, nein – nicht in Jesu Arm … ich wollte, sie läge in meinem Arm!

Trauer und zunehmende Arbeitslast

Bald mit Lieben, bald mit Leiden
kamst du Herr, mein Gott zu mir.
Nur mein Herze zu bereiten,
ganz sich zu ergeben dir,
dass mein gänzliches Verlangen
möchte an deinem Willen hangen.
Tausend-, tausendmal sei dir,
großer König, Dank dafür!

(LUDWIG ANDREAS GOTTER)

Wenn es nach Friederike gegangen wäre, hätte die Zeit
einfach stehen bleiben müssen. Sie hatte das Gefühl, in sich
selbst erstarrt zu sein, und fühlte sich dabei schwach, wie
ein kleines Kind.

Viele Briefe erreichten sie. Die auswärtigen Schwestern
in Elberfeld, Frankfurt, Kirchheim, Kreuznach und Saarbrücken waren alle zutiefst erschrocken und trauerten mit
den Eltern. Sie kannten ja die Fliedner-Kinder – sie waren
doch eine Familie! Nun versuchten sie, ihre Vorsteherin zu
trösten. Vor allem Helene Osthoff und Marie Schäfer in

Frankfurt litten mit Friederike und fanden liebevolle Worte für sie.

Auch ihr Vater schrieb, voll Trauer und Mitgefühl. Sie sah ihn vor sich, fühlte seinen liebevollen Blick auf sich gerichtet über die Entfernung hinweg und hatte auf einmal Sehnsucht nach ihm. Sich einfach in seine Arme werfen und ausweinen. Bei ihrem Mann fiel ihr das schwerer. Jeder von ihnen beiden trauerte auf seine Weise. Theodor steckte schon wieder ganz in der Arbeit. Wenn sie sich doch Zeit genommen hätten, um gemeinsam zu trauern; wenn sie sich einmal wirklich ausgesprochen hätten, einander ins Herz hätten schauen lassen …! Aber es gelang ihnen nicht; keiner war in der Lage, den Anfang zu machen.

Friederike wollte gern alle Kondolenzbriefe beantworten. Auch ihrer Freundin Amalie Focke in Berlin, der sie so verbunden war, wollte sie schreiben, aber ihr fehlte einfach die Kraft dazu. Als Theodor schon wieder nach Barmen gereist war, raffte sie sich zu einem kurzen Brief auf und ließ ihre Freundin in ihr Herz schauen, das damit rang, den Tod ihrer Kinder aus Gottes Hand anzunehmen:

„Ich möchte gern dem Herrn danken – er wird es mich ja noch lehren – ohne Schmerz für die Gnade, dass er diese zwei lieblichen Kinder in sein Paradies abgerufen hat … Bete für mich, dass ich es als gehorsames Kind von der Vaterhand Gottes annehme …"

Aber es half nichts: Das Leben ging weiter. Friederike empfand es wie ein Mühlrad, das sich einfach weiterdrehte. Im Krankenhaus waren vier neu gekommene Schwestern ebenfalls schwer an Typhus erkrankt, und die Krankenzimmer waren voll belegt. Dinge mussten besprochen und geregelt werden, auch in Kreuznach und Saarbrücken. Die Schwestern brauchten Rat und Hilfe, sie brauchten ihre Vorsteherin. Von Kirchheim kam die Nachricht, dass Agnes Mayer die Anstalt verließ, um zu heiraten. Und im Spätherbst erlebte ein neues Druckerzeugnis aus Kaiserswerth, der „Christliche Volkskalender", seine erste Auflage.

Besonders schwer war die Aussicht auf Weihnachten. Mit jedem Jahr waren es mehr Vorbereitungen geworden. Es gab mehr Menschen zu beschenken und Briefe zu schreiben.

Ihren Eltern sandte Friederike ein besonderes Geschenk: einen Beutel, von Luise gestrickt, mit dem Schloss von Simonettes Sparbüchse; dazu ein Tuch, das ebenfalls für Netta bestimmt gewesen war – eine Erinnerung an ihre Enkelin, von der sich die Großeltern nicht hatten verabschieden können. Sie wusste, sie würden es wertschätzen. In ihrem Brief versuchte sie auch, ihre Schwester zu beruhigen, die ihr in dieser Situation am liebsten persönlich in Kaiserswerth zur Seite gestanden hätte. Aber so lieb ihr Luise war, im Moment hatte sie einfach das Bedürfnis, allein zu sein.

Für die Diakonissenanstalt plante sie das Weihnachtsfest mit Weihnachtsbaum, Kerzen, Schmuck, Honigkuchen, Spekulatius, Brezeln, Fleisch und Würsten für 60 Personen – an nichts wurde gespart. Wichtig waren Friederike auch persönlich ausgesuchte, praktische Geschenke für ihr Umfeld – wie zum Beispiel Regenschirme für Heinrich Ostermann, den Wärter, und Christian Bockemüller, den Vertreter für den jungen Kaiserswerther Buchhandel. Die jahrelange

Routine half ihr, diese Vorbereitungen trotz ihrer lähmenden Trauer zu bewältigen.

Es war für sie selbstverständlich, auch mit ihren Kindern Weihnachten zu feiern und Weihnachtslieder zu singen. Ach ja, sie wollte wirklich auch dankbar sein. Dankbar für die verständige Luise, die viel zu ruhige Mina und für ihren kleinen Georg, der noch nicht recht begriff, was da geschehen war ... Ganz besonders liebte sie das Lied: „Hosianna, Davids Sohn, der in seines Vaters Namen sich erhebet auf den Thron über Jakobs Haus." Dann konnte sie sagen: „Ich glaube, nach dieser Melodie singt man auch noch im Himmel. Simonettchen und Johanna singen dem Christkind droben, und wir wollen es hier unten tun, so gut wir können." Solange man so etwas sagen und denken konnte, solange waren die beiden einfach immer noch irgendwie da.

Friederike brachte es auch nicht über das Herz, im Kinderzimmer etwas zu verändern und die beiden leeren Betten abzubauen. Als sie mit Mina dort stand, sagte sie: „Wir werden zwei neue Schwesterchen haben." Mina sah zu ihrer Mutter auf, die Augen weit aufgerissen vor Staunen, aber Friederikes Gesicht war so verschlossen und ernst, dass sie nicht wagte, weiterzufragen. Am Nachmittag sah Friederike die Kleine wie angewurzelt im Garten stehen und nach oben in den wolkigen Himmel starren. Schließlich schüttelte sie den Kopf. „Ich habe geguckt, aber da ist kein Loch, wo die Schwesterchen runterkommen könnten", sagte sie schließlich, aber sie erhielt keine Antwort. Wenn man Friederike fragte, wie es ihr gehe, sagte sie nur: „Ich habe Heimweh." Ja, Heimweh, das drückte es tatsächlich am besten aus. Sie fühlte ein Loch in ihrem Herzen, eine tiefe Sehnsucht, von der sie wusste, sie würde bleiben.

Trotzdem war es selbstverständlich für sie, sich auch in ihrer Traurigkeit um die typhuskranken Schwestern im Krankenhaus zu kümmern. Sie tat es als Vorsteherin, aber vor allem als Mutter. Eine Mutter hatte sie für ihre Schwestern sein wollen und sie empfand für sie auch wie eine Mutter.

Besonders Anna Müller hatte nach einem Krankheitsrückfall zwischen Leben und Tod gelegen. Sie war so schwach und ihre Hände zitterten so sehr, dass sie umso dankbarer für die persönliche Fürsorge ihrer Vorsteherin war, die sich zu ihr ans Bett setzte und ihr die Haare kämmte. Sie vergaß es nie, auch nicht später, als sie selbst Probemeisterin in Kaiserswerth war.

Erst am 2. Weihnachtsfeiertag fand Friederike die Zeit, kleine Geschenke und Briefe für die auswärtigen Schwestern fertig zu machen. Der neue Kalender sollte die Diakonissen an allen Orten miteinander verbinden und war darüber hinaus für die interessierte Öffentlichkeit bestimmt. Sie wollten ihn in Zukunft täglich gemeinsam lesen, und er sollte gerade die Schwestern in der Ferne an ihr Mutterhaus erinnern.

Die Zeit direkt nach Weihnachten war voller Unruhe. Die angehenden Kleinkinderlehrerinnen waren mittlerweile im Haus an der Wallstraße untergebracht worden, weil es im Krankenhaus zu eng geworden war. Dieses Haus musste nun durch einen Anbau erweitert werden, der selbst doppelt so groß war wie das bestehende Haus. Dafür brauchte

Theodor Geld. Um die Sache voranzubringen, reiste er zwischen den Jahren nach Schwelm zum Synodalpräses, hielt dann in Kaiserswerth die Neujahrspredigt und fuhr anschließend nach Berlin weiter, um vom König ein Darlehen zu bekommen und die Bestätigung der Satzungen des Rheinisch-Westfälischen Diakonissenvereins zu erbitten.

Das Projekt, ein Waisenhaus aufzubauen, das die Fliedners so lange auf dem Herzen hatten, und die Idee, eine Nähschule einzurichten, erfüllte Theodor so sehr, dass es ihm gelang, trotz seiner Trauer um die eigenen Kinder genug Kraft und Elan dafür aufzubringen.

Theodor nutzte den ganzen Januar in Berlin, um, wo immer er konnte, die Diakonissenanstalt bekannt zu machen und neue Gönner zu finden. Es war unglaublich, wie es ihm einerseits gelang, den großen Überblick zu behalten und sich dennoch immer auch noch um tausend Einzelheiten zu kümmern. Unter anderem erstand er in der großen Stadt ein Augenetui und ein Schieletui für Dr. Thoenissen, ein maßgefertigtes Holzbein für einen Kranken und Pappmaché-Tierchen für die Kleinkinderschule … und ständig schrieb er seine Anweisungen an seine Frau zu Hause.

Friederike stöhnte, als sie die Aufgabenliste las, die ihr ihr Mann schickte. „Jaja, alles wichtig", dachte sie müde, „ich weiß." Sie arbeitete ab, was sie konnte, aber es fiel ihr schwer. Es war immer eine besonders harte Zeit für sie gewesen, wenn ihr Mann wochenlang unterwegs war und der ganze Betrieb auf ihr lastete, aber dieses Mal hatte sie wirklich das Gefühl, es ginge über ihre Kräfte, und alles, was sie tat, sei immer noch nicht genug – auch nicht in seinen

Augen. Ja, sie schickte die Maße für das Holzbein; ja, sie packte die Tierchen so sorgsam aus, wie sie konnte; ja, sie gab seine Anweisungen weiter an den Kandidaten Friedrich Arens und den Lehrer Johann Friedrich Ranke; ja, sie ließ 1000 Diakonissenbedingungen und 600 Lehrerinnenbedingungen drucken; ja, sie redete sogar auch mit dem Vertreter Christian Bockemüller, der viele Exemplare des Stahlstiches vom barmherzigen Samariter mitnehmen sollte, der aber noch nicht wusste und auch noch nicht wissen sollte, dass Theodor ihn danach nicht weiterbeschäftigen wollte; sie verpackte mit aller Sorgfalt auch die Bilder, damit sie auf der Reise nicht Schaden nahmen; sie suchte einen irgendwo abgelegten Brief und ein verschwundenes Schreibzeug; sie kümmerte sich auch, so gut sie konnte, um die ehemalige Barmherzige Schwester Anne Libère Paquot, die am 10. Januar 1842 aus Nancy gekommen war und gar kein Deutsch konnte ...

Theodor merkte es schon an ihrer Antwort, dass seiner Frau alles zu viel wurde. Aber sein Kopf war einfach zu voll, als dass er hätte einlenken und auf sie eingehen können. Stattdessen schrieb er ihr, wie erschöpft er selbst war von seiner rastlosen Tätigkeit und wies sie auf Gott hin, der den Müden Kraft gibt. Ja, sie wusste es! Ja, und es war die Wahrheit, natürlich. Aber Theodor war so mit anderen Dingen beschäftigt, dass er selbst ihren Geburtstag vergaß ... und der sicher gut gemeinte Rat, sich doch nach dem Mittagessen jeweils ein bisschen hinzulegen, wirkte bei der erdrückenden Last der Arbeit eher ein bisschen wie Hohn ...

Dass ihr Mann ausgerechnet in diesem Jahr nicht an ihren Geburtstag gedacht hatte – immerhin lagen ihre Geburtstage nur vier Tage auseinander, und natürlich hatte sie ihm einen Geburtstagsbrief geschrieben – das machte Friederike mehr aus, als sie sich eingestehen wollte. Sie versuchte, ihre Enttäuschung niederzuringen. Sie wollte es ihm nicht anrechnen bei alldem, was ihr Mann sonst noch zu bedenken hatte, aber … Ja, sie arbeitete und arbeitete und wollte nicht, dass ihre Trauer sie so gefangen nahm, dass sie die Not der Menschen in ihrem Umfeld nicht mehr wahrnahm. Es war ein tägliches Ringen und Sichprüfen, aber sie war doch auch nur ein Mensch, eine Frau mit einem sensiblen und sehr verletzten Herzen. Auch ihr Mann war Vater und hatte zwei geliebte Kinder begraben müssen. Eigentlich wünschte sie sich gerade nur eines: dass Theodor sie tröstete und verstand und das auch zeigte, indem er sich Zeit für sie nahm; Zeit für Erinnerungen, Zeit zum Weinen. War sie nicht der nächste Mensch in seinem Leben? Friederike saß da und stützte das Gesicht in die Hände. Doch, Gott wusste, wie es in ihrem Herzen aussah. Er war doch der Gott allen Trostes. Aber trotzdem ließ sie den Kopf auf die Tischplatte sinken und weinte.

Was sie daneben in diesen Wochen ganz besonders beschäftigte, war die Entwicklung in Kreuznach und noch viel mehr in Saarbrücken.

Die Nachrichten, die sie aus Kreuznach erreichten, waren erfreulich: Die Mitarbeiter sahen die Veränderung durch die Kaiserswerther Schwestern im Krankenhaus. Sie erlebten einen lebendigen Glauben, der durch die Liebe tätig war. Eine alte Frau war auf der Straße zusammengebrochen. Die

Schwestern holten sie eigenhändig ins Krankenhaus, wo sie sie richtig abschrubben mussten, weil sie schwarz vor lauter Läusen war. Das Mädchen, das eigentlich dabei helfen sollte, musste sich erst einmal übergeben. Sie meinte, sie könne das nicht. Früher hätte man die Menschen so, wie sie waren, ins Bett gesteckt. Die Diakonissen konnten dem Mädchen sagen, wieso sie so handelten: Sie wollten handeln, wie Gott es von ihnen erwartete. *„Die im Elend sind, führe ins Haus"* (Jesaja 58,7). Im Dezember hatten die Kreuznacher Schwestern auch endlich ihre Instruktion bekommen – und sie hatten mit allen Kranken ein richtiges Weihnachtsfest gefeiert. Aus den erhaltenen Spenden hatten Pauline und Mathilde jedem Patienten einen bunten Teller mit Kuchen und Obst gerichtet. Dazu hatte der Pfarrer Kaffee gestiftet. Er konnte kaum glauben, was er sah, als er ins Krankenhaus kam und die fröhliche Stimmung bemerkte.

Dagegen kam aus Saarbrücken von den Schwestern Bolte ein verzweifelter Hilferuf nach dem anderen. Bergrat Böcking hatte seine Versprechen nicht gehalten. Noch immer hatten sie keine andere Hilfe als den schmutzigen Peter als Wärter und ein kleines Waisenmädchen, das einfach nicht genug Kraft zum Putzen hatte.

Friederike las den Brief mit schwerem Herzen. Es war genau das, was sie befürchtet hatte. Aber sie konnte im Moment nicht wirklich etwas tun. Theodor hatte den Vertrag geschlossen, und er würde noch wochenlang unterwegs sein. Natürlich würde sie an den Bergrat schreiben, aber ...

Sie schlug ihre Bibel auf und las Psalm 116: *„Ich liebe den Herrn, denn er hört die Stimme meines Flehens ... Stricke* *des Todes hatten mich umfangen, des Totenreichs Schrecken hatten mich getroffen; ich kam in Jammer und Not. Aber ich rief an den Namen des Herrn: Ach, Herr, rette mich!* ... *Denn du hast meine Seele vom Tode errettet, mein Auge von den Tränen, meinen Fuß vom Gleiten* ... *Ich glaube, auch wenn ich sage: Ich werde sehr geplagt* ...*"* Sie betete für die Bolte-Schwestern und versuchte, sie zu trösten und auf ihren guten Hirten hinzuweisen: *„Im Licht und guten Weg brauchen wir des Steckens nicht."* Ja, es wäre wohl möglich, die Schwestern heimzuholen, aber wäre das auch das Beste für das Krankenhaus in Saarbrücken? Bei allem wirklichen Mitgefühl mussten sie besonnen und klug handeln.

In ihrem Brief an den Bergrat führte sie ihm nachdrücklich vor Augen, dass die Möglichkeit durchaus bestünde, dass die Schwestern vor lauter Überlastung krank würden – damit wäre dann der Vertrag hinfällig.

Endlich, schon fast Mitte Februar 1842, kam Theodor dazu, ausführlich an Böcking als den Vorsitzenden der Hospitalverwaltungskommission zu schreiben. Dabei wies er auch darauf hin, in welch großer eigener familiärer Not seine Frau in Saarbrücken geblieben war. Danach wendete sich endlich das Blatt. Bereits im März kam ein Brief der Schwestern, in dem sie in großer Dankbarkeit und Freude die veränderte Situation schilderten, weil sie endlich die Rechte erhalten hatten, die ihnen zustanden.

Auch die anderen auswärtigen Schwestern vergaß Friederike nicht. Vielleicht war es wirklich so, dass ihr eigenes Leid, ihre Traurigkeit und zunehmende Müdigkeit sie noch empfindsamer für die Bedürfnisse der anderen machten. Sie schrieb den Schwestern im Versorgungshaus in Frankfurt, die noch immer wegen der Baustelle unter sehr erschwerten Bedingungen arbeiten mussten. Dabei bat sie die beiden, ganz offen zu sagen, ob sie möglicherweise abgelöst werden wollten, und ermutigte sie, gesundheitliche Probleme offen anzusprechen: *„Ich weiß, dass der Vorstand nicht gerne davon reden hört; allein, ich fühle, dass es Schuldigkeit ist."*

Um Katherine Weintraut sorgte sie sich ebenfalls. Sie hatte so lange im Elberfelder Krankenhaus ausgehalten, bis es wegen ihrer Lungenkrankheit nicht mehr ging. Jetzt begann sie langsam, wieder im Asyl mitzuhelfen.

Daneben waren die Verlosungen zu organisieren. Es gab kostbare Spenden aus Frankfurt, von der Königin von Sachsen, sogar von der preußischen Königin Elisabeth und von der Herzogin von Württemberg. Die Lose wurden verschickt, damit sie von den Schwestern und den Kinderpflegerinnen in den verschiedenen Städten unter die Leute gebracht werden konnten. Friederike hatte dabei auch einen Teil des Briefwechsels übernommen. Dabei fand sie auch gegenüber Fremden durch die Verbindung des gemeinsamen Einsatzes für die Diakonissenanstalt einen persönlichen Ton: *„Aber ich fühle es, mein Herz wird der kleinen Schar nachweinen, bis mich der Herr mit ihnen allen vereinigen wird. Wenn ich das so hoch achte, was er mir nahm, so wolle er mich das, was er hierließ, nicht gering achten lassen, und dies ist so vieles."*

Ende Januar bzw. Anfang Februar kamen Schwestern aus Straßburg und Zürich, die sich für ähnliche Krankenhäuser wie das in Kaiserswerth ausbilden lassen wollten: Mina

Bartholmeß, Mina Schrumpf, Susanne Müller und Barbara Guth. Friederike war erleichtert, als Mina Schrumpf die französische Schwester Paquot mit sich zurück nach Straßburg nahm. Die Verständigung war zu schwierig gewesen. Es kostete auch zu viel Zeit und Arbeit, die sie gerade nicht leisten konnten, um die ehemals katholische Nonne in Liebe in evangelischer Lehre zu unterweisen.

Kinder in Not

> Weil denn weder Ziel noch Ende
> sich in Gottes Liebe findt,
> ei, so heb ich meine Hände
> zu dir, Vater, als dein Kind,
> bitte, wollst mir Gnade geben,
> dich aus aller meiner Macht
> zu umfangen Tag und Nacht
> hier in meinem ganzen Leben,
> bis ich dich nach dieser Zeit
> lob und lieb in Ewigkeit.
>
> (PAUL GERHARDT)

Nach dem langen Winter schien endlich der Frühling gekommen zu sein. Friederike öffnete das Fenster weit und atmete in tiefen Zügen die frische Luft ein, während sie ihr
Haar richtete und sorgfältig ihr schwarzes Schultertuch
band. In der Gemeinde in Kaiserswerth war eine junge Mutter gestorben und heute Nachmittag würde die Beerdigung
sein.

Theodor war schon zur Kirche hinübergegangen. Ihre

Gedanken waren bei der trauernden Familie. Die Frau hinterließ zwei Mädchen, 6 und 9 Jahre alt. Der Mann war ebenfalls vor ein paar Jahren gestorben. Natürlich kannte Friederike die Familie, die Gemeinde am Ort war klein. Beide gingen mit Mina zur Schule. Was würde aus ihnen werden? Noch war das Waisenhaus nicht eröffnet.

Sie seufzte. Wenn sie nur nicht so müde wäre, so unbeweglich. Ihr Herz war wie eingefroren.

Die ganze Zeit während der Zeremonie konnte sie ihre Augen nicht von den beiden Mädchen abwenden. Sie hielten sich dicht beieinander, die Köpfe gesenkt, die mageren Schultern zusammengezogen. Das Bild dieser Verlassenheit schnitt Friederike ins Herz. Es berührte sie so, wie sie nicht mehr gedacht hatte, dass etwas sie anrühren könnte. Eine heiße Welle überspülte sie.

Als die Beerdigung vorbei war, ging sie wie selbstverständlich auf die Kinder zu, die noch verloren am Grab standen, und legte vorsichtig eine Hand auf jede Schulter. „Agnes? Sophie?" Zwei verweinte Augenpaare schauten sie an, misstrauisch, schüchtern. „Frau Pfarrer?" Friederike lächelte und ging mühsam ein wenig in die Hocke, um sie besser anschauen zu können. „In unserem Kinderzimmer sind zwei Betten für euch gerichtet", sagte sie. „Wollt ihr sie anschauen?"

„Frau Pfarrer!", sagte es hinter ihr. Friederike drehte sich um. Eine hagere ältere Frau im schwarzen Kleid blickte sie an, die Arme vor der Brust verschränkt. „Ich bin die Tante der Kinder", sagte die Frau, „Ja, bin heute von Ruhrort herübergekommen. Frau Kohm war meine Schwägerin. Ich wollte mit Ihnen reden. Hören Sie, noch zwei Kinder kann ich wirklich nicht gebrauchen. Ich ..."

Friederike richtete sich auf und reichte ihr die Hand. „Machen Sie sich keine Sorgen. Agnes und Sophie werden mit mir nach Hause kommen. Es ist alles vorbereitet." Zögernd streckte die Frau ihr einen Zettel hin: „Meine Anschrift. Für alle Fälle." Friederike nickte. „Ich werde mit meinem Mann reden und Ihnen Bescheid geben." Auf einmal war sie ganz ruhig. Das Gefühl, das Richtige zu tun, erfüllte sie ganz. Und ihr Herz schien leichter zu sein.

Kurze Zeit später kam sie mit den Mädchen zu Hause an und ging geradewegs mit den beiden ins Kinderzimmer. Mina und Luise hatten am Tisch gespielt. Sie sprangen auf, als sie sahen, wer kam. „Aber ...", brachte Mina heraus. Friederike sagte sehr ernst: „Hier schickt euch der liebe Gott die neuen Schwesterchen."

Einen Moment war es still. Dann brachen ihre beiden Töchter gleichzeitig in Tränen aus.

Schwesterchen vom Himmel? Vielleicht hatten sie sich diese vorgestellt wie ihre eigenen Schwestern, die sie so schmerzlich vermissten. Vielleicht irgendwie wie Engel vom Himmel. Aber ganz gewiss nicht wie diese beiden Schulkameradinnen: mager, mit verweinten Augen und laufender Nase, mit geflickten Strümpfen und Flecken auf dem Rock ... Friederikes und Luises Blicke trafen sich. Luise schluckte, wischte sich die Tränen ab und ging mit ausgestreckter Hand entschlossen auf Agnes und Sophie zu. Mina brachte das noch mehr in Rage. Sie stampfte mit dem

Fuß auf und schrie außer sich: „Nein, das sind Sophie und Agnes Kohm, die will ich nicht!"

Friederike hielt sie fest, als sie hinausstürmen wollte. „Minchen", sagte sie leise, aber eindringlich, „denk doch, gerade ist ihre Mama beerdigt worden. Bitte hör jetzt auf!" Sie konnte sehen, wie das Wort „Beerdigung" ihre wütende Tochter ernüchterte. Ihr Gesichtsausdruck veränderte sich. Sie wandte sich ab, dann nickte sie stumm.

Sophie schien erst jetzt wirklich zu begreifen, was geschehen war. Dass sie heute Nacht in diesem fremden Haus bleiben sollte, mit diesen Mädchen, und dass ihre Mutter ... die Tränen kullerten. Sie weinte bitterlich. Friederike streichelte sie sanft. Dann sah sie Wilhelmine an. „Minchen", sagte sie. „Denkst du, Sophie würde sich über dein Puppenbettchen mit deiner Puppe freuen?" Ohne sie anzusehen, spürte sie, wie es Sophie durchzuckte. Was ...?

Mina packte ihre Puppe samt Bettchen mit einem Griff und schleuderte ihre Bettdecke darüber. Ihre Augen loderten. Dann sprang sie ins Bett, zog sich selbst die Decke über den Kopf und drehte sich zur Wand, beide Arme um ihren Schatz geschlungen. Sollte es nur jemand wagen!

Sie spürte, wie ihre Mutter sich vorsichtig auf die Bettkante setzte, aber sie wandte sich nicht um. „Minchen", sagte Friederike leise, „mein Minchen." Wilhelmine wandte den Kopf, und Friederike sah die Tränen auf ihrem Gesicht und die verzweifelte Wut. „Minchen", sagte sie noch einmal und hob sanft ihr Kinn, sodass ihre Tochter sie ansehen musste. Was nun kam, vergaß Mina nie mehr. Ihre Mutter sagte leise, aber sehr ernst: „Liebes Kind, die beiden haben keine Mutter mehr, und du weißt nicht, wie lange dir Gott deine Mutter noch lässt." Dann küsste sie Mina und ging hinaus.

Mina lag da, die Arme über ihrem Schatz verschränkt, und starrte zur Zimmerdecke. Es war ganz still, aber an Sophies schluckendem Atmen hörte sie, dass sie noch immer weinte, obwohl sie versuchte, kein Geräusch zu machen. Mina zog ihre Puppe unter der Bettdecke hervor und sah sie an.

Plötzlich warf sie entschlossen die Decke zurück und sprang mit beiden Füßen aus dem Bett, die Puppe an sich gedrückt. Sophie schaute sie aus verschwollenen Augen an, als sie neben ihr stand und ihr ihren Schatz entgegenhielt. „Für dich", murmelte Mina, dann drehte sie sich um und schlich in ihr Bett zurück, ohne sich umzudrehen.

Das Schluchzen war verstummt.

Als Friederike nach ein paar Minuten lautlos ins halbdunkle Zimmer kam, musste sie lächeln. Sophie lag auf der Seite, die Tränenspuren noch deutlich im Gesicht. Im Arm hielt sie ganz fest Minas Puppe. Erst als Friederike zu Bett gegangen war, ging es ihr durch den Kopf, dass sie wahrscheinlich heute Nachmittag nicht so gehandelt hätte, wären Simonette und Johanna noch am Leben. Gott hatte die schmerzende Lücke in ihrem Herzen gebraucht, um ihr in diesem Moment die Liebe zu schenken, die Agnes und Sophie im Moment so nötig hatten.

Das Waisenhaus

Ich bete an die Macht der Liebe,
die sich in Jesu offenbart;
ich geb mich hin dem freien Triebe,
mit der ich Wurm geliebet ward;
ich will, anstatt an mich zu denken,
ins Meer der Liebe mich versenken.

(GERHARD TERSTEEGEN)

Am 3. April 1842 war es so weit: Das „Waisenstift für Mädchen aus den mittleren Ständen" in dem umgebauten Haus an der Wallstraße wurde eröffnet. Es war die Antwort der Fliedners auf die wachsende Not der Kinder in den Städten, so wie sie Friederike schon als junge Frau in der Rettungsanstalt in Düsselthal kennengelernt hatte. Und das Stift war gleichzeitig Ausdruck ihrer Hoffnung, dass diese Mädchen heranwachsen und sich später in der Diakonissenanstalt ausbilden lassen würden, dass sie sie also schon früh prägen und erziehen konnten. In seiner Festpredigt zur Eröffnung sprach Theodor über Matthäus 18, Verse 5 und 10: „Wer ein solches Kind aufnimmt in meinem Namen, der nimmt mich auf. Seht zu, dass ihr nicht einen von diesen Kleinen verachtet. Denn ich sage euch: Ihre Engel im Himmel sehen allezeit das Angesicht meines Vaters im Himmel." Kinderpflege, so sagte Theodor, sei „Engelgeschäft". Auch Agnes und Sophie Kohm wohnten ab jetzt in dem neuen Waisenhaus.

Am 12. April wurde im Waisenhaus mit der Nähschule begonnen. Hier konnten die angehenden Kleinkinderschullehrerinnen die Leitung einer Strick- und Nähschule kennenlernen. Die Ausbildungsmöglichkeiten in Kaiserswerth wurden dadurch noch zahlreicher. Auch ein Liederbuch für die Kleinkinderschulen gab Theodor heraus, das noch bis ins 20. Jahrhundert hinein zahlreiche Auflagen erlebte.

Damit schufen Fliedners zugleich noch mehr Möglichkeiten für ein erfülltes Leben und Dienen für unverheiratete Frauen, die gerade in bürgerlichen Kreisen unter der Sinnlosigkeit ihres Daseins litten.

„... Gottes Lieb in Ewigkeit"

~ 22. APRIL 1842

> Ja, Herr Jesu, bei dir bleib ich
> so in Freude, wie in Leid;
> bei dir bleib ich,
> dir verschreib ich
> mich für Zeit und Ewigkeit.
> Deines Winks bin ich gewärtig,
> auch des Rufs aus dieser Welt;
> denn der ist zum Sterben fertig,
> der sich lebend zu dir hält.
>
> (PHILIPP SPITTA)

Es begann am 18. April. Friederike hatte sich nach dem Mittagessen ein wenig hingelegt, um wieder Kraft zu schöpfen für die Arbeit, die noch am Nachmittag und am Abend an ihrem Schreibtisch auf sie wartete. Am Morgen hatte sie sechs Hemden zugeschnitten für Luises 12. Geburtstag am 23. April. Morgen würde sie nähen, überlegte sie; heute war sie irgendwie zu erschöpft.

Noch einen guten Monat, dachte sie dann, als sie die Hände auf ihren Bauch legte und die Bewegungen des Babys fühlte. Es schien ruhiger geworden zu sein. Vielleicht, so dachte sie und musste lächeln, hatte es auch einfach nicht mehr so viel Platz. Sie war so froh, dass ihre Schwester wieder bei ihr sein würde.

Allerdings ging es ihrer Stiefmutter in Witten, wo Münsters nun schon seit 1833 als Verwalter des Guts Berge lebten, gesundheitlich gar nicht gut. Wenn es nicht besser mit ihr wurde, war nicht klar, ob Luise dann zur Geburt des Babys überhaupt abkömmlich war. Nun, bis Himmelfahrt war ja noch etwas Zeit. Erst danach würde das Kind kommen, hatte die Hebamme gemeint.

Friederike erhob sich seufzend und stützte die Hand in den schmerzenden Rücken. Es war noch einiges zu tun, bevor sie sich pflegen lassen konnte.

Es wurde schon dämmrig, als Friederike immer noch an ihrem Schreibtisch saß. Sie wollte eben ihr Wirtschaftsbuch schließen, als sie merkte, dass etwas nicht in Ordnung war. Sie verlor Blut, aber das war eindeutig zu früh. Sie versuchte, ruhig zu bleiben, und rief nach ihrem Mann.

Sie ließ sich ins Bett helfen und lag so still wie möglich. Über Nacht verstärkte sich die Blutung, aber sie hatte keine Wehen. Am anderen Morgen wagte sie nicht aufzustehen. „Sollen wir Luise nicht doch kommen lassen?", fragte Theodor. Sie überlegten hin und her und beschlossen dann, noch etwas abzuwarten. Luise wurde in Witten bei ihrer Stiefmutter doch nötiger gebraucht als in Kaiserswerth.

Mittags versuchte Friederike, aufzustehen. Sie war auf halbem Weg auf der Treppe, als sie plötzlich Übelkeit überkam. Als sie wieder lag, begann die Blutung von neuem.

Am Mittwoch, dem 20. April, dem Landesbuß- und Bettag predigte Theodor über Matthäus 16, Verse 24 bis 27: Von der Nachfolge. Er las Friederike seine Predigt vor. Während sie still zuhörte, hatte sie das Gefühl, dass dies tatsächlich seit vielen Jahren das Thema ihres Lebens war: loszukommen von allem eigenen Begehren und Wünschen und stattdessen vor Gott zu leben, immer wieder neu im Ringen um Selbstverleugnung: *„Christus nachlaufen; ihn wie Petrus suchen in der Einsamkeit mit Tränen ... Bei Jesus ist gut sein. Ganz der Welt ab und Christo an, dann ist's bald getan. Amen."*

Friederike seufzte. „Ja, Selbstverleugnung, das ist das Einzige, was nötig ist." Dann lag sie wieder ganz still mit geschlossenen Augen.

Am nächsten Tag entschloss sich Theodor, doch sehr eilig und dringlich seine Schwägerin um ihr Kommen zu bitten. Er hatte Angst um seine Frau. Irgendwie wusste er in seinem Innern, dass es ernst war, sehr ernst. Dann stand noch die Kinderpflegerin in der Tür, Georg auf dem Arm, das Gesichtchen hochrot und verschwitzt. „Herr Pfarrer", sagte sie verlegen, „ich wollte nicht zur Frau Pastorin, aber das Fieber ist so hoch ..." Theodor seufzte. Er streichelte das Gesicht seines Sohnes. „Vielleicht die Zähne?", meinte er hilflos. „Ich habe gerade meiner Schwägerin geschrieben um Hilfe." „Danke", murmelte die Schwester, „grüßen Sie Ihre Frau. Wir beten alle."

Der nächste Morgen brachte erst einmal eine große Freude und Erleichterung: Die Nachricht von Minister von Thile aus Berlin, dass der König tatsächlich 7400 Taler als zinsloses

Darlehen für den dringend nötigen Anbau in der Wallstraße bewilligt hatte. Die Grundsteinlegung konnte erfolgen!

Theodor lief voll Freude ans Bett seiner Frau, um es ihr zu sagen. Aber er erschrak bei ihrem Anblick. Sie bewegte nur mühsam die trockenen Lippen: „Oh, das ist ja schön."

Theodor überlief es kalt. Langsam und mit schweren Schritten ging er zurück in den Flur, wo Luise sich gerade für die Schule fertig machte. Er legte seine Hand auf ihre Schulter und sagte nur leise: „Bleib heute hier, Luischen. Lass nur Mina gehen. Mama ist sehr krank." Wilhelmine wollte auch zu Hause bleiben. Sie weinte. „Du kannst uns nicht helfen, liebes Kind.", sagte Theodor, „Geh du zur Schule. Ich verspreche dir, dass ich dich rufen lasse."

Er blieb bei Friederike. Der Arzt kam und auch die Hebamme. Sie schüttelten nur den Kopf. Es war ganz klar: Friederikes Kräfte waren verbraucht, ihr Körper machte nicht mehr mit.

Um 14 Uhr brachte sie einen toten Jungen zur Welt. Dann fühlte sie wohl auch, dass es mit ihr selbst zu Ende ging. Ihre Lippen bewegten sich. Als Theodor, der die ganze Zeit ihre Hand in seiner hielt, sich zu ihr herunterbeugte, merkte er, dass es ein Lied war, das sie versuchte aufzusagen: „Sollt' ich meinem Gott nicht singen? Sollt' ich ihm nicht dankbar sein? Denn ich seh in allen Dingen, wie so gut er's mit mir mein'. Ist's doch nichts als lauter Lieben, was sein treues Herze regt, das ohn' Ende hebt und trägt, die in seinem Dienst sich üben. Alles Ding währt seine Zeit ..." Ihre Stimme versagte. „Gottes Lieb in Ewigkeit", flüsterte ihr Mann und schloss ihr die Augen.

Eine halbe Stunde später hatte sich die Nachricht schon wie ein Lauffeuer verbreitet. Lehrer Lekebusch schickte Wilhelmine nach Hause. Unterwegs sah sie schon Gertrud Reichardt und die Küsterin weinen. Der Lehrer Johann Friedrich Ranke hatte den Kopf auf die Fensterbank gelegt und sagte nur: „Sie war mir wie eine Mutter." Ihr Vater brachte Luise und Mina ans Bett ihrer Mutter. Sie lag dort, mit geschlossenen Augen, das Baby im Arm, mit einem Laken zugedeckt.

Auf ihrem Schreibtisch lag ein Zettel in ihrer Handschrift: *„Wenn der Wellen Macht in der trüben Nacht will des Herzens Schifflein decken, wollst du deine Hand ausstrecken. Habe auf mich acht, Hüter in der Nacht."*

Friederike Fliedner wurde auf dem Friedhof der evangelischen Gemeinde Kaiserswerth begraben. Auf dem großen liegenden Grabstein war eine Taube eingraviert, die den Sternen entgegenfliegt, das Sinnbild der zu Gott auffliegenden Seele. Darunter die Inschrift: Hier ruht Friederike Fliedner, geb. Münster, erste Vorsteherin der Diakonissen mit sieben Kindern, geboren 25. Januar 1800, gestorben 22. April 1842.

Christus ist mein Leben und Sterben ist mein Gewinn.

Nachwort

Friederike Fliedner und ihr Mann haben versucht, in der Zeit und in der Umgebung, in die sie hineingeboren waren, mit den Mitteln, die sie hatten, den Nöten der Menschen um sie herum zu begegnen. Dabei war für sie völlig klar, dass die größte Hilfe und Möglichkeit zur durchgreifenden Veränderung die Begegnung mit dem lebendigen Gott ist – ob es nun um Kranke, straffällig Gewordene oder Kinder ging. Dieser Glaube umfasst die ganze Existenz des Menschen, dessen Herz und Verstand, Gemüt und Seele.

Die Würde des Menschen war ihnen wichtig, weil sie ihn als Ebenbild Gottes sahen. Dieses Ebenbild konnten sie auch unter dem Schleier von Schuld oder Verwahrlosung wahrnehmen. Sie sahen in diesen leidenden Menschen das Angesicht Jesu. Aus dieser Motivation, ihrem lebendigen persönlichen Glauben, konnte sich ihre Tätigkeit nicht nur auf die eigene Familie beschränken, sondern führte sie zu gesellschaftlichem und diakonischem Handeln.

Dabei waren sie keine Träumer. Fliedners packten zu, gemeinsam mit den Mitarbeitern, die Gott ihnen zuführte. Ihrer Defizite waren sie sich absolut bewusst, aber sie rechneten mit einem lebendigen Gott, der die Berufenen begabt und sogar in unerträglich schwierigen Arbeitssituationen die nötige Kraft geben oder aber die Situation ändern kann.

Gleichzeitig waren sie jedoch Visionäre, besonders Theodor Fliedner, und Friederike ist ihrem Mann mit bewundernswert eigenständigem Denken gefolgt und hat dabei vieles noch einmal anders, nämlich aus der Perspektive einer Frau, wahrgenommen.

Friederike Fliedner hat ganz besonders unter dem Zwiespalt, ja, der Zerreißprobe zwischen der Liebe zu ihrer Familie und der schlichten Notwendigkeit, sich mit vollem Engagement im Kaiserswerther Werk einzubringen, gelitten. Sie hat diese schwierige Situation nicht schöngeredet oder ausgeblendet. Sie hat sie durchlitten in dem Glauben, dass Gott ihren Mangel auch in Bezug auf ihre Kinder ausfüllen kann, und hat ihre Berufung zum Dienst als Vorsteherin angenommen. Letztendlich war es aber auch dieses Leiden, das ihr im letzten Jahr ihres Lebens die Kraft raubte.

Friederike hat ihren Kaiserswerther Schwestern eine Mutter sein wollen. Dabei hat sie jede Einzelne, die zur Ausbildung kam, als individuelle Persönlichkeit gesehen mit wirklich mütterlichen Augen. Sie hat ihre Gaben gefördert und sehr oft unermüdlich bei jeder neuen Diakonisse auf Probe wieder von vorne angefangen. In erster Linie war ihr deren Bereitschaft zu lernen wichtig, auch wenn die Voraussetzungen durch Herkunft und Bildung mitunter schwierig waren. Sie sah sie weniger als Untergebene, sondern als Geschwister, die lernen sollten, eigenverantwortlich vor Gott zu handeln.

So war sie auch Seelsorgerin für ihre Schwestern und litt dabei unter der Vorgabe, Dinge, die ihr anvertraut wurden, an ihren Mann als dem Direktor weitergeben zu müssen.

Das widersprach ihrer Auffassung von der Diakonissen-anstalt als einer eigenständigen Lebens- und Dienstgemein-schaft. Ihre Vorstellung von einem gemeinschaftlichen Leben der Schwesternschaft hat sich auf Dauer nicht durch-gesetzt. Dies ist vermutlich auch ihrem frühen Tod geschul-det. Insgesamt war sie nicht einmal fünfeinhalb Jahre lang Vorsteherin.

Für sich konnte sie diesen inneren Konflikt nur dadurch auflösen, dass sie Theodors Auffassung auch in diesem Punkt respektierte. Theodor Fliedner hat die Gaben und auch das selbstständige Denken seiner Frau beim Aufbau der Diakonissenanstalt geschätzt und ihr weitaus mehr Ge-staltungsfreiheit zugestanden, als dies zur damaligen Zeit für eine Frau üblich war. Sie ergänzten und förderten einan-der. Trotzdem sah Friederike sich vor allem in ihrer Stellung zu ihrem Mann als seine Hilfe, zu der Gott sie als seine Frau berufen hatte.

Bei zwischenmenschlichen Schwierigkeiten, die immer wieder auftraten, hat sie versucht, immer wieder in Liebe auf die einzelne Schwester zuzugehen und die Schuld als Ers-tes bei sich selbst zu suchen. Es war ihr wichtig, selbst bei den unbeliebtesten Arbeiten als Erste anzupacken und mit gutem Beispiel voranzugehen und so Vorbild zu sein.

Als Modell für das Zusammenleben der Diakonissen stand ihr die neutestamentliche Gemeinde vor Augen. Einer sollte den anderen höher achten als sich selbst. Die Diakonis-senanstalt sollte eine „Schule des Heiligen Geistes" sein. Die Eigenverantwortlichkeit, die sie ihren Schwestern zugestand, bewährte sich in den schwierigen Pioniersituationen, als die

Pflegerinnen jeweils zu zweit in auswärtigen Krankenhäusern und Pflegeheimen zu arbeiten begannen. Dabei wurden auch die auswärtigen Schwestern durch Gebet und unzählige detaillierte Briefe voll geistlicher Ermutigung und Zuspruch getragen.

Friederike Fliedners Arbeitspensum war unglaublich hoch. Dabei ist es auf der einen Seite erstaunlich, dass es ihr dennoch gelang, sowohl ihr eigenes geistliches Leben zu pflegen als auch täglich Briefe zu schreiben. Auf der anderen Seite macht es begreiflich, dass sie durch die belastende Verantwortung, die sie tragen musste – vor allem wenn sie ihren Mann während seiner Abwesenheit jedes Jahr viele Wochen in der Leitung vertreten musste –, besonders in ihrem Auftreten gegenüber den zuständigen Ärzten als scharf und herrisch empfunden wurde. Sie tat dann, was sie meinte, tun zu müssen. Wenn ihr die gebotene Autorität allerdings nicht zuerkannt wurde, agierte sie oft eher undiplomatisch.

Das medizinische und pflegerische Wissen ihrer Zeit lässt sich mit heute nicht vergleichen. Es war eine Zeit, in der man den meisten schwereren Krankheiten macht- und hilflos gegenüberstand. Beispielsweise war der Zusammenhang von der Qualität des Trinkwassers und Cholera unbekannt, ebenso die Ursache der meisten ansteckenden Krankheiten. Auch der Standard der Hygiene war viel niedriger als heute, selbst in den bürgerlichen Häusern.

Durch das Leben von Friederike Fliedner zieht sich sehr viel Leid, schon von frühester Jugend an. Sie ist dadurch nicht bitter geworden. Im Gegenteil: Ihr eigenes Leid hat sie noch empfindsamer gemacht für das Leid der anderen. In alldem hat sie sich in Gott geborgen gewusst. Auch dies erscheint mir bedeutsam für unsere Zeit, in der die Frage nach der Resilienz eine wichtige Rolle spielt. Sie wollte einfach nur ihr Leben für Gott leben und seinen Willen tun. Wie es ihre Biografin Anna Sticker beschreibt, lebte sie „vom Lob aus der Tiefe".

Wie jeder andere Mensch war auch Friederike Fliedner eine Frau mit Stärken und Schwächen, allerdings eine mit einer besonderen Biografie, die es wert ist, in unserer Zeit wieder in Erinnerung gerufen zu werden. Vor allem ihre geistliche Geschichte, ihr Leben mit Gott bis zum Schluss, ist ein Mut machendes und herausforderndes Zeugnis.

Ihre Auffassung war, dass *„eine Diakonisse kein Alltagsmensch sein soll, weil sonst die Welt belogen wird"*. Sie befürwortete die Trennung zwischen professioneller Krankenpflege und der geistlichen Berufung zur Diakonisse. Friederike Fliedner sah, anders als ihr Mann, keine Notwendigkeit, den Pflegeberuf mit dem kirchlichen Dienst der Diakonisse zu verbinden. Ihre Sicht und ihre Bedenken haben sich nach ihrem Tod allerdings nicht durchgesetzt, und ich bin der Meinung, dass es unter anderem diese Verklammerung war, die in der Geschichte der Diakonie immer wieder zu Problemen geführt hat. Friederikes Standpunkt, der in dieser sehr grundsätzlichen Frage von der ihres Mannes abwich, zeugt von ihrem selbstständigen Denken, ihrer geistlichen Reife und ebenso von ihrer Achtung vor der individuellen Führung eines Menschen.

Der Blick auf Friederike Fliedners Leben soll insgesamt Mut machen, den Herausforderungen von heute zu begegnen, in der Kraft und unter der Leitung desselben Gottes, dem sich auch Fliedners anvertraut und unterstellt hatten.

Ganz im Sinne des im Buch bereits erwähnten Zitates von Christian Friedrich Spittler, dem Gründer des Basler Missionshauses: *„Was hilft's, wenn wir beim warmen Ofen und einer Pfeife Tabak, die Notstände der Zeit bejammern, Hand anlegen müssen wir, und sei es auch ganz im Kleinen!"*

Was wurde aus ...

Ihrer **Familie:** Am 29.5.1843 heiratete Theodor Fliedner **Caroline Bertheau**, geboren 26.1.1811 in Hamburg. Er lernte sie kennen, als er eine Oberin für das neu zu gründende Mutterhaus Bethanien in Berlin suchte. Sie übernahm nach ihrer Heirat das Amt der Vorsteherin der Kaiserswerther Diakonissenanstalt für 40 Jahre und hatte großen Einfluss auf die Entwicklung des Gesamtwerkes. Theodor und Caroline Fliedner bekamen noch 8 Kinder. Sie starb 1892 in Monsheim.

Theodor Fliedner gründete 1844 die „Pastorengehülfen- und Diakonenanstalt", aus der die heutige Theodor-Fliedner-Stiftung hervorging und ein Volksschullehrerinnenseminar. 1849 legte er sein Gemeindepfarramt nieder, um sich stärker dem sich immer weiter ausweitenden Werk widmen zu können und Spenden zu sammeln. Ab diesem Jahr gab er die Zeitschrift „Der Armen- und Krankenfreund" heraus. Er unternahm Reisen nach England, Nordamerika (Pittsburgh), Breslau, Königsberg, Stettin, Jerusalem, Konstantinopel, Smyrna und Alexandrien, um dort Arbeitszweige seines Werkes zu etablieren.

Vom Juli bis Oktober 1851 ließ sich **Florence Nightingale** in Kaiserswerth ausbilden. 1852 eröffnete Theodor eine Heilanstalt für Gemütskranke in Kaiserswerth. 1858 gab er das „Diakonissenliederbuch" heraus. 1861 eröffnete er das Diakonissenlehrhaus in Hilden und feierte am 15.9.1861 das 25-jährige Jubiläum der Diakonissenanstalt. Die Bilanz nach einem Vierteljahrhundert unermüdlichem Einsatz: 380 Diakonissen und Probeschwestern in Kaiserswerth, 83 auswärtige Stationen und 26 selbstständige Diakonissenanstalten.

Im Oktober 1861 fand die erste Generalkonferenz von 13 Diakonissenmutterhäusern statt. Theodor Fliedner starb am 4.10.1864 in Kaiserswerth. Auf seinem Grabstein ist zu lesen: „Durch Gottes Gnade Erneuerer des apostolischen Diakonissenamtes in der evangelischen Kirche".

Luise (Luisa Johanna Henriette Carolina Magdalena) **Fliedner**, 1830–1916, heiratete den evangelisch-lutherischen Pfarrer Julius August Gottfried **Disselhoff** (1827–1896), der 1850 als Hauslehrer zu Theodor Fliedner gekommen war. Nach der Heirat 1855 arbeitete er als Pfarrer an der Diakonissenanstalt. 1865 wurde er als Nachfolger Theodor Fliedners berufen.

Wilhelmine/Mina (Wilhelmine Julie Sophie Helene Friederike) **Fliedner**, 1835–1904, wurde Lehrerin. 1861 gründete sie die „Hildener Töchterschule" mithilfe zweier Schwestern. Bis 1883 war sie deren Leiterin, danach übernahm sie von 1883–1900 das Amt der Vorsteherin der Diakonissenanstalt.

Georg (Georg Peter Theodor Johannes) **Fliedner**, 1840–1916, verfasste eine Biografie seines Vaters.

Kaiserswerther Diakonie: Mit 2700 Beschäftigten zählt sie heute zu den großen diakonischen Unternehmen. Sie kümmert sich um Menschen in allen Lebenslagen und

Lebensaltern. Dazu gehört das große und moderne Florence-Nightingale-Krankenhaus mit 12 Fachkliniken und mehreren zertifizierten Zentren – vor allem im Bereich der Familien- und Tumormedizin, Altenhilfe- und Pflegeeinrichtungen, Angebote für Jugend- und Behindertenhilfe, berufsbildende Schulen mit über 2000 Ausbildungsplätzen, die Fliedner-Fachhochschule Düsseldorf, das Fort- und Weiterbildungsinstitut Kaiserswerther Seminare, die Kaiserswerther Buchhandlung und das Hotel „MutterHaus".

Die deutschen Mutterhäuser schlossen sich 1916 zum **Kaiserswerther Verband** zusammen, der bis heute die Mutterhäuser Kaiserswerther Prägung unterstützt. 13 Mutterhäuser aus Europa mit 700 Diakonissen sind zur Kaiserswerther Generalkonferenz zusammengeschlossen.

2002 wurde die **Fliedner-Kulturstiftung** als rechtlich selbstständige Stiftung gegründet, die das geistige und kulturelle Erbe der Diakonissenmutterhäuser und ihrer Nachfolgeeinrichtungen in der evangelischen Welt sammeln und bewahren will. Dazu gehört das Pflegemuseum in Kaiserswerth (gegründet 2011), die Fachbibliothek für Frauendiakonie, Archiv und Sammlung.

Die **Kaiserswerther Schwesternschaft** zählt heute über 70 Mitglieder. Ihr Zeichen ist die Kaiserswerther Taube als Brosche, Kettenanhänger oder Ring mit dem Wahlspruch der Gemeinschaft aus Philipper 4, Vers 4: „Freuet euch in dem Herrn alle Wege." Zur Tracht gehören heute noch ein Schal bzw. eine Bluse aus Pünktchenstoff. Ab etwa 1999 wurde über einen Zeitraum von zwei Jahren eine neue Gemeinschaftsregel beschlossen. 2008 entstand im alten

Diakonissenkrankenhaus Haus Tabea das Begegnungszentrum der Kaiserswerther Schwesternschaft.

Ehrungen: Zahlreiche Pflegeeinrichtungen wurden nach Friederike Fliedner benannt, etwa in ihrem Geburtsort Braunfels das Friederike-Fliedner-Haus (Alten- und Pflegeheim) und die Friederike-Fliedner-Straße. In Düsseldorf tragen das Friederike-Fliedner-Institut und der Friederike-Fliedner-Weg ihren Namen und auch in etlichen anderen deutschen Städten wählte man sie als Namensgeberin für Straßen und Wege.

Anmerkungen

1 Heute weiß man, dass Fleckfieber durch Bakterien verursacht wird. Übertragen werden diese Keime durch blutsaugende Kleiderläuse unter schlechten hygienischen Bedingungen wie in Kriegs- und Elendszeiten. Kratzte sich nun der Betroffene an den Läusebissen, gelangten die Erreger in die Haut und von dort aus in den Blutkreislauf. Während des Ersten Weltkrieges erst fand der polnische Biologe Rudolf Weigl einen Fleckfieberimpfstoff. Aber von diesen Zusammenhängen war damals noch nichts bekannt.

2 Auch wenn möglicherweise zunächst die schlichte Notwendigkeit einer zweiten Ehe zu dieser Entscheidung geführt hatte, wurde diese doch wirklich glücklich.

3 Der Ausdruck Proselytismus bezeichnete ursprünglich die Hinwendung anderer Völker zum Judentum. In heutiger Zeit ist es in der Religion bzw. Mission eine negative Bezeichnung für das Abwerben von Gläubigen aus anderen Konfessionen, Kirchen und Glaubensgemeinschaften, die zum Eintritt in die eigene Konfession oder kirchliche Gemeinschaft bewegt werden sollen.

4 Der Gedanke der Evangelisierung von Juden („Judenmission") auf eine wertschätzende und freundliche Weise geht auf den Theologen Philipp Jacob Spener (1635–1705) mit Beginn des Pietismus zurück. Im 19. Jahrhundert erlebte die Mission unter Juden ihre Blütezeit, z. B. wurde 1822 die Berliner Israelmission gegründet, 1843 der Rheinisch-Westfälische Verein für Israel.

5 Zum Vergleich: 1837 kostete ein Pfund Rindfleisch 25 Pfennige. Ein Taler entspricht heute in etwa 50 Euro.

6 Nach der politischen Neuordnung von 1815 gab es viele solcher Zentren geistlicher Erweckung. Es herrschte ein allgemeiner

geistlicher Aufbruch, dessen Höhepunkt etwa 1830 war. Er führte zu einer langfristigen Neubelebung vieler Landeskirchen. Allerdings betraf diese Erweckung jeweils immer nur einzelne Regionen, sie war keine gesamtdeutsche Bewegung.

7 Bei den Hohenzollern im 19. Jahrhundert war es üblich, die Frauen nach ihrer Heirat nach dem Namen des Mannes zu nennen.

8 Ein Kandidat oder Vikar hatte in der ersten Hälfte des 19. Jahrhunderts nach seinem theologischen Examen einen Dienstauftrag zur Aushilfe bei einem Pfarrer, bevor er definitiv von der Kirche angestellt wurde und eine eigene Pfarrstelle erhielt.

9 Zu dieser Zeit handelte es sich bei Elberfeld und Barmen um die am stärksten industrialisierten Städte Deutschlands. Die Textilindustrie, die seit Langem hier angesiedelt war, wuchs unaufhaltsam. Bereits 1820 war die erste Dampfmaschine im Tal aufgestellt worden. Weitere Maschinen für die Produktion von Textilien folgten. Man sprach allgemein vom „deutschen Manchester". Durch die zunehmende Industrialisierung erlebte das Wuppertal eine starke Zuwanderung. Waren es 1831 noch über 25 000 Einwohner gewesen, so zählte man knapp 10 Jahre später bereits mehr als 31 500.

10 Es gab viele, allerdings schlecht bezahlte und unsichere Arbeitsplätze. Viele Handwerker im Verlagswesen waren Scheinselbstständige: Der Verleger übernahm die Beschaffung und Lagerung der Rohstoffe und den Verkauf der fertigen Ware. Der Handwerker wurde dadurch ein reiner Lohnarbeiter. Auch Kinderarbeit war an der Tagesordnung und wurde erst eben 1839 gesetzlich reduziert. Die „Fabrikordnungen", die das Verhalten inner- und außerhalb der Fabrik regelten, beuteten die Arbeiter weiter aus. Das Elend der arbeitenden Klasse schilderte der Barmer Fabrikantensohn Friedrich Engels in seinen „Briefen aus dem Wuppertal" 1839 sehr eindrücklich, die Verbreitung der Trunkenheit, des Mystizismus und der Kinderarbeit. Die gut gemeinte, aber sehr patriarchale Fürsorge durch die frommen Wuppertaler Unternehmer konnte die sozialen Spannungen nicht mehr verhindern.

11 Das Bürgerkrankenhaus hatte eine Verwaltung, zu der der Oberbürgermeister als Vorstand, ein Vizevorstand, fünf Mitglieder,
ein Beisitzer, der Inspektor des Hauses, ein Kassierer und ein Sekretär gehörten.

Quellen

Sticker, Anna: „Friederike Fliedner und die Anfänge der Frauendiakonie", Neukirchner Verlag, Neukirchen, 1961

Sticker, Anna: „Theodor Fliedner", Neukirchner Verlag, Neukirchen, 1959

Sticker, Anna: „… und doch möchte ich nur meinem Sinn folgen …" – Friederike Fliedner, Stifterin der Kaiserswerther Diakonissenanstalt", Burckhardt-Laetare Verlag, Offenbach/M., 1986

„Ökonomie der Hoffnung: Impulse zum 200. Geburtstag von Theodor und Friederike Fliedner", hrsg. von der Öffentlichkeitsarbeit der Kaiserswerther Diakonie, www.kaiserswerther-diakonie.de, Düsseldorf, 2001

Zimmerling, Peter: „Starke fromme Frauen: Begegnungen mit …", Brunnen Verlag, 4. Aufl., 2009

Mayer, Gina: „Die Protestantin", Edition Oberkassel, Düsseldorf 2014

Felgentreff, Ruth: „Die Entwicklung der Diakonie in Kaiserswerth", ein Vortrag in der Teloy-Mühle am 12. Juni 2002

Köser, Silke Christiane: „Denn eine Diakonisse darf = kann kein Alltagsmensch sein. Zur Konstruktion kollektiver Identitäten in der Kaiserswerther Diakonie", in: „Sozialer Protestantismus im Vormärz", LIT-Verlag, Münster, 2001, S. 109–121

Gause, Ute: „Friederike Fliedner und die Feminisierung des Religiösen im 19. Jahrhundert", in: „Sozialer Protestantismus im Vormärz", LIT-Verlag, Münster, 2001, S. 123–132

Höntsch, Mirjam: „Die Bedeutung Friederike Fliedners für Kirche und Gesellschaft", Studienarbeit, Dresden, 2008, https://www.grin.com/document/165581

Ollesch, Helmut: „Theodor Fliedner – Der Diakonissenhausvater".
Brunnen Verlag, 1963
Schmidt, Jutta: „Beruf: Schwester – Mutterhausdiakonie im 19. Jahr-
hundert", Frankfurt/Main 1998, S. 90

© 2022 Gerth Medien in der SCM Verlagsgruppe GmbH,
Dillerberg 1, 35614 Aßlar

1. Auflage 2022
Bestell-Nr. 817917
ISBN 978-3-95734-917-0

Lektorat: Sigrid Offermann
Umschlaggestaltung: Hanni Platto
Umschlagmotiv: Mauritius Images, Pitopia /
Andreas Hermanspann und Alamy Stock Photos / FLHC 86
Satz: Greiner & Reichel, Köln
Druck und Verarbeitung: GGP Media GmbH, Pößneck
Printed in Germany

www.gerth.de